# アジア不動産法制

## 不動産・インフラ事業の手引き

### 第2版

森・濱田松本法律事務所
アジアプラクティスグループ

**川村隆太郎・塙 晋**［編著］

商事法務

# 第2版はしがき

　第2版では、初版出版後における各国の法制度や実務の変遷を踏まえ、できるだけその内容を反映し、記述を更新した。また既存のアジア8か国に加え、初版にはなかった中国および台湾についても新たに章立てし、解説を加えた。

　初版の出版からはや約7年が経過したが、この間もアジアにおける不動産開発やインフラ開発の実務は、社会経済の発展、法令等の改正や議論の蓄積を経て目まぐるしく発展を遂げており、おそらく今後も発展していくであろうと思われる。他方で、そのような実務の発展のスピードの速さゆえに、この約7年間は、都度その時点で現地の法制度や実務の最新状況を確認することの重要性について益々実感する日々であったともいえる。初版の執筆時はいやしくも「発刊さえすればしばらくは仕事で楽ができるはず」と安易に考えていたが、今思うと、むしろ新たなスタート地点に過ぎなかったように思われる。手前味噌ではあるが、複数国の不動産法制を横串で扱った文献は僅少であり、このまま陳腐化させるのは惜しい。

　また有難いことに、初版については、アジアで不動産・インフラ事業に携わる企業や金融機関の方々から巻末の各国一覧表を含めてご好評を頂いており、複数の方から改訂版を待ち望む激励の言葉を頂いた。そのような方々の期待に応えたい、案件で苦労する事業者・実務家の一助となれば、と思ったことも、改訂を行おうと思った理由の一部である。

　なお、第2版の執筆に際しても、最新の法実務の正確性を期すため、一部の国に関しては以下の法律事務所の協力を得た。もっとも、内容についての責任はわれわれ執筆者のみにあること、および本書において述べられている見解は執筆者らの私見であり、執筆者らの所属する法律事務所または下記の協力事務所の見解を制約するものではないことは、初版と同様である。

　　　インドネシア　　：ATD Law
　　　フィリピン　　　：Tayag Ngochua & Chu

第2版はしがき

|  |  |
|---|---|
| マレーシア | ：Shearn Delamore & Co. |
| シンガポール | ：Allen & Gledhill LLP |

　最後になるが、改訂・執筆作業をきめ細やかにご支援くださった株式会社商事法務の櫨元ちづる氏をはじめ、執筆に関わった当事務所の弁護士、秘書、スタッフの方々に、この場を借りて厚く感謝申し上げたい。

2025年3月

川村隆太郎<br>塙　晋

## はしがき

　本書は、アジアにおける不動産・インフラに関連した取引、事業、投資およびプロジェクトに携わる企業の実務担当者に対して、現地の不動産法制に関する基本的な情報と、取引等を検討・遂行するにあたっての実務的指針を提供することを目的とするものである。

　不動産・インフラに関連した取引等を行うにあたっては、土地に関する権利の内容や登記制度など現地の不動産法制を理解することが必須となる。しかし、アジアでは国ごとに法律が異なることに加え、法解釈が明確ではなかったり、実務が法律どおりに運用されていないこともある。とりわけ日本の法制度に慣れ親しんだ本邦企業の担当者が、法制度も言語も異なる現地の不動産法制を一から理解し、会社の経営層に説明することには困難が伴う。そして、このような困難に遭遇するのは、事業会社のみならず、それをファイナンス面で支援する金融機関も多いように見受けられる。そこで、本書は、本邦企業による現地での不動産に関連する取引等への取組みに携わってきた弁護士の経験と知識に基づき、現地の法律事務所の協力も得ながら、日本の法制度との比較の視点を持ちながら適宜言及することで、現地の不動産法制と実務上の留意点をできる限り分かりやすく説明するものである。

　筆者らは、この分野でこれまで具体的な案件を通じて経験・蓄積した知識・ノウハウを執筆やセミナーとして多数発表してきた。また、2016年にある金融機関の依頼でアジア不動産法制に関するレポートを作成した。本書は、それらに基づき作成したものである。これらの基礎には、筆者らに具体的な案件という貴重な機会を与えていただいた依頼者各位からのご示唆やご質問等があることをご紹介するとともに、諸氏に感謝したい。

　本書により、関係者によるアジアの不動産関連取引に関する理解がより一層深まり、不動産・インフラに関連する取引等に携わる本邦企業によるアジア進

はしがき

出と展開に少しでも貢献することがあれば望外の喜びである。

　本書の執筆にあたっては、最新の法実務の正確性を期すため、各国において以下の法律事務所の協力を得た。もっとも、その内容についての責任はわれわれ執筆者のみにあり、また本書において述べられている見解は、執筆者らの私見であり、執筆者らの所属する法律事務所または下記の協力事務所の見解を制約するものではない。

　　　ベトナム：LNT & Partners
　　　インドネシア：Arfidea Kadri Sahetapy-Engel Tisnadisastra
　　　フィリピン：Sycip Salazar Hernandez & Gatmaitan
　　　インド：Shardul Amarchand Mangaldas & Co
　　　マレーシア：Shearn Delmore & Co.
　　　シンガポール：Allen & Gledhill LLP

　最後に、本書の執筆にあたって、多大なるご協力をいただいた株式会社商事法務の小山秀之氏に感謝申し上げたい。

2017年12月

　　　　　　　　　　　　　　　　　　　　　　　　　　　川村隆太郎
　　　　　　　　　　　　　　　　　　　　　　　　　　　塙　　晋

# 目　次

第2版はしがき　i
はしがき　iii

## 序　章　各国の不動産法制の比較の視点と横断的理解

Ⅰ　はじめに……………………………………………………………… 2
Ⅱ　本章で想定する取引（各章 Q23 参照）…………………………… 3
Ⅲ　不動産の取得………………………………………………………… 4
　1　各国における不動産に関する権利（各章 Q1～11 参照）／4
　2　対象不動産のデュー・ディリジェンス（各章 Q3、Q8～12、Q16 参照）／9
　3　不動産売買契約上の留意点（所有権の移転時期と売買代金の支払タイミング）（各章 Q9 参照）／11
　4　賃貸借を通じた不動産の利用権の確保（ミャンマーやマレーシアの Q6～7 参照）／12
Ⅳ　合弁事業…………………………………………………………… 13
　1　外資規制とその対応策（各章 Q6～7、Q13 参照）／13
　2　出資にあたっての留意点／14
　3　合弁会社のガバナンス──マイノリティ株主のプロテクション／15
Ⅴ　販売・賃貸活動…………………………………………………… 16
　1　販売・リーシング業務に関する留意点（各章 Q14、Q18 参照）／16
　2　賃貸の実務にあたっての法的留意点（各章 Q19 参照）／17
Ⅵ　外部からの資金調達……………………………………………… 18
　1　不動産プロジェクトローンに関する実務上の留意点──ノンリコース型ファイナンスのニーズも踏まえて（各章 Q22 参照）／18

v

目　次

　　2　オフショアローンに関する実務上の留意点／20
　　3　担保法制（各章 Q20〜21 参照）／21

Ⅶ　プロジェクトからの EXIT ——各国の REIT 制度（各章 Q24 参照）………………………………………………………………… 21

Ⅷ　小　　括………………………………………………………………… 23
　　コラム　アジアにおける「土地所有権」とは何か？／23

## 第 1 章　ベトナム

Ⅰ　不動産法制……………………………………………………………… 30
[法体系]
　Q1　その国の法体系に応じて不動産法制の内容にも一定の傾向が見られることがあると聞いた。ベトナムの法体系は、日本と同じ大陸法系（シビルロー）か、それとも英米法系（コモンロー）か。　30

[土地に関する権利（所有権または類似する権利）]
　Q2　土地に関する権利としてどのようなものがあるか。日本における土地の所有権に相当する権利があるか。　31

[不動産の概念]
　Q3　現地で建物リース事業を行うため、土地から切り離して建物のみ購入することを検討している。現地法上、日本と同じように、建物が土地と別個の不動産として認識されるのか（別個の売買取引の対象となるか）。それとも、土地と建物は一体の不動産として認識されるのか。　32

　Q4　現地でコンドミニアムの開発を検討している。日本の建物区分所有権に相当する権利があるか。ある場合、区分所有法制の概要を教えて欲しい。　33

[不動産の取得・利用の主体および外資規制]
　Q5　現地の民間企業であっても土地を保有することができない国もあると聞いた。現地企業が土地の所有権を取得することができるか。また、現地企業が取引の対象とする主な土地上の権利は何か。　34

　Q6　日本企業である当社は、直接、現地の不動産（土地・建物）を取得したいと考えている。外国法人はベトナムの不動産を直接取得・利用することができるか。それとも、不動産を取得・利用するにあたり現地法人を設立す

　　　　ることが必要か。　36

　　Q7　現地法人であっても株主に外国企業が入っている場合にはそもそも不動産（土地・建物）を保有することが認められない国もあると聞いた。外資系現地法人が不動産を「取得・利用」するにあたって適用される外資規制について教えて欲しい。　36

［不動産登記制度］

　　Q8　不動産登記制度の概要を教えて欲しい。　39

　　Q9　土地の登記にはどのような効力が認められているか。登記を信頼して取引をした者に対し、登記どおりの権利状態があったのと同様の保護が与えられるか（登記に公信力が認められるか）。　41

　　Q10　取得を検討している土地の権利関係を調査したい。土地の権利者の協力なく役所の登記簿を見ることができるか。　42

　　Q11　登記手続の概要を教えて欲しい。また、登記の申請から完了までに要する期間の目安を教えて欲しい。　43

［土地収用］

　　Q12　土地に関する権利が政府による収用の対象となるのはどのような場合か。　44

## Ⅱ　不動産関連事業に関する規制 ……………………………………… 45

［不動産関連事業に関する外資規制］

　　Q13　不動産関連事業を行う現地法人を設立したいが、当局の承認やローカル企業の出資が必要になるか知りたい。主な不動産関連「事業」（不動産開発、不動産売買・仲介、不動産賃貸、不動産管理、建設）について、どのような外資規制が適用されるか教えて欲しい。　45

［不動産関連事業に関する許認可］

　　Q14　現地で不動産仲介を行うことを検討している。日本における宅建業規制に相当するような規制があるか。　47

　　Q15　現地で建設業を行うことを検討している。建設業を行う場合、どのような許認可を取得する必要があるか。　47

## Ⅲ　不動産取引 ……………………………………………………………… 48

［不動産取引（取得・譲渡、賃貸）］

　　Q16　取得を検討している土地の権利関係を調査したい。どのような点に留意して調査すべきか。　48

　　Q17　不動産の売買・保有に際して生じる課税の概要を教えて欲しい。　49

　　Q18　現地でコンドミニアムの開発を検討している。建物が竣工し、ユニットを

目　次

　　　　顧客に販売した後に当該物件に瑕疵が発見された場合、誰がどのような責任を負うか。　50
　　Q19　現地で商業施設の開発を検討している。日本の不動産賃借権に相当する権利があるか。借地借家法のような賃借人保護を目的とする特別な法律があるか。　50

[不動産担保]
　　Q20　不動産に対して設定される担保の種類としてどのようなものがあるか。　52
　　Q21　現地における不動産担保執行手続の概要を教えて欲しい。通常、担保執行の開始から完了までどの程度の期間を要するか。　52
　　Q22　現地の不動産開発・投資プロジェクトにおける不動産担保ローンの概要を教えて欲しい。通常、どのような担保が設定されるか。ノンリコースローンは実務上一般的に行われているか。また、ローン契約に関し、参照されるひな型などはあるのか。　54

## Ⅳ　不動産開発・投資スキーム　55

[不動産開発]
　　Q23　ベトナムにおいて一般的な不動産開発のスキームを教えて欲しい。　55

[不動産ファンド]
　　Q24　ベトナムにおいて主に利用される不動産ファンドスキーム・REIT 制度の概要を教えて欲しい　57

# 第2章　インドネシア

## Ⅰ　不動産法制　60

[法体系]
　　Q1　その国の法体系に応じて不動産法制の内容にも一定の傾向が見られることがあると聞いた。インドネシアの法体系は、日本と同じ大陸法系（シビルロー）か、それとも英米法系（コモンロー）か。　60

[土地に関する権利（所有権または類似する権利）]
　　Q2　土地に関する権利としてどのようなものがあるか。日本における土地の所有権に相当する権利があるか。　60

[不動産の概念]
　　Q3　現地で建物リース事業を行うため、土地から切り離して建物のみ購入することを検討している。現地法上、日本と同じように、建物が土地と別個の

目　次

　　　　不動産として認識されるのか（別個の売買取引の対象となるか）。それとも、土地と建物は一体の不動産として認識されるのか。　62
　　Q4　現地でコンドミニアムの開発を検討している。日本の建物区分所有権に相当する権利があるか。ある場合、区分所有法制の概要を教えて欲しい。　63

［不動産の取得・利用の主体および外資規制］
　　Q5　現地の民間企業であっても土地を保有することができない国もあると聞いた。現地企業が土地の所有権を取得することができるか。また、現地企業が取引の対象とする主な土地上の権利は何か。　64
　　Q6　日系企業である当社は、直接、現地の不動産（土地・建物）を取得したいと考えている。外国法人はインドネシアの不動産を直接取得・利用することができるか。それとも、不動産を取得・利用するにあたり現地法人を設立することが必要か。　65
　　Q7　現地法人であっても株主に外国企業が入っている場合にはそもそも不動産（土地・建物）を保有することが認められない国もあると聞いた。外資系の現地法人が不動産を「取得・利用」するにあたって適用される外資規制について教えて欲しい。　65

［不動産登記制度］
　　Q8　不動産登記制度の概要を教えて欲しい。　66
　　Q9　土地の登記にはどのような効力が認められているか。登記を信頼して取引をした者に対し、登記どおりの権利状態があったのと同様の保護が与えられるか（登記に公信力が認められるか）。　76
　　Q10　取得を検討している土地の権利関係を調査したい。土地の権利者の協力なく役所の登記簿を見ることができるか。　76
　　Q11　登記手続の概要を教えて欲しい。また、登記の申請から完了までに要する期間の目安を教えて欲しい。　76

［土地収用］
　　Q12　土地に関する権利が政府による収用の対象となるのはどのような場合か。　78

Ⅱ　不動産関連事業に関する規制……………………………………………79
［不動産関連事業に関する外資規制］
　　Q13　不動産関連事業を行う現地法人を設立したいが、当局の承認やローカル企業の出資が必要になるか知りたい。主な不動産関連「事業」（不動産開発、不動産売買・仲介、不動産賃貸、不動産管理、建設）について、どのような外資規制が適用されるか教えて欲しい。　79

目　次

[不動産関連事業に関する許認可]
- Q14　現地で不動産仲介を行うことを検討している。日本における宅建業規制に相当するような規制があるか。　81
- Q15　現地で建設業を行うことを検討している。建設業を行う場合、どのような許認可を取得する必要があるか。　82

## III　不動産取引　86

[不動産取引（取得・譲渡、賃貸）]
- Q16　取得を検討している土地の権利関係を調査したい。どのような点に留意して調査すべきか。　86
- Q17　不動産の売買・保有に際して生じる課税の概要を教えて欲しい。　88
- Q18　現地でコンドミニアムの開発を検討している。建物が竣工し、ユニットを顧客に販売した後に当該物件に瑕疵が発見された場合、誰がどのような責任を負うか。　89
- Q19　現地で商業施設の開発を検討している。日本の不動産賃借権に相当する権利があるか。借地借家法のような賃借人保護を目的とする特別な法律があるか。　91

[不動産担保]
- Q20　不動産に対して設定される担保の種類としてどのようなものがあるか。　92
- Q21　現地における不動産担保執行手続の概要を教えて欲しい。通常、担保執行の開始から完了までどの程度の期間を要するか。　92
- Q22　現地の不動産開発・投資プロジェクトにおける不動産担保ローンの概要を教えて欲しい。通常、どのような担保が設定されるか。ノンリコースローンは実務上一般的に行われているか。また、ローン契約に関し、参照されるひな型等はあるのか。　94

## IV　不動産開発・投資スキーム　96

[不動産開発]
- Q23　インドネシアにおける不動産開発の合弁事業の一般的な投資スキームについて教えて欲しい。　96

[不動産ファンド]
- Q24　インドネシアにおいて主に利用される不動産ファンドスキーム・REIT制度の概要を教えて欲しい。　97

# 第3章 タイ

## I 不動産法制……………………………………………………102

### [法体系]

Q1 その国の法体系に応じて不動産法制の内容にも一定の傾向が見られることがあると聞いた。タイの法体系は、日本と同じ大陸法系（シビルロー）か、それとも英米法系（コモンロー）か。 102

### [土地に関する権利（所有権または類似する権利）]

Q2 土地に関する権利としてどのようなものがあるか。日本における土地の所有権に相当する権利があるか。 102

### [不動産の概念]

Q3 現地で建物リース事業を行うため、土地から切り離して建物のみ購入することを検討している。現地法上、日本と同じように、建物が土地と別個の不動産として認識されるのか（別個の売買取引の対象となるか）。それとも、土地と建物は一体の不動産として認識されるのか。 104

Q4 現地でコンドミニアムの開発を検討している。日本の建物区分所有権に相当する権利があるか。ある場合、区分所有法制の概要を教えて欲しい。 105

### [不動産の取得・利用の主体および外資規制]

Q5 現地の民間企業であっても土地を保有することができない国もあると聞いた。現地企業が土地の所有権を取得することができるか。また、現地企業が取引の対象とする主な土地上の権利は何か。 105

Q6 日本企業である当社は、直接、現地の不動産（土地・建物）を取得したいと考えている。外国法人はタイの不動産を直接取得・利用することができるか。それとも、不動産を取得・利用するにあたり現地法人を設立することが必要か。 106

Q7 現地法人であっても株主に外国企業が入っている場合にはそもそも不動産（土地・建物）を保有することが認められない国もあると聞いた。外資現地法人が不動産を「取得・利用」するにあたって適用される外資規制について教えて欲しい。 107

### [不動産登記制度]

Q8 不動産登記制度の概要を教えて欲しい。 108

Q9 土地の登記にはどのような効力が認められているか。登記を信頼して取引をした者に対し、登記どおりの権利状態があったのと同様の保護が与えられるか（登記に公信力が認められるか）。 112

Q10 取得を検討している土地の権利関係を調査したい。土地の権利者の協力な

目　次

　　　　く役所の登記簿を見ることができるか。　113
　　Q11　登記手続の概要を教えて欲しい。また、登記の申請から完了までに要する期間の目安を教えて欲しい。　114

　[土地収用]
　　Q12　土地に関する権利が政府による収用の対象となるのはどのような場合か。　115

## II　不動産関連事業に関する規制 …………………………………116

　[不動産関連事業に関する外資規制]
　　Q13　不動産関連事業を行う現地法人を設立したいが、当局の承認やローカル企業の出資が必要になるか知りたい。主な不動産関連「事業」（不動産開発、不動産売買・仲介、不動産賃貸、不動産管理、建設）について、どのような外資規制が適用されるか教えて欲しい。　116

　[不動産関連事業に関する許認可]
　　Q14　現地で不動産仲介を行うことを検討している。日本における宅建業規制に相当するような規制があるか。　117
　　Q15　現地で建設業を行うことを検討している。建設業を行う場合、どのような許認可を取得する必要があるか。　118

## III　不動産取引 …………………………………………………………118

　[不動産取引（取得・譲渡、賃貸）]
　　Q16　取得を検討している土地の権利関係を調査したい。どのような点に留意して調査すべきか。　118
　　Q17　不動産の売買・保有に際して生じる課税の概要を教えて欲しい。　119
　　Q18　現地でコンドミニアムの開発を検討している。建物が竣工し、ユニットを顧客に販売した後に当該物件に瑕疵が発見された場合、誰がどのような責任を負うか。　120
　　Q19　現地で商業施設の開発を検討している。日本の不動産賃借権に相当する権利があるか。借地借家法のような賃借人保護を目的とする特別な法律があるか。　121

　[不動産担保]
　　Q20　不動産に対して設定される担保の種類としてどのようなものがあるか。　123
　　Q21　現地における不動産担保執行手続の概要を教えて欲しい。通常、担保執行の開始から完了までどの程度の期間を要するか。　124
　　Q22　現地の不動産開発・投資プロジェクトにおける不動産担保ローンの概要を教えて欲しい。通常、どのような担保が設定されるか。ノンリコースロー

ンは実務上一般的に行われているか。また、ローン契約に関し、参照されるひな型などはあるのか。　126

## IV　不動産開発・投資スキーム　127

### ［不動産開発］

Q23　タイにおいて一般的な不動産開発のスキームを教えて欲しい。　127

### ［不動産ファンド］

Q24　タイにおいて主に利用される不動産ファンドスキーム・REIT制度の概要を教えて欲しい。　128

# 第4章　フィリピン

## I　不動産法制　134

### ［法体系］

Q1　その国の法体系に応じて不動産法制の内容にも一定の傾向が見られることがあると聞いた。フィリピンの法体系は、日本と同じ大陸法系（シビルロー）か、それとも英米法系（コモンロー）か。　134

### ［土地に関する権利（所有権または類似する権利）］

Q2　土地に関する権利としてどのようなものがあるか。日本における土地の所有権に相当する権利があるか。　134

### ［不動産の概念］

Q3　現地で建物リース事業を行うため、土地から切り離して建物のみ購入することを検討している。現地法上、日本と同じように、建物が土地と別個の不動産として認識されるのか（別個の売買取引の対象となるか）。それとも、土地と建物は一体の不動産として認識されるのか。　135

### ［不動産の取得・利用の主体および外資規制］

Q4　現地でコンドミニアムの開発を検討している。日本の建物区分所有権に相当する権利があるか。ある場合、区分所有法制の概要を教えて欲しい。　135

Q5　現地の民間企業であっても土地を保有することができない国もあると聞いた。現地企業が土地の所有権を取得することができるか。また、現地企業が取引の対象とする主な土地上の権利は何か。　136

Q6　日本企業である当社は、直接、現地の不動産（土地・建物）を取得したいと考えている。外国法人はフィリピンの不動産を直接取得・利用することができるか。それとも、不動産を取得・利用するにあたり現地法人を設立することが必要か。　136

目　次

    Q7　現地法人であっても株主に外国企業が入っている場合にはそもそも不動産（土地・建物）を保有することが認められない国もあると聞いた。外資現地法人が不動産を「取得・利用」するにあたって適用される外資規制について教えて欲しい。　137

[不動産登記制度]

    Q8　不動産登記制度の概要を教えて欲しい。　139

    Q9　土地の登記にはどのような効力が認められているか。登記を信頼して取引をした者に対し、登記どおりの権利状態があったのと同様の保護が与えられるか（登記に公信力が認められるか）。　140

    Q10　取得を検討している土地の権利関係を調査したい。土地の権利者の協力なく役所の登記簿を見ることができるか。　141

    Q11　登記手続の概要を教えて欲しい。また、登記の申請から完了までに要する期間の目安を教えて欲しい。　142

[土地収用]

    Q12　土地に関する権利が政府による収用の対象となるのはどのような場合か。　144

## Ⅱ　不動産関連事業に関する規制　145

[不動産関連事業に関する外資規制]

    Q13　不動産関連事業を行う現地法人を設立したいが、当局の承認やローカル企業の出資が必要になるか知りたい。主な不動産関連「事業」（不動産開発、不動産売買・仲介、不動産賃貸、不動産管理、建設）について、どのような外資規制が適用されるか教えて欲しい。　145

[不動産関連事業に関する許認可]

    Q14　現地で不動産仲介を行うことを検討している。日本における宅建業規制に相当するような規制があるか。　147

    Q15　現地で建設業を行うことを検討している。建設業を行う場合、どのような許認可を取得する必要があるか。　147

## Ⅲ　不動産取引　149

[不動産取引（取得・譲渡、賃貸）]

    Q16　取得を検討している土地の権利関係を調査したい。どのような点に留意して調査すべきか。　149

    Q17　不動産の売買・保有に際して生じる課税の概要を教えて欲しい。　150

    Q18　現地でコンドミニアムの開発を検討している。建物が竣工し、ユニットを顧客に販売した後に当該物件に瑕疵が発見された場合、誰がどのような責

　　　　任を負うか。　152

　Q19　現地で商業施設の開発を検討している。日本の不動産賃借権に相当する権利があるか。借地借家法のような賃借人保護を目的とする特別な法律があるか。　153

[不動産担保]

　Q20　不動産に対して設定される担保の種類としてどのようなものがあるか。　154

　Q21　現地における不動産担保執行手続の概要を教えて欲しい。通常、担保執行の開始から完了までどの程度の期間を要するか。　154

　Q22　現地の不動産開発・投資プロジェクトにおける不動産担保ローンの概要を教えて欲しい。通常、どのような担保が設定されるか。ノンリコースローンは実務上一般的に行われているか。また、ローン契約に関し、参照されるひな型などはあるのか。　157

## Ⅳ　不動産開発・投資スキーム……………………………………　157

[不動産開発]

　Q23　フィリピンにおいて一般的な不動産開発のスキームを教えて欲しい。　157

[不動産ファンド]

　Q24　フィリピンにおいて主に利用される不動産ファンドスキーム・REIT制度の概要を教えて欲しい。　158

# 第5章　インド

## Ⅰ　不動産法制……………………………………………………　162

[法体系]

　Q1　その国の法体系に応じて不動産法制の内容にも一定の傾向が見られることがあると聞いた。インドの法体系は、日本と同じ大陸法系（シビルロー）か、それとも英米法系（コモンロー）か。　162

[土地に関する権利（所有権または類似する権利）]

　Q2　土地に関する権利としてどのようなものがあるか。日本における土地の所有権に相当する権利があるか。　162

[不動産の概念]

　Q3　現地で建物リース事業を行うため、土地から切り離して建物のみ購入することを検討している。現地法上、日本と同じように、建物が土地と別個の

目　次

　　　　不動産として認識されるのか（別個の売買取引の対象となるか）。それとも、土地と建物は一体の不動産として認識されるのか。　163
　　Q4　現地でコンドミニアムの開発を検討している。日本の建物区分所有権に相当する権利があるか。ある場合、区分所有法制の概要を教えて欲しい。　164

［不動産の取得・利用の主体および外資規制］
　　Q5　現地の民間企業であっても土地を保有することができない国もあると聞いた。現地企業が土地の所有権を取得することができるか。また、現地企業が取引の対象とする主な土地上の権利は何か。　165
　　Q6　日本企業である当社は、直接、現地の不動産（土地・建物）を取得したいと考えている。外国法人はインドの不動産を直接取得・利用することができるか。それとも、不動産を取得・利用するにあたり現地法人を設立することが必要か。　165
　　Q7　現地法人であっても株主に外国企業が入っている場合にはそもそも不動産（土地・建物）を保有することが認められない国もあると聞いた。外資現地法人が不動産を「取得・利用」するにあたって適用される外資規制について教えて欲しい。　166

［不動産登記制度］
　　Q8　不動産登記制度の概要を教えて欲しい。　166
　　Q9　土地の登記にはどのような効力が認められているか。登記を信頼して取引をした者に対し、登記どおりの権利状態があったのと同様の保護が与えられるか（登記に公信力が認められるか）。　169
　　Q10　取得を検討している土地の権利関係を調査したい。土地の権利者の協力なく役所の登記簿を見ることができるか。　170
　　Q11　登記手続の概要を教えて欲しい。また、登記の申請から完了までに要する期間の目安を教えて欲しい。　170

［土地収用］
　　Q12　土地に関する権利が政府による収用の対象となるのはどのような場合か。　171

## II　不動産関連事業に関する規制……………………………………172

［不動産関連事業に関する外資規制］
　　Q13　不動産関連事業を行う現地法人を設立したいが、当局の承認やローカル企業の出資が必要になるか知りたい。主な不動産関連「事業」（不動産開発、不動産売買・仲介、不動産賃貸、不動産管理、建設）について、どのような外資規制が適用されるか教えて欲しい。　172

[不動産関連事業に関する許認可]

- Q14 現地で不動産仲介を行うことを検討している。日本における宅建業規制に相当するような規制があるか。　174
- Q15 現地で建設業を行うことを検討している。建設業を行う場合、どのような許認可を取得する必要があるか。　174

## Ⅲ　不動産取引 …………………………………………………175

[不動産取引（取得・譲渡、賃貸）]

- Q16 取得を検討している土地の権利関係を調査したい。どのような点に留意して調査すべきか。　175
- Q17 不動産の売買・保有に際して生じる課税の概要を教えて欲しい。　176
- Q18 現地でコンドミニアムの開発を検討している。建物が竣工し、ユニットを顧客に販売した後に当該物件に瑕疵が発見された場合、誰がどのような責任を負うか。　177
- Q19 現地で商業施設の開発を検討している。日本の不動産賃借権に相当する権利があるか。借地借家法のような賃借人保護を目的とする特別な法律があるか。　177

[不動産担保]

- Q20 不動産に対して設定される担保の種類としてどのようなものがあるか。　178
- Q21 現地における不動産担保執行手続の概要を教えて欲しい。通常、担保執行の開始から完了までどの程度の期間を要するか。　178
- Q22 現地の不動産開発・投資プロジェクトにおける不動産担保ローンの概要を教えて欲しい。通常、どのような担保が設定されるか。ノンリコースローンは実務上一般的に行われているか。また、ローン契約に関し、参照されるひな型などはあるのか。　180

## Ⅳ　不動産開発・投資スキーム……………………………… 181

[不動産開発]

- Q23 インドにおいて一般的な不動産開発のスキームを教えて欲しい。　181

[不動産ファンド]

- Q24 インドにおいて主に利用される不動産ファンドスキーム・REIT制度の概要を教えて欲しい。　183

目　次

# 第6章　ミャンマー

## I　不動産法制 ……………………………………………… 186

### [法体系]

Q1　その国の法体系に応じて不動産法制の内容にも一定の傾向が見られることがあると聞いた。ミャンマーの法体系は、日本と同じ大陸法系（シビルロー）か、それとも英米法系（コモンロー）か。　186

### [土地に関する権利（所有権または類似する権利）]

Q2　土地に関する権利としてどのようなものがあるか。日本における土地の所有権に相当する権利があるか。　186

### [不動産の概念]

Q3　現地で建物リース事業を行うことを検討している。現地法上、日本と同じように、建物が土地と別個の不動産として認識されるのか（別個の売買取引の対象となるか）。それとも、土地と建物は一体の不動産として認識されるのか。　188

Q4　現地でコンドミニアムの開発を検討している。日本の建物区分所有権に相当する権利があるか。ある場合、区分所有法制の概要を教えて欲しい。　189

### [不動産の取得・利用の主体および外資規制]

Q5　現地の民間企業であっても土地を保有することができない国もあると聞いた。現地企業が土地の所有権を取得することができるか。また、現地企業が取引の対象とする主な土地上の権利は何か。　190

Q6　日本企業である当社は、直接、現地の不動産（土地・建物）を取得したいと考えている。外国法人はミャンマーの不動産を直接取得・利用することができるか。それとも、不動産を取得・利用するにあたり現地法人を設立することが必要か。　191

Q7　現地法人であっても株主に外国企業が入っている場合にはそもそも不動産（土地・建物）を保有することが認められない国もあると聞いた。外資現地法人が不動産を「取得・利用」するにあたって適用される外資規制について教えて欲しい。　194

### [不動産登記制度]

Q8　不動産登記制度の概要を教えて欲しい。　195

Q9　土地の登記にはどのような効力が認められているか。登記を信頼して取引をした者に対し、登記どおりの権利状態があったのと同様の保護が与えられるか（登記に公信力が認められるか）。　196

Q10　取得を検討している土地の権利関係を調査したい。土地の権利者の協力な

　　　　く役所の登記簿を見ることができるか。　197

　　Q11　登記手続の概要を教えて欲しい。また、登記の申請から完了までに要する
　　　　期間の目安を教えて欲しい。　198

　[土地収用]

　　Q12　土地に関する権利が政府による収用の対象となるのはどのような場合か。
　　　　199

## Ⅱ　不動産関連事業に関する規制 …………………………………… 200

　[不動産関連事業に関する外資規制]

　　Q13　不動産関連事業を行う現地法人を設立したいが、当局の承認やローカル企
　　　　業の出資が必要になるか知りたい。主な不動産関連「事業」(不動産開発、
　　　　不動産売買・仲介、不動産賃貸、不動産管理、建設)について、どのよう
　　　　な外資規制が適用されるか教えて欲しい。　200

　[不動産関連事業に関する許認可]

　　Q14　現地で不動産仲介を行うことを検討している。日本における宅建業規制に
　　　　相当するような規制があるか。　204

　　Q15　現地で建設業を行うことを検討している。建設業を行う場合、どのような
　　　　許認可を取得する必要があるか。　205

## Ⅲ　不動産取引 …………………………………………………………… 205

　[不動産取引(取得・譲渡、賃貸)]

　　Q16　取得を検討している土地の権利関係を調査したい。どのような点に留意し
　　　　て調査すべきか。　205

　　Q17　不動産の売買・保有に際して生じる課税の概要を教えて欲しい。　210

　　Q18　現地でコンドミニアムの開発を検討している。建物が竣工し、ユニットを
　　　　顧客に販売した後に当該物件に瑕疵が発見された場合、誰がどのような責
　　　　任を負うか。　210

　　Q19　現地で商業施設の開発を検討している。日本の不動産賃借権に相当する権
　　　　利があるか。借地借家法のような賃借人保護を目的とする特別な法律があ
　　　　るか。　211

　[不動産担保]

　　Q20　不動産に対して設定される担保の種類としてどのようなものがあるか。
　　　　212

　　Q21　現地における不動産担保執行手続の概要を教えて欲しい。通常、担保執行
　　　　の開始から完了までどの程度の期間を要するか。　213

　　Q22　現地の不動産開発・投資プロジェクトにおける不動産担保ローンの概要を

目　　次

　　　　教えて欲しい。通常、どのような担保が設定されるか。ノンリコースロー
　　　　ンは実務上一般的に行われているか。また、ローン契約に関し、参照され
　　　　るひな型などはあるのか。　214

## Ⅳ　不動産開発・投資スキーム……………………………………… 215
### ［不動産開発］
　　Q23　ミャンマーにおいて一般的な不動産開発のスキームを教えて欲しい。
　　　　215
### ［不動産ファンド］
　　Q24　ミャンマーにおいて主に利用される不動産ファンドスキーム・REIT制度
　　　　の概要を教えて欲しい。　216

# 第 7 章　マレーシア

## Ⅰ　不動産法制……………………………………………………… 218
### ［法体系］
　　Q1　その国の法体系に応じて不動産法制の内容にも一定の傾向が見られること
　　　　があると聞いた。マレーシアの法体系は、日本と同じ大陸法系（シビル
　　　　ロー）か、それとも英米法系（コモンロー）か。　218
### ［土地に関する権利（所有権または類似する権利）］
　　Q2　土地に関する権利としてどのようなものがあるか。日本における土地の所
　　　　有権に相当する権利があるか。　219
### ［不動産の概念］
　　Q3　現地で建物リース事業を行うため、土地から切り離して建物のみ購入する
　　　　ことを検討している。現地法上、日本と同じように、建物が土地と別個の
　　　　不動産として認識されるのか（別個の売買取引の対象となるか）。それと
　　　　も、土地と建物は一体の不動産として認識されるのか。　220
　　Q4　現地でコンドミニアムの開発を検討している。日本の建物区分所有権に相
　　　　当する権利があるか。ある場合、区分所有法制の概要を教えて欲しい。
　　　　220
### ［不動産の取得・利用の主体および外資規制］
　　Q5　現地の民間企業であっても土地を保有することができない国もあると聞い
　　　　た。現地企業が土地の所有権を取得することができるか。また、現地企業
　　　　が取引の対象とする主な土地上の権利は何か。　222
　　Q6　日本企業である当社は、直接、現地の不動産（土地・建物）を取得したい

と考えている。外国法人はマレーシアの不動産を直接取得・利用することができるか。それとも、不動産を取得・利用するにあたり現地法人を設立することが必要か。　222

Q7　現地法人であっても株主に外国企業が入っている場合にはそもそも不動産（土地・建物）を保有することが認められない国もあると聞いた。外資現地法人が不動産を「取得・利用」するにあたって適用される外資規制について教えて欲しい。　224

［不動産登記制度］

Q8　不動産登記制度の概要を教えて欲しい。　227

Q9　土地の登記にはどのような効力が認められているか。登記を信頼して取引をした者に対し、登記どおりの権利状態があったのと同様の保護が与えられるか（登記に公信力が認められるか）。　231

Q10　取得を検討している土地の権利関係を調査したい。土地の権利者の協力なく役所の登記簿を見ることができるか。　232

Q11　登記手続の概要を教えて欲しい。また、登記の申請から完了までに要する期間の目安を教えて欲しい。　232

［土地収用］

Q12　土地に関する権利が政府による収用の対象となるのはどのような場合か。　233

## II　不動産関連事業に関する規制 …………………………………… 234

［不動産関連事業に関する外資規制］

Q13　不動産関連事業を行う現地法人を設立したいが、当局の承認やローカル企業の出資が必要になるか知りたい。主な不動産関連「事業」（不動産開発、不動産売買・仲介、不動産賃貸、不動産管理、建設）について、どのような外資規制が適用されるか教えて欲しい。　234

［不動産関連事業に関する許認可］

Q14　現地で不動産仲介を行うことを検討している。日本における宅建業規制に相当するような規制があるか。　237

Q15　現地で建設業を行うことを検討している。建設業を行う場合、どのような許認可を取得する必要があるか。　238

## III　不動産取引 …………………………………………………………… 238

［不動産取引（取得・譲渡、賃貸）］

Q16　取得を検討している土地の権利関係を調査したい。どのような点に留意して調査すべきか。　238

目　次

Q17　不動産の売買・保有に際して生じる課税の概要を教えて欲しい。　239
Q18　現地でコンドミニアムの開発を検討している。建物が竣工し、ユニットを顧客に販売した後に当該物件に瑕疵が発見された場合、誰がどのような責任を負うか。　240
Q19　現地で商業施設の開発を検討している。日本の不動産賃借権に相当する権利があるか。借地借家法のような賃借人保護を目的とする特別な法律があるか。　241

［不動産担保］

Q20　不動産に対して設定される担保の種類としてどのようなものがあるか。　243
Q21　現地における不動産担保執行手続の概要を教えて欲しい。通常、担保執行の開始から完了までどの程度の期間を要するか。　243
Q22　マレーシアの不動産開発・投資プロジェクトにおける不動産担保ローンの概要を教えて欲しい。通常、どのような担保が設定されるか。ノンリコースローンは実務上一般的に行われているか。また、ローン契約に関し、参照されるひな型などはあるのか。　244

## Ⅳ　不動産開発・投資スキーム……………………………… 246

［不動産開発］

Q23　マレーシアにおいて一般的な不動産開発のスキームを教えて欲しい。　246

［不動産ファンド］

Q24　マレーシアにおいてにおいて主に利用される不動産ファンドスキーム・REIT制度の概要を教えて欲しい。　247

# 第8章　シンガポール

## Ⅰ　不動産法制……………………………………………………252

［法体系］

Q1　その国の法体系に応じて不動産法制の内容にも一定の傾向が見られることがあると聞いた。シンガポールの法体系は、日本と同じ大陸法系（シビルロー）か、それとも英米法系（コモンロー）か。　252

［土地に関する権利（所有権または類似する権利）］

Q2　土地に関する権利としてどのようなものがあるか。日本における土地の所有権に相当する権利があるか。　253

目次

[不動産の概念]

- Q3 現地で建物リース事業を行うため、土地から切り離して建物のみ購入することを検討している。現地法上、日本と同じように、建物が土地と別個の不動産として認識されるのか（別個の売買取引の対象となるか）。それとも、土地と建物は一体の不動産として認識されるのか。 255
- Q4 現地でコンドミニアムの開発を検討している。日本の建物区分所有権に相当する権利があるか。ある場合、区分所有法制の概要を教えて欲しい。 256

[不動産の取得・利用の主体および外資規制]

- Q5 現地の民間企業であっても土地を保有することができない国もあると聞いた。現地企業が土地の所有権を取得することができるか。また、現地企業が取引の対象とする主な土地上の権利は何か。 258
- Q6 日本企業である当社は、直接、現地の不動産（土地・建物）を取得したいと考えている。外国法人はシンガポールの不動産を直接取得・利用することができるか。それとも、不動産を取得・利用するにあたり現地法人を設立することが必要か。 258
- Q7 現地法人であっても株主に外国企業が入っている場合にはそもそも不動産（土地・建物）を保有することが認められない国もあると聞いた。外資系現地法人が不動産を「取得・利用」するにあたって適用される外資規制について教えて欲しい。 259

コラム 分譲住宅を購入したシンガポール人たちの間で高まる定年退職後の不安／262

[不動産登記制度]

- Q8 不動産登記制度の概要を教えて欲しい。 264
- Q9 土地の登記にはどのような効力が認められているか。登記を信頼して取引をした者に対し、登記どおりの権利状態があったのと同様の保護が与えられるか（登記に公信力が認められるか）。 270
- Q10 取得を検討している土地の権利関係を調査したい。土地の権利者の協力なく役所の登記簿を見ることができるか。 271
- Q11 登記手続の概要を教えて欲しい。また、登記の申請から完了までに要する期間の目安を教えて欲しい。 272

[土地収用]

- Q12 土地に関する権利が政府による収用の対象となるのはどのような場合か。 272

Ⅱ 不動産関連事業に関する規制……………………………………274

目　次

[不動産関連事業に関する外資規制]
　　Q13　不動産関連事業を行う現地法人を設立したいが、当局の承認やローカル企業の出資が必要になるか知りたい。主な不動産関連「事業」（不動産開発、不動産売買・仲介、不動産賃貸、不動産管理、建設）について、どのような外資規制が適用されるか教えて欲しい。　274

[不動産関連事業に関する許認可]
　　Q14　現地で不動産仲介を行うことを検討している。日本における宅建業規制に相当するような規制があるか。　274
　　Q15　現地で建設業を行うことを検討している。建設業を行う場合、どのような許認可を取得する必要があるか。　276

## Ⅲ　不動産取引 …………………………………………………………… 277

[不動産取引（取得・譲渡、賃貸）]
　　Q16　取得を検討している土地の権利関係を調査したい。どのような点に留意して調査すべきか。　277
　　Q17　不動産の売買・保有に際して生じる課税の概要を教えて欲しい。　277
　　Q18　現地でコンドミニアムの開発を検討している。建物が竣工し、ユニットを顧客に販売した後に当該物件に瑕疵が発見された場合、誰がどのような責任を負うか。　280
　　Q19　現地で商業施設の開発を検討している。日本の不動産賃借権に相当する権利があるか。借地借家法のような賃借人保護を目的とする特別な法律があるか。　281

[不動産担保]
　　Q20　不動産に対して設定される担保の種類としてどのようなものがあるか。 282
　　Q21　現地における不動産担保執行手続の概要を教えて欲しい。通常、担保執行の開始から完了までどの程度の期間を要するか。　284
　　Q22　現地の不動産開発・投資プロジェクトにおける不動産担保ローンの概要を教えて欲しい。通常、どのような担保が設定されるか。ノンリコースローンは実務上一般的に行われているか。また、ローン契約に関し、参照されるひな型などはあるのか。　287

## Ⅳ　不動産開発・投資スキーム ………………………………………… 288

[不動産開発]
　　Q23　シンガポールにおいて一般的な不動産開発のスキームを教えて欲しい。
　　　　 288

目 次

[不動産ファンド]
   Q24  シンガポールにおいて主に利用される不動産ファンドスキーム・REIT制度の概要を教えて欲しい。　289

# 第9章　中　国

## I　不動産法制

[法体系]
   Q1  その国の法体系に応じて不動産法制の内容にも一定の傾向が見られることがあると聞いた。中国の法体系は、日本と同じ大陸法系（シビルロー）か、それとも英米法系（コモンロー）か。　296

[土地に関する権利（所有権または類似する権利）]
   Q2  土地に関する権利としてどのようなものがあるか。日本における土地の所有権に相当する権利があるか。　296

[不動産の概念]
   Q3  現地で建物リース事業を行うため、土地から切り離して建物のみ購入することを検討している。現地法上、日本と同じように、建物が土地と別個の不動産として認識されるのか（別個の取引の対象となるか）。それとも、土地と建物は一体の不動産として認識されるのか。　298
   Q4  現地でコンドミニアムの開発を検討している。日本の建物区分所有権に相当する権利があるか。ある場合、区分所有法制の概要を教えて欲しい。　298

[不動産の取得・利用の主体および外資規制]
   Q5  現地の民間企業であっても土地を保有することができない国もあると聞いた。現地企業が土地の所有権を取得することができるか。また、現地企業が取引の対象とする主な土地上の権利は何か。　299
   Q6  日本企業である当社は、直接、現地の不動産（土地・建物）を取得したいと考えている。外国法人は中国の不動産を直接取得・利用することができるか。それとも、不動産を取得・利用するにあたり現地法人を設立することが必要か。　300
   Q7  現地法人であっても株主に外国企業が入っている場合にはそもそも不動産（土地・建物）を保有することが認められない国もあると聞いた。外資現地法人が不動産を「取得・利用」するにあたって適用される外資規制について教えて欲しい。　300

[不動産登記制度]
   Q8  不動産登記制度の概要を教えて欲しい。　301

目　次

　　Q9　土地の登記にはどのような効力が認められているか。登記を信頼して取引
　　　　をした者に対し、登記どおりの権利状態があったのと同様の保護が与えら
　　　　れるか（登記に公信力が認められるか）。　304
　　Q10　取得を検討している土地の権利関係を調査したい。土地の権利者の協力な
　　　　く役所の登記簿を見ることができるか。　304
　　Q11　登記手続の概要を教えて欲しい。また、登記の申請から完了までに要する
　　　　期間の目安を教えて欲しい。　305
［土地収用］
　　Q12　土地に関する権利が政府による収用の対象となるのはどのような場合か。
　　　　実務上どの程度のリスクがあるか。　305

## II　不動産関連事業に関する規制 …………………………306
［不動産関連事業に関する外資規制］
　　Q13　不動産関連事業を行う現地法人を設立したいが、当局の承認やローカル企
　　　　業の出資が必要になるか知りたい。主な不動産関連「事業」（不動産開発、
　　　　不動産売買・仲介、不動産賃貸、不動産管理、建設）について、どのよう
　　　　な外資規制が適用されるか教えて欲しい。　306
［不動産関連事業に関する許認可］
　　Q14　現地で不動産仲介を行うことを検討している。日本における宅建業規制に
　　　　相当するような規制があるか。　308
　　Q15　現地で建設業を行うことを検討している。建設業を行う場合、どのような
　　　　許認可を取得する必要があるか。　308

## III　不動産取引 ……………………………………………309
［不動産取引（取得・譲渡、賃貸）］
　　Q16　取得を検討している土地の権利関係を調査したい。どのような点に留意し
　　　　て調査すべきか。　309
　　Q17　不動産の売買・保有に際して生じる課税の概要を教えて欲しい。　310
　　Q18　現地でコンドミニアムの開発を検討している。建物が竣工し、ユニットを
　　　　顧客に販売した後に当該物件に瑕疵が発見された場合、誰がどのような責
　　　　任を負うか。　310
　　Q19　現地で商業施設の開発を検討している。日本の不動産賃借権に相当する権
　　　　利があるか。借地借家法のような賃借人保護を目的とする特別な法律があ
　　　　るか。　310
［不動産担保］
　　Q20　不動産に対して設定される担保の種類としてどのようなものがあるか。

目次

　　　311
Q21　現地における不動産担保執行手続の概要を教えて欲しい。通常、担保執行の開始から完了までどの程度の期間を要するか。　312
Q22　現地の不動産開発・投資プロジェクトにおける不動産担保ローンの概要を教えて欲しい。通常、どのような担保が設定されるか。ノンリコースローンは実務上一般的に行われているか。また、ローン契約に関し、参照されるひな型などはあるのか。　314

## Ⅳ　不動産開発・投資スキーム　315
[不動産開発]
Q23　中国において一般的な不動産開発のスキームを教えて欲しい。　315
[不動産ファンド]
Q24　中国において主に利用される不動産ファンドスキーム・REIT制度の概要を教えて欲しい。　315

# 第10章　台　湾

## Ⅰ　不動産法制　320
[法体系]
Q1　その国の法体系に応じて不動産法制の内容にも一定の傾向が見られることがあると聞いた。台湾の法体系は、日本と同じ大陸法系（シビルロー）か、それとも英米法系（コモンロー）か。　320
[土地に関する権利（所有または類似する権利）]
Q2　土地に関する権利としてどのようなものがあるか。日本における土地の所有権に相当する権利があるか。　321
[不動産の概念]
Q3　現地で建物リース事業を行うため、土地から切り離して建物のみ購入することを検討している。現地法上、日本と同じように、建物が土地と別個の不動産として認識されるのか（別個の取引の対象となるか）。それとも、土地と建物は一体の不動産として認識されるのか。　323
Q4　現地でコンドミニアムの開発を検討している。日本の建物区分所有権に相当する権利があるか。ある場合、区分所有法制の概要を教えて欲しい。　324
[不動産の取得・利用の主体および外資規制]
Q5　現地の民間企業であっても土地を保有することができない国もあると聞い

xxvii

目　次

　　　　た。現地企業が土地の所有権を取得することができるか。また、現地企業が取引の対象とする主な土地上の権利は何か。　326
　　Q6　日本企業である当社は、直接、現地の不動産（土地・建物）を取得したいと考えている。外国法人は台湾の不動産を直接取得・利用することができるか。それとも、不動産を取得・利用するにあたり現地法人を設立することが必要か。　327
　　Q7　現地法人であっても株主に外国企業が入っている場合にはそもそも不動産（土地・建物）を保有することが認められない国もあると聞いた。外資現地法人が不動産を「取得・利用」するにあたって適用される外資規制について教えて欲しい。　330

### ［不動産登記制度］
　　Q8　不動産登記制度の概要を教えて欲しい。　330
　　Q9　土地の登記にはどのような効力が認められているか。登記を信頼して取引をした者に対し、登記どおりの権利状態があったのと同様の保護が与えられるか（登記に公信力が認められるか）。　332
　　Q10　取得を検討している土地の権利関係を調査したい。土地の権利者の協力なく役所の登記簿を見ることができるか。　332
　　Q11　登記手続の概要を教えて欲しい。また、登記の申請から完了までに要する期間の目安を教えて欲しい。　334

### ［土地収用］
　　Q12　土地に関する権利が政府による収用の対象となるのはどのような場合か。実務上どの程度のリスクがあるか。　334

## Ⅱ　不動産関連事業に関する規制……………………………………336

### ［不動産関連事業に関する外資規制］
　　Q13　不動産関連事業を行う現地法人を設立したいが、当局の承認やローカル企業の出資が必要になるか知りたい。主な不動産関連「事業」（不動産開発、不動産売買・仲介、不動産賃貸、不動産管理、建設）について、どのような外資規制が適用されるか教えて欲しい。　336

### ［不動産関連事業に関する許認可］
　　Q14　現地で不動産仲介を行うことを検討している。日本における宅建業規制に相当するような規制があるか。　338
　　Q15　現地で建設業を行うことを検討している。建設業を行う場合、どのような許認可を取得する必要があるか。　339

## Ⅲ　不動産取引　………………………………………………………343

## [不動産取引（取得・譲渡、賃貸）]

- Q16 取得を検討している土地の権利関係を調査したい。どのような点に留意して調査すべきか。 343
- Q17 不動産の売買・保有に際して生じる課税の概要を教えて欲しい。 343
- Q18 現地でコンドミニアムの開発を検討している。建物が竣工し、ユニットを顧客に販売した後に当該物件に瑕疵が発見された場合、誰がどのような責任を負うか。 346
- Q19 現地で商業施設の開発を検討している。日本の不動産賃借権に相当する権利があるか。借地借家法のような賃借人保護を目的とする特別な法律があるか。 347

## [不動産担保]

- Q20 不動産に対して設定される担保の種類としてどのようなものがあるか。 349
- Q21 現地における不動産担保執行手続の概要を教えて欲しい。通常、担保執行の開始から完了までどの程度の期間を要するか。 350
- Q22 現地の不動産開発・投資プロジェクトにおける不動産担保ローンの概要を教えて欲しい。通常、どのような担保が設定されるか。ノンリコースローンは実務上一般的に行われているか。また、ローン契約に関し、参照されるひな型などはあるのか。 351

## Ⅳ 不動産開発・投資スキーム ……………………………… 352

### [不動産開発]

- Q23 台湾において一般的な不動産開発のスキームを教えて欲しい。 352

### [不動産ファンド]

- Q24 台湾において主に利用される不動産ファンドスキーム・REIT制度の概要を教えて欲しい。 353

資　料　各国一覧表…………………………………………………… 357

編著者・執筆者略歴　368

序　章

各国の不動産法制の
比較の視点と横断的理解

序　章　各国の不動産法制の比較の視点と横断的理解

# Ⅰ　はじめに

　本書では、アジア各国の不動産法制について、第1章以下で各国ごとに詳細な解説（Q&A形式）を置いている。その章だけ見れば、その国の不動産法制の概要が読み手に理解できるよう、説明にできるだけ工夫をこらしている。一方で、これらの国々の不動産法制を俯瞰すると、国同士で互いに似ていたり相関性がある項目もあれば、全くそうでない項目もあるように思われる。そして、そこに何らかの理屈付けを見出すことができる場合も多い。そのような項目分けと理屈付けが真実正しいか否かについての学術的な検証は難しいが、ある程度現象として看て取れることは確かであるように思われる。そこで、このような比較の視点を取り入れることは、少なくとも実務上、ある特定の国の不動産法制の内容を理解するために相応に役に立つと思われる。また複数の国に進出する場合には、国ごとの相違点を事業上の留意事項として反映できるなど、より一層有用であると思われる。

　そこで、本章では、本書全体の総論として、日系企業による不動産関連事業への取組みに現地にて携わってきた筆者らの経験に基づき、10か国の不動産法制に関する比較の視点の紹介と実務上留意すべき事項についての横断的な説明を試みるものである。

　このような試みの難しさは、何といっても国ごとに法律が異なる点にある。政治・経済・文化の歴史が異なる以上、それを礎として発展してきた法制度の内容も様々であり、さらに経済の基盤である不動産に関する法律が現地の事情を色濃く反映するのは当然といえる。もっとも、現地の不動産関連事業に携わっていると、上記の裏返しとして、各国の不動産の歴史は、不思議と似たような変遷を辿ることが多いし、またグローバルな法体系の交錯が現地の法制度に影響を与えるのは、今日に限ったことではないことに気づかされる。具体的なポイントは後述するが、そのような視点を紹介することで、ともすると全くばらばらでまとまりがないように見えるアジア諸国の不動産関連法制について、少しでも立体的にかつダイナミズムをもって理解する一助になればと思う次第である。

なお、過度に一般化すると、個別の取引の際に思わぬ落とし穴にはまってしまう可能性もある。実際、例外的な事項も少なからずあると思われるが、紙面の制約上、ここで全てを網羅することは難しい。以下の説明は、あくまでも一般的な留意事項にとどめ、個別の取引にあたっては、具体的に検討した上で取引を進めることが重要であることは言うまでもない。

## Ⅱ　本章で想定する取引（各章 Q23 参照）

アジア諸国における日系企業による不動産関連事業の取組みの態様は、多岐にわたる。不動産開発であれば、ローカルパートナーとの共同事業は、合弁会社を通じて行うこともあれば、合弁会社なしに契約のみで行うこともある一方、独資による例も見られる。また、不動産開発に限らず、竣工済みの不動産の取得案件もあれば、近時は現地 REIT の買収といった例もある。このような状況を踏まえ、本章では、アジアの不動産関連事業で実務上よく遭遇する典型的な論点をできるだけ多く紹介するための便宜的なサンプルとして、あえて以下のような合弁会社を使った不動産開発のスキームを念頭に置くこととする。

【図表 1】　想定取引

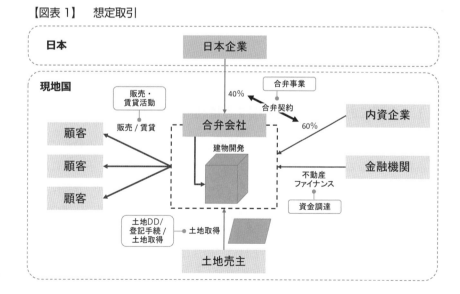

具体的には、日本企業が現地国の内資企業（ローカルのデベロッパーなど）と共に合弁会社を設立し、出資金と貸付金によって合弁会社が資金調達し、合弁会社が土地の売主から土地を購入の上、レジデンス、オフィス、商業施設、物流施設などの建物を開発し、不動産の利用者（顧客）に販売または賃貸するというプロジェクトを想定する（図表1参照）。

このようなプロジェクトの組成および取引の流れに沿って、以下では、不動産の取得、合弁事業の組成、完成物件の販売・賃貸活動、合弁会社による資金調達、プロジェクトからのEXITの各局面について説明する。各局面において述べることは、合弁事業に特有の事項を除けば、不動産開発の事例の一部としてのみならず、不動産開発とは関わりのない独立した不動産関連取引・業務にも共通することが多い事項である。たとえば、日系の現地法人が自ら使用する工場の建設を行うために土地を取得するケースでも、下記Ⅲで説明する不動産の取得にあたっての留意事項は同様に参考になるはずである。

そして、各局面のトピックごとに、第1章以下の各国の不動産法制の解説（Q&A形式）において、どのQ&Aが関連する内容であるかを個別に記載している。したがって、以下の総論の説明を読み進めつつ、あるトピックについてある個別の国の法制を知りたい場合には、その国の該当する番号のQ&Aを適宜参照するという形で利用していただきたい。

## Ⅲ　不動産の取得

### 1　各国における不動産に関する権利（各章Q1～11参照）

まず、不動産を取得・投資する大前提として、その対象となる不動産に関する権利がいかなるものかを理解することが重要である。そして、不動産に関する権利は、各国によって内容が異なるものの、その属する法体系の分類によって、各国の制度に一定の傾向がみられる。すなわち、アジア諸国の法律のベースとなっている法体系は、大陸法系とコモンロー体系（common law）の2つに大別される。ここで、大陸法系とは、一般的に適用されることを念頭に置いた制定法を主な法源とし、ローマ法を淵源とし、ヨーロッパ大陸諸国において

採用されている法体系と説明される。日本もこれに属する。これに対して、コモンロー体系とは、判例法、すなわち、具体的な事案において裁判所が下す判決を主な法源とする法体系であり、英国と旧英国植民地からなる英連邦諸国等において採用されている[1]。以下の**図表2**は、各国ごとにそのような法体系の別と、主な不動産の権利の特徴を簡単にまとめたものである[2]。

**図表2**のとおり、まず土地の所有権に関する概念に違いがある。日本における土地の所有権は土地に関する究極的な権利ともいうべきものであるが、大陸法系の国においては、まさに日本と同様に土地所有権の概念が認められている。もっとも、土地所有権という概念は存在していても、ベトナムや中国では私人（内資企業・外資企業[3]・外国会社[4]・個人）が所有権を取得することはできない。またインドネシアでは、土地所有権の取得は原則として自然人のみに認められており、現地の内資企業も外資企業もそれを取得することができない。そのため、これらの3つの国では、代替的な権利が企業による取引の対象となっている。これに対して、コモンロー体系の国においては、freeholdおよびleaseholdという一対の概念に置き換えられる。この点、一般的には、freeholdとは、土地に対する無期限・無制限の絶対的権利であり、leaseholdは、国から付与される、期限付きの土地に対する排他的支配権・使用権である。権利の絶対性という観点からは、freeholdが日本の土地所有権に相当する権利というべきであるが、leaseholdも国から付与される物権的権利に近い性質であるという点において、単なる債権に過ぎない賃借権とは異なるものであり、コモンロー体系の国では、いずれも慣行的にownershipとして扱われる[5]。

次に、建物が土地と一体か別個かという点については、大陸法系の国は日本と同様土地と建物は別個と考える国が多く、それぞれ別個に取引の対象とな

---

[1] 田中英夫編集代表『英米法辞典』（東京大学出版会、1991）、杉浦保友『イギリス法律英語の基礎——コモン・ローから英文レター、契約ドラフティングまで』（レクシスネクシスジャパン、2009）2頁。
[2] 本段落の内容については、各章Q1を参照されたい。
[3] 本章では、現地国で設立された会社のうち、外国会社が株式の一定割合を保有している会社のことを「外資企業」と呼ぶこととする。
[4] 本章では、現地国以外の国で設立された会社を「外国会社」と呼ぶこととする。
[5] 本段落の内容については、各章Q2、Q5〜7およびコラムを参照されたい。

序　章　各国の不動産法制の比較の視点と横断的理解

【図表2】　アジア諸国の不動産法制の比較一覧（不動産に関する権利）

|  | ベトナム | インドネシア | タイ | フィリピン | インド |
|---|---|---|---|---|---|
| 大陸法系かコモンロー体系か（Q1） | 大陸法系（社会主義） | 大陸法系（慣習法の影響） | 大陸法系（一部英国法の影響） | 大陸法系（一部英米法が混在） | コモンロー体系 |
| 土地所有権に相当する権利（Q2） | 所有権 | 所有権（*Hak Milik*） | 所有権 | 所有権 | freehold leasehold |
| 建物は土地と一体か別個か＊（Q3） | 土地と別個 | 土地と別個 | 土地と別個とすることも可 | 土地と別個 | 土地と別個 |
| 現地企業が取引の対象とする主な土地上の権利（Q5） | 割当土地使用権・リース土地使用権 | 建設権（HGB）使用権（*Hak Pakai*）など | 所有権 | 所有権 | freehold leasehold |
| 登記の効果（Q9） | 効力要件（不明確な点あり） | 権利を証明するための有力な証拠 | 効力要件 | 効力要件ではない | 効力要件 |
| 登記に要する期間の目安（Q11） | 約1か月程度 | 一般的に2～3か月程度 | 通常1営業日（公告等が必要な場合あり） | 申請から数週間 | 7～10営業日（州による） |

III　不動産の取得

|  | ミャンマー | マレーシア | シンガポール | 中国 | 台湾 |
|---|---|---|---|---|---|
| 大陸法系かコモンロー体系か（Q1） | コモンロー体系 | コモンロー体系 | コモンロー体系 | 大陸法系（社会主義） | 大陸法系 |
| 土地所有権に相当する権利（Q2） | freehold lease, grant | freehold leasehold | freehold leasehold | 所有権 | 所有権 |
| 建物は土地と一体か別個か＊（Q3） | 土地と一体 | 土地と一体 | 土地と一体 | 土地と別個 | 土地と別個 |
| 現地企業が取引の対象とする主な土地上の権利（Q5） | lease grant | freehold leasehold | freehold leasehold | 土地使用権 | 所有権 |
| 登記の効果（Q9） | 効力要件 | 効力要件 | 効力要件 | 効力要件 | 効力要件 |
| 登記に要する期間の目安（Q11） | 税金の支払手続と合わせて2〜3か月程度 | 地域による（1〜2週間で済む場合もあれば数か月を要する場合もある） | 通常7営業日。即時登記の場合1日程度 | 2週間程度 | 3〜5日程度 |

＊本書の対象国のうち土地と建物が一体と捉えられている国においても、日本における建物の区分所有等に関する法律に相当するような法律（コンドミニアム法などと呼称されることが多い）により建物の区分所有権を認める法制を導入している。これは、不動産の概念について、一般論としては英米法系の解釈を受け継ぎながら、政策的な理由から制定法で例外を定めたものといえる。

る。しかし、考え方としてはそうであっても、上記の大陸法系の国のうち、日本と同様に建物について土地とは別個独立に登記の対象となるのはベトナムや台湾のみであり、その他の国については建物についての情報が土地の登記に付記されるのみである。これに対して、コモンロー体系の国においては、伝統的なコモンローの土地の概念に関する解釈に則って、建物は土地と一体と考えられている。この点は、建物リース事業の可否、すなわち（土地から切り離して）建物を購入してそれを第三者にリースできるかといった事業の可否に影響することになる。具体的にいうと、建物が土地と一体として取り扱われるのであれば、論理的には、建物だけを購入して第三者にリースするということは基本的にはできないという帰結になる。建物が独立した登記の対象になることもない。しかし、例外はインドであり、建物を土地とは別個の不動産と考える。コモンロー体系の国でありながら、建物と土地の関係については、伝統的に裁判所が独自の考え方をとっている[6]。

　3つ目として、登記の効果については、コモンロー体系の国では、不動産取引の効力要件とされている。理論的には、不動産の権利の帰属が明確であり、不動産を取得するにあたって、不動産デュー・ディリジェンスの範囲にも関連するが、相対的に不確定事由は少ないといえる。これに対して、大陸法系の国をみると、中国・台湾では登記が効力要件とされているが、タイやベトナムでは法律上は効力要件と規定しつつも、一部例外や明確ではない点がある。また、インドネシアでは、不動産譲渡証書（AJB：*Akta Jual Beli*）の締結によって生じる譲渡の効力が登記によって「確定する」という説明が一般になされ、フィリピンでは日本の意思主義および対抗要件主義に類似した考え方がとられている。このように、大陸法系の国は、不動産登記制度が導入された歴史的経緯によって制度も区々という印象である[7]。

　このように、その国がいずれの法体系に属するかを把握することは、国ごとの不動産法制の違いや取得・投資の対象となる不動産に関する権利の内容を概括的に理解するのに役立つと思われる。

---

6) 本段落の内容については、各章Q3～4を参照されたい。
7) 本段落の内容については、各章Q8～9を参照されたい。

## 2 対象不動産のデュー・ディリジェンス（各章Q3、Q8～12、Q16参照）

　アジア諸国の案件で不動産を取得[8]するにあたって、事前にデュー・ディリジェンスを行うことは特に重要であると思われる。日本であれば、一般に、土地所有権が売主に有効に帰属しているか、抵当権や地役権などの第三者の権利が付着していないか、公法上の負担が存在しないか、土地の境界が画定しているか、土壌汚染や建物の遵法性に問題はないか、当局による土地収用の可能性がないか、といった項目を調査する。一方、アジア諸国の不動産取引においても、基本的な考え方は同じといえ、不動産デュー・ディリジェンスの項目は似たような調査項目になることが多い。もっとも、法制度の違いや現地の事情に応じて、実務上の対応が異なる場合がある。

　まず、土地の権利の違いという観点からいえば、コモンロー体系の国において、対象となる底地の権利がleaseholdの場合、登記簿上のマスターリースの残存期間を見て、プロジェクトに必要な期間として十分であるかを確認する必要がある。また、ベトナム・中国の土地使用権やインドネシアの建設権・使用権についても、権利の残存期間を確認し、延長や更新が必要な場合、あらかじめ当局との間で折衝を行う必要がある場合がある。

　次に、土地の取得その他プロジェクトの実施に関して当局の承認が必要となる場合には、プロジェクトのスケジュールに影響するため、そのような事項がないかを確認することが特に重要である。たとえば、マレーシアであれば、権利証に記載された土地の用途・利用条件が、想定している事業と整合しているか、権利の譲渡に関して州政府の同意が要求されているか、合筆・分筆が必要となるかといった事項である。またインドネシアのジャカルタ州では、土地の開発にあたって、州の規則上、土地利用許可（IPRT）の取得が必要となる。ベトナムでは、土地使用権の用途は、当局から許可を受けた個別の投資プロジェクトに紐付けられていることから、土地使用権の取得を検討する際、土地使

---

[8] 以下、「不動産」の取得や売買等についての記載は、特に断りのない限り、図表2に記載した現地企業が取引の対象とする主な土地上の権利の取得や売買等の取引を念頭に記載している。

【図表3】 不動産の取得

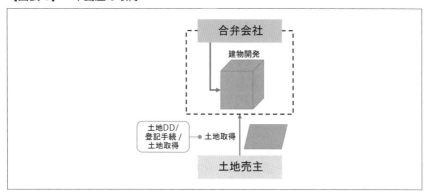

用権の割当決定書やリース契約書および現状のプロジェクトに関する投資登録証（Investment Registration Certificate）などを確認し、用途が想定と整合しているか、プロジェクトの変更が必要でないかを検証する必要がある。

　また、国によっては登記の整備が遅れているところもあり、取得を想定している土地に未登記の筆が存在する場合には慎重な対応が必要である。たとえば、インドネシアでは、国の登記制度にまだ組み込まれていない未登記の土地が地方を中心に多く存在しており、大規模な開発プロジェクトにおいて、対象土地の一部の筆が未登記であるといった場面に遭遇することがある。対応方針としては、売主側で登記することを求め、その後に土地所有権の移転登記を行うのが理想である。もっとも、未登記土地の登記には時間がかかるため（インドネシアでは、未登記土地の登記には2か月間の公告手続を経ることが必要である）、プロジェクトのスケジュールに間に合わないこともある。そのため、未登記のまま取得するという選択を迫られることもある。そのような場合の次善策として行われるのは、権利証の代わりに *Girik* と呼ばれる固定資産税を支払っていることの証拠となるレターの提出を受けることである。権利の証明とはいえないが、固定資産税の継続的な支払の事実から間接的に土地の所有権を有することを推認できることで満足する方法である。これに加え、土地の売買契約において、売主が土地について正当な権利を保有していることを表明保証させ、将来何か問題が発覚した際に補償を求められるようにしておくことも検討に値する。

上記に述べた事項はいずれも複数の国に共通しうるものであるが、インドにおける土地のデュー・ディリジェンスは、不動産登記や抵当権の実行手続等の制度に起因して、調査対象として過去30年分の記録・資料を見なければならないなど、特に慎重な手続をとることが実務上通例となっており、特に留意が必要と思われる。

　なお、本章の想定取引からはやや離れるものの、もし土地上に既存の建物が存在する場合、土地に加え建物の所有権について確認する必要があるが、この点については、上記1において触れた、土地と建物が別個と捉えられているかどうか、かつ、建物が土地とは別個独立に登記の対象となるかに応じて、確認すべき書類も異なる。この点、上記1において説明したとおり、大陸法系の国は土地と建物は別個と考える国が多いものの、建物が独立に登記の対象となるベトナムや台湾以外の国については建物についての情報が土地の登記に付記される。したがって、大陸法系の国において建物の所有権を確認する場合、ベトナムや台湾では建物の権利に関する証書（日本のように土地と建物の登記事項証明書が分かれているのとは異なり、土地の権利と建物の権利についての記載が同じ1通の証書の中にまとめて記載される）を確認すれば足りるのに対し、それ以外の国では確認すべき書類の検討が必要になる。たとえば、インドネシアでは、実務上、建物が所在する土地の権利証に加え、当該建物の建築許可（IMB）などの書類によって権利を確認する。また、タイでは、実務上、当該地域の地方行政庁に保管されている建築許可証および土地事務所において取得可能な土地の権利証に添付されている建物譲渡に関する売買契約書を双方確認することによって、建物の所有権を確認するのが一般的である[9]。

## 3　不動産売買契約上の留意点（所有権の移転時期と売買代金の支払タイミング）（各章Q9参照）

　売買契約における記載事項や契約内容の基本的な構成は、筆者らが経験する限り、国によってそれほど変わるものではないように思われる。具体的な項目としては、対象不動産の売買の合意、売買代金の金額・支払方法・期限、代金

---

9) 本段落の内容については、各章Q3、Q8～12、Q16を参照されたい。

支払・権利移転登記の前提条件、対象不動産の表明保証、許認可取得等の誓約事項、その他の一般条項が規定される。

ただし、国によって不動産の所有権の移転時期に違いがあるため、売買代金の支払のタイミングと登記の完了との同時性をどこまで追求するかは、売主の信用力が乏しく不動産だけがその引当てとなる事案では特に検討を要する。日本においては、不動産の所有権の移転は当事者の意思表示により生じ、対抗要件の具備の効力は、所有権移転登記申請が行われた時点で発生する。登記の完了は、登記簿に移転登記が行われた旨の記載がなされたという手続上の事実の完了に過ぎず、実務上、売買代金の支払と同時履行に立つのは移転登記の申請である。これに対して、**図表2**のとおり、アジア各国では、登記の完了を所有権移転の効力発生要件としている国が多いが、登記の完了までに相当の期間を要する国が多く、登記申請時点での代金支払には理論的にリスクを伴う。そこで、たとえばベトナムでは、実務上、外資企業が買主の場合には、買主は登記申請時に全額の支払を行うものの、登記完了まではエスクローに預託しておき、登記完了と同時に売主にリリースするというアレンジをすることも少なくない。ただ、国によっては（たとえばインドネシア、マレーシア）、登記申請にあたって売買代金の支払が完了していなければならない場合があり、そのような国では、エスクローでの対応は限界がある。

## 4　賃貸借を通じた不動産の利用権の確保（ミャンマーやマレーシアのQ6〜7参照）

本章の想定取引は、土地の所有権またはそれに代替する権利（ベトナムの土地使用権やインドネシアの建設権など）を取得し、その土地上に建物を建設する取引を念頭に置いている。しかし、たとえばミャンマーにおいては、外資は、持分35％以下の現地法人を介した間接的な取得である場合を除き、現地不動産を取得することはできない[10]。

---

[10] 2025年1月時点において、不動産譲渡制限法の適用がある「外資」には、外資持分が35％を超える現地法人が該当することになる。また、不動産譲渡制限法に定める「外資」には、ミャンマー国外において設立された日本法人を含む外国法人も当然に含まれている。詳細は**第6章のQ6**を参照されたい。

また、マレーシアやタイにおいては、外資の現地企業が土地を取得することは可能であるものの、その場合、外資の出資比率が一定比率に制限されるケースがある。そのようなケースにおいては、リースという形式は、かかる出資比率の制限を受けずに土地を利用するための選択肢となる。ただし、タイの場合には、リースの形式を用いることにより土地法に基づく外資規制は受けないものの、なお、外国人事業法に基づく規制が存在することから、当該土地において行う事業の内容次第では、やはり外資の出資比率が制限されることになるため留意が必要である。

# Ⅳ　合弁事業

【図表4】　合弁事業

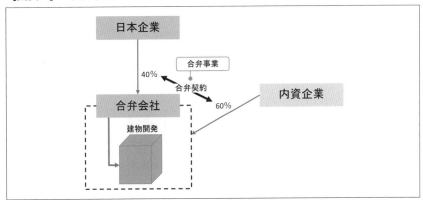

## 1　外資規制とその対応策（各章Q6～7、Q13参照）

　本章の想定取引は、ローカルパートナーとの合弁事業である。この点、本書の対象国の中には、たとえばインドネシアやベトナムのように、不動産開発事業を行うに際し、外資の出資比率に対する規制が存在せず、外資企業が独資で不動産開発事業を行うことができる国も存在する。これに対し、かかる事業について外資規制が存在する場合、ローカルパートナーとの合弁で事業を行う必要がある。かかる不動産に関する外資規制は、土地に関する権利内容のように

ある程度法体系によって傾向が見られるものではなく、自国の不動産に関する外国投資の誘致と自国産業保護のバランスという政策目的によって決められており、各国ごとに大きく異なる。たとえばシンガポールやインドネシアは比較的外資規制が緩いといえる一方、タイ、フィリピンおよびミャンマーでは特に外資規制が厳しく、注意を要する。

タイの場合、土地法上、「外国人」による土地所有は原則として認められていない。そして、ここでいう「外国人」には、①株式数の49％超が外国人により保有されるタイの現地法人および②株主のうち頭数で外国人株主が過半数を占めるタイの現地法人が含まれる。したがって、この外資規制のもとで日系企業がタイの不動産に投資するオーソドックスな方法は、日系企業が株式数の49％以下を保有し、ローカルパートナー側が51％以上を保有することにより、「外国人」に該当しない合弁会社によって事業を行う方法である[11]。

フィリピンの場合も、土地を所有することができるのは、フィリピン国民（Philippine national）のみとされており、その定義上、株主に外国企業が入っている現地法人については、外国企業の出資割合が40％以下の場合に限られる。

ミャンマーについては、前記Ⅲ４に述べたとおり、現状、外資は、持分35％以下の現地法人を介した間接的な取得である場合を除き、現地不動産を取得することができない[12]。

## 2　出資にあたっての留意点

本章の想定取引のようなローカル企業との合弁による不動産開発案件の場合、一度合弁会社への出資を行ってしまうと、後で事業の前提となる土地の権利や許認可が取得できないなどの問題によりプロジェクトが進まない場合、出資した資金を取り戻すのは容易ではない。そこで、どの国で事業を行う場合で

---

[11]　かつては、タイの民商法上、非公開会社の株主は最低3名以上とされており、日本企業とローカルパートナーに加え、当該ローカルパートナーの代表者などの個人がノミナルな様式を保有する株主となる場合が多かったが、2023年2月7日より施行された改正民商法により、民商法上の株主の最低人数については、3名から2名に削減された。
[12]　詳細は第6章のQ6を参照されたい。

あっても、出資の実行については慎重に検討する必要がある。具体的には、契約上、出資を行う前提条件を適切かつ明確に設定することが重要であり、典型的な項目としては、デュー・ディリジェンスの完了、プロジェクトに必要な許認可の取得といったものがある。また、出資後に問題が起こってプロジェクトが中止となった場合に備えて、ローカルパートナーに対する株式のプットオプションを得ておくことも有用である。

この点、キャッシュフローに余裕のないローカル企業が相手の場合には、プロジェクトに用いる土地に抵当権が付いており、日系企業からの出資金が返済資金として当てにされていることがある。また、ローカル企業側の出資方法が土地の現物出資ということもある。こういった場合には、出資の前提条件とともにストラクチャー自体もより慎重に検討する必要が出てくるため、留意が必要である。

上記のような事情は、合弁事業に関する交渉の初期に確認して、対応策を見極めておくことが肝要と思われる。

## 3　合弁会社のガバナンス——マイノリティ株主のプロテクション

本章の想定取引のようなマイノリティの合弁案件である場合、合弁会社の事業の意思決定については特に注意が必要である。すなわち、各国の会社法上のデフォルトルールでは、基本的に、株主総会の普通決議事項の決議要件は過半数であるため、異議があっても相手方に押し切られてしまうことになる。また、持株比率がマイノリティである場合、通常は取締役も少数派となるため、各国の会社法上のデフォルトルールでは、取締役会決議事項もローカルパートナー側が決定権を有することになる。このように、会社の意思決定の仕組みに関しては、ほとんどの国において、会社法上のデフォルトルールは、結果的にマイノリティ株主に不利になる。したがって、マイノリティ株主として会社の意思決定に関して最低限の権利を確保するには、そのような権利を特定し、法律上のデフォルトルールを契約書で修正する必要がある。たとえば、不動産開発事業におけるビジネスプランの変更について、マイノリティとはいえ一定のコントロールを及ぼす必要があるということであれば、変更について拒否権を確保することが望ましい。

## V　販売・賃貸活動

【図表5】　販売・賃貸活動

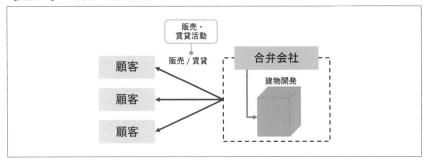

### 1　販売・リーシング業務に関する留意点（各章Q14、Q18参照）

　現地で開発する物件の販売・リーシング業務に関して問題となる主要な点について3点ほど説明する。

　まず1つ目は、デベロッパーとして自ら開発物件の販売を行うための許認可などの手続である。アジア各国では、コンドミニアムやオフィスについて、日本と異なり、建物の着工の前からデベロッパーが（竣工後の）販売を行うことが一般的であるところ、そのような販売を行うことについては、主に開発業者に対する規制という観点からプロジェクトごとに販売のためのライセンスを当局から取得する必要がある場合が多い。他方で、上記のような開発業者規制とは別に、たとえばマレーシアのように、区分所有権管理法（Strata Management Act 2013）上、区分所有建物を販売するための条件として、設計図面の登録等が要求される場合もあり、物件の販売にあたって遵守すべき法規制はしばしば複層的となりうる点に留意を要する。

　2つ目として、物件を開発した会社とは別の法人に販売・リーシング業務を行わせる場合には、現地の宅建業法に注意する必要がある。物件を開発した会社自ら販売・リーシングを行う場合にはあまり問題とならないが、たとえば、ローカル企業との合弁の事例で日系企業が販売・リーシングについて特にその

ノウハウを活かすためにあえて別法人を設立したいという場合、またすでに販売・リーシング業務を行う組織と体制を備えた現地の会社を有しているためその会社に販売・リーシング業務を集約したいといった場合が考えられる。このような場合、想定する販売・リーシングに関するマーケティングその他の活動が、現地の宅建業法が規制対象とする行為に該当するか否かが問題となるが、概して規制対象行為は広範に定められていることが多く、慎重な検討を要する。さらに、シンガポールは、東南アジアのハブとして、日系企業のみならず、周辺国で開発した物件の顧客となるような主要な外国企業も統括拠点や現地法人を置くことが多い。このようなシンガポールのマーケティング上の地理的特性から、周辺国現地の合弁会社が開発した物件の販売・リーシングに関するマーケティングをシンガポールにおいてグループ会社が行う場合、シンガポールの宅建業法について検討が必要となる[13]。

また、3つ目として、建物が竣工し、ユニットを顧客に販売した後に当該物件に瑕疵が発見された場合、誰がどのような責任を負うかについての検討が必要である。かかる検討にあたっては、不動産開発業者がユニットの買主に対して負う責任と建設業者が不動産開発業者に対して負う責任の両方について、責任の範囲や期間の法律上のデフォルトルールと、契約によってそれと異なる合意をすることが可能か、という視点で検討することが必要である[14]。

## 2 賃貸の実務にあたっての法的留意点（各章Q19参照）

開発したオフィス、商業施設、物流施設といった物件についてデベロッパーの立場からリーシングを検討する場合、賃貸に関する登記義務や賃貸期間の制限についてまず確認することになる。この点、タイにおいては、賃貸借期間が3年を超える不動産賃貸借は、管轄の土地事務所に登記する必要があり、登記がない場合は3年間に限り有効となる。賃貸借契約の登記には手数料が発生し手間もかかるため、実務上はこれを嫌って不動産の賃貸借期間を3年以

---

[13] 本段落の内容については、各章Q14を参照されたい。
[14] 本段落の内容については、各章Q18を参照されたい。

下に抑えるケースが多くみられる。

　また排他的な占有を取得した賃借人に対する不動産の明渡しについては、日本と同様、自力救済が禁止され、裁判手続を通じた強制執行が必要となることが多い。そこで、貸し手の立場からは、より簡便・迅速に明渡しを求めることができるよう、たとえば商業施設であれば、催事場や共有スペースの利用業者について、通常の店舗区画とは異なる利用権を現地の法律に基づいて検討することがある。また、物流施設であれば、入居者に提供される倉庫業務・保管業務等のサービスの実態に応じて、賃貸借契約かサービス契約かといった契約構成および契約内容について現地法に基づいて検討することになる。

## Ⅵ　外部からの資金調達

【図表6】　資金調達

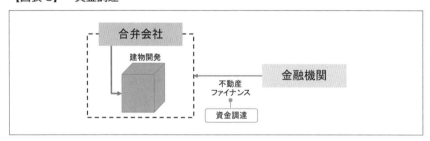

### 1　不動産プロジェクトローンに関する実務上の留意点──ノンリコース型ファイナンスのニーズを踏まえて（各章 Q22 参照）

　アジアにおける不動産投資案件において、投資資金の一部を外部の金融機関から調達する例もある。本章の想定取引は国内の金融機関からのオンショアローンを念頭に置いており、その詳細は各章の Q22 を参照されたい。詳細は国によって異なるが、基本的には、スポンサーが当該プロジェクトのために不動産を保有する SPC を設立した上で、当該 SPC が銀行との間でローン契約を締結し、銀行からローンの提供を受けるケースが多い。そして、そのような不動産投資・開発に関するプロジェクトローンについては、当該 SPC の保有す

## Ⅵ 外部からの資金調達

る開発対象土地の所有権その他の権利について、抵当権などの担保が設定されるのが一般的である。

日本における不動産投資案件においても、かかるローンの担保として、不動産に担保が設定される場合が多いと思われ、これは各国における現地の金融機関の実務でも同様である。もっとも、日系の金融機関から見た場合、アジアにおける不動産担保実務については、現状、現地における不動産担保実務についての情報が不足していること等の理由から、かかる投資資金の供与の際にも不動産担保を取得しないのがこれまでは一般的であったように見受けられる。そのようなケースでは、不動産担保設定の代替手段として、スポンサーである親会社からの保証を要求する例が多い。

他方で、案件によってはスポンサー側に会計上オフバランスのニーズがある場合もあり、そのような場合には、金融機関がスポンサーから保証を要求することは難しい。また、日系の金融機関はローカルパートナー側の信用には依拠しにくいことから、調達資金全体についての保証を一旦日系のスポンサー側で負担したうえで、ローカルパートナーと内部的に精算するなどのやや複雑な仕組みにせざるを得ず、そのためスポンサー側からかかる対応に難色を示される場合もある。

そのような背景から、アジアにおける不動産投資案件において、いわゆるノンリコース型のファイナンスのニーズは徐々に高まっているように見受けられる。何をもってノンリコース型と呼ぶかという点はあるが、単純に親会社保証なしで不動産担保のみのファイナンスという意味であれば、実際、シンガポールではすでに一般的である。また、フィリピン、中国、台湾では、大規模な開発プロジェクトが行われる場合やデベロッパーの信用力が高い場合には、ノンリコースローンが用いられる事例もある。しかし、アジア全体としては、いまだ現地における不動産担保実務等についての情報が不足している国が多く、日系の金融機関に一般的に広まるにはまだ暫く時間を要すると思われる。また、不動産担保執行の確実性の確認が得られたとしても、日本における不動産ノンリコースローンの実務を踏まえるのであれば、それが各国の倒産法制においてどのように取り扱われるか、倒産隔離のような仕組みの要否・手当ての検討も課題となる。

なお、ローン契約の書式について付言すると、アジアにおけるローン実務においては、いずれの対象国においても、各金融機関が独自に作成・保持しているひな型を用いるのが実務における一般的趨勢であるように思われる（すなわち、現地金融機関において、ある程度統一的なフォーマットを使用している、といった事象は見受けられない）。

## 2　オフショアローンに関する実務上の留意点

実務上、日系金融機関または日系企業がオフショアローンを検討するケースもあると思われる。そのような場合、まず、海外から現地法人への貸付けについて、当該現地国において、日本における貸金業登録に相当するような何らかの許認可が必要とされないかに留意する必要がある。たとえば、マレーシアでは、貸金業を行うには貸金業者ライセンスを取得しなければならない。無利息の貸付および親子会社間の貸付は、規制の対象外とされている一方、上記のような（親子関係を前提としない利息付きの）オフショアローンは例外として明記されているわけではないため、慎重な検討が必要となる。これに対して、シンガポールでも貸金業を行うには貸金業者ライセンスを取得する必要があるが、およそ法人向けの貸付であれば、ライセンスの取得は免除されている。

また、オフショアローンの場合、外為規制についても注意が必要である。たとえばインドネシアの場合、借入人としての現地企業は、原則として、外貨建てのオフショアローンについて一定のヘッジを行い、流動性を確保し、さらに外部格付けを取得する必要がある。またインドにおいては、対外商業借入に関する規制の下、借入の類型によっては、資金使途として不動産事業を目的とすることができないこととされている。ベトナムにおいては、中長期ローンについては、借入人において中央銀行への登録が必要とされ、資金使途や貸付金額も厳しく規制されている。このように、外為規制は各国毎に様々な規制の目が張り巡らされており、その内容も複雑であることが多いため、常に最新の情報をアップデートしておくことが肝要である。

さらに、海外の金融機関が、当該現地の不動産に直接担保権を設定することができるかは国によって異なる場合もある点には注意が必要である。

## 3　担保法制（各章 Q20〜21 参照）

　アジアの不動産投資案件における資金調達において、現地の担保法制を理解することは非常に重要である。各章の Q20 でも述べるとおり、本書の対象国については、基本的にどの国も、日本における不動産抵当権に相当するような不動産に対する担保権の制度を有している。かかる制度は、債務の担保として不動産の価値を担保権者が把握し、債務者にデフォルトなど一定の事由が生じた場合に不動産に対して執行を行うことができるという基本構造はどの国においても共通しているように思われる。

　しかし、執行手続の具体的内容や実務上の運用面で、国によって異なる部分も多い。たとえば、タイにおいては、不動産の抵当権者が抵当権を実行する場合、裁判所において抵当目的物の競売による実行手続を行わなければならない。この裁判上の執行手続は、民事訴訟手続として裁判所の裁判を経て行われ、この手続の完了までに 1 年から数年程度の時間がかかることも稀ではなく、日本をはじめとする他の国の不動産担保執行手続に比べかなりの時間を要する。

　この点、より簡便な執行手続として、アジアの各国においても、日本と同様、担保権の法的実行とは別に、担保権設定者の協力を得て、設定者が自ら任意に不動産を売却し、その売却代わり金をもって債権者に弁済を行うという方法（いわゆる任意売却）をとることは可能である国が多く、実際に、インドネシアやタイではそのような方法が実務上一般的に行われている。これに対し、フィリピンでは、かかる任意売却は法律上は可能であるものの、実務上は一般的ではないようである。

# VII　プロジェクトからの EXIT ── 各国の REIT 制度（各章 Q24 参照）

　日系企業によるアジアの不動産開発・投資案件における一般的傾向として、当初はコンドミニアムや戸建てなどの分譲レジデンス案件から参画し、その後、オフィス、商業施設、物流施設などの非分譲型の不動産へ投資対象を広げ

ていくケースが多い。これは、分譲型の案件の場合には、竣工後各ユニットの顧客への販売により投資回収が完了するため、プロジェクトのサイクルが通常3〜5年程度と短く、したがって、非分譲型の案件に比べると、長期的な市況の変動などの影響を受けにくく、リスクが限定的である一方、非分譲型の案件の場合、基本的には投資の回収は賃料等の不動産からの長期的・継続的な収益に依拠することになるため、長期的な市況の変動その他のリスク要因にさらされる可能性が高いことが一因であると思われる。したがって、顧客への販売という形でプロジェクトのEXITを見通しやすい分譲型案件に比べ、非分譲型の案件の場合には、事業上の観点からは、長期保有と割り切って投資する場合でない限り、あらかじめEXITの時期や基準等の方針を明確にして投資することが非常に重要になると思われる。

この点、非分譲型アセットのEXITの選択肢の候補として、まず、外部投資家への売却という方法が考え得る。しかし、この方法は、あくまでもスポンサーの想定するタイミングにおいて、スポンサーの期待する価格以上で購入を希望する外部の投資家を発見することができるかどうかにかかっており、不確定要素が大きい。これに対し、既存のファンド、又は、スポンサーが自らファンドを新たに組成し、当該ファンドに対してEXITをする方法も考えられ、典型的には、各国で組成するREIT（Real Estate Investment Trust）に対してEXITすることが考えられる。この方法は、各国のREITに関する規制や手続に服する必要があるなど一定の留意は必要だが、買い手となる外部投資家が見つかるかどうかという不確実性からは解放されるため、今後、日系企業がアジア各国で行う非分譲型の不動産開発・投資案件におけるEXITの方法として、有力な選択肢の1つになっていく可能性があると思われる。

各国のREIT制度については、まず、今回の対象国のうち、ミャンマーを除いてはREITに相当する制度が存在する。しかし、実際どの程度活用されているかは各国によって様々であり、例えばシンガポール、マレーシア、タイにおいてはREIT市場がある程度成熟しており、既に多くの上場REITが存在している。これに対し、ベトナム、インドネシアなどにおいては、REIT制度自体は存在するものの、まだ実例は多くなく、REIT市場が成熟するにはもう少し時間を要すると見込まれている状況である。

# Ⅷ 小　括

　以上のとおり、本章では、アジア各国の不動産関連事業において、不動産の取得、合弁事業、販売・賃貸活動、資金調達およびプロジェクトからの EXIT の各トピックごとに実務上留意すべき事項について横断的に説明してきた。次の第１章以下の各論では、各国ごとに共通の質問に対して回答する Q&A の形式により、各国の不動産法制と実務についてより詳しく見ていくことにする。

---

**コラム：アジアにおける「土地所有権」とは何か？**

　十数年前にアジア各国の不動産法制に初めて触れたとき、日本の実務家として新鮮だったのは、①登記制度や外資規制はいうに及ばず、不動産に関する権利の名称や内容が国ごとに区々であること、②現地での取引の対象については、日本で想起するような、（期限のない）土地所有権ではなく、むしろ期限付きの土地の権利が多いことであった。今もそのようなアジアの土地制度の様相は変わっていないが、アジア各国の取引に実際に関与することで見えてきたものもある。投資対象となる権利がどのようなものかというのは日本企業による投資判断において重要な出発点であることから、本コラムは、アジアにおける土地所有権は如何なるものかについて、土地所有権の歴史に触れながら若干の気付事項を書き留めておくものである[注1]。

1　土地所有権とは何か？そもそも土地が誰に帰属するか？

　土地は、有史以来、人々により住居や商業活動の場所として用いられ、また農産物・工業製品の生産の拠点となることもあれば、土地自体が売買や投資の対象になってきた。
　このような土地に関する所有権は、現代においてはその所在する国の土地制度に基づくものであることは疑いがないが、そもそも「土地所有」の概念、すなわち土地の「私有の観念」がいつどのように生まれ、今日の様相に至ってい

るかは意外に明らかではない。例えば、国家成立以前の概念としては、ジャン＝ジャック・ルソーに見られる自然権論に由来するように思われる。近代以降は、国家と土地所有の関係という文脈で、「自由主義国＝私人による土地所有が原則」とされた一方、「社会主義国＝全人民所有が原則」という形で、土地所有の主体が誰かということは国家の基本構造を決定づける重要な意味を持つと考えられており、イデオロギーに関する教科書的な理解としては現代においても違和感はない。

　もっとも、このような捉え方は、アジアの国々の制度の多様性を見ると違和感を覚える。実際、自由主義か社会主義かによってその土地所有制度の内容が自動的に決まるわけではないし、社会主義でない国であっても土地が国家に帰属するという原則を採用している国もある。むしろ、近時は、①土地所有制度の根幹をなすのは、土地が産み出す効用を最大化するために、私人と国家がどのような形で協力するかの制度設計であり、②そのような土地所有制度の形成・確立は、それぞれの国家の成立・発展の歴史と密接不可分である、と指摘する論者もみられる[注2]。このような指摘は、日本における土地制度のみならず、アジア各国のそれを概観するとより一層説得力があるし、役立つように思われる。このような見方に着想を得て、一見区々に見えるアジアの不動産法制を横断的に通観し、解像度を上げるための視点を持つことができないか、以下では確認を試みたい。

## 2　アジアにおける「土地所有権」マッピング

　対比の視点としてまず日本では、不動産取引の対象として、いわゆる期限のない、土地所有権が主流であり、今日見られるこのような権利は明治維新期に確立したと言われる[注3]。他方で、土地の賃借権については、民法上は債権的な権利に過ぎず、土地所有権と土地賃借権の性質の違いが明確である。日本では、土地の賃借権については、民法上は債権的な権利に過ぎない。旧民法が施行された当時、他人が所有する土地の上にある建物を第三者が利用しようとする場合、本来は地上権を設定することが想定されていたが、地主が交渉力に優る日本ではそのような当てが外れたことから、制度上の欠陥を特別法で補う形で、建物保有目的のための土地の賃借人の保護が図られた。日本では特別法や

# Ⅷ 小 括

判例理論によって土地の賃借権に関して物権的効力が付与されているが、それらは特別な措置であって、後述するコモンロー法系の考え方とは原則と例外が逆である。

これに対して、アジアにおいて日本でいう土地所有権は本流といえるか。

アジアのコモンロー法系の国として、まずシンガポール・マレーシアでは、英国による植民地時代の影響から英国法を継受しており、土地は国家が所有するものであるとの原則をとる。土地所有権（freehold）は実際に取引の対象として存在するが、どちらかというと希少資産として認識され、むしろleaseholdやgrant in perpetuityのような「期限付きの土地の権利」も多い。英国法を継受する現地法の下で、leaseholdについては、（日本民法のような単なる契約ではなく）物権的な効力（right in rem）が付与されており、期限付きの「土地所有権」という言い方の方がふさわしい。そのような国家から発行される期限付きの権利は、政府がその国土管理や産業政策上の権限を行使するにあたって重要な手段となっているように思われる。

次にインドも同じコモンロー法系であるが、土地は、上記2か国のように国家が所有するものとはされておらず、憲法上、私有財産として保有することが認められる一方、土地に関する事項は州の立法権限として留保されている。物権的効力を有するleaseholdがあるが、それと同じくらい、freeholdに関する取引も一般的である（用途や地域にもよる）。

では大陸法系の国ではどうか。社会主義国である中国・ベトナムにおいて、土地は国家のものであり、現地では土地使用権が主な取引の対象とされ、これは期限付きの土地の権利である。

インドネシアは、期限付きの土地の権利である建設権（HGB）が企業による主な取引の対象である。オランダ植民地期の制度を淵源としつつ、外国人による土地所有が進行した反省から、独立後は、土地はインドネシア全人民のものとして国家がその管理を行うという考え方を採用している[注4]。

フィリピンは、スペインによる植民地期において形成された大陸法ベースの土地制度を基礎とし、土地の究極の所有者は国であると考えられている。米国統治後もそのまま土地制度は引き継がれ、登記制度の整備や地籍・測量の精緻化が図られた。

タイでは、かつては、土地所有権という概念は存在せず、すべての土地は国王が所有し、国王の臣下である国民は、国王から土地を利用する権利（「利用権」）を付与されるという制度がとられていた。その後、西欧諸国からの植民地支配を受けなかったタイでは引き続き同制度がとられていたものの、20世紀前半に法制度の近代化を目指し、大陸法的な土地所有権制度が導入された。しかし、現在のタイの土地法制上は旧来の利用権制度も残存していることから、伝統的な法制度と近代的な土地所有権制度が併存する状況となっている。利用権は期限付きではなく、債権ではなく物権そのものとして捉えられている。

## 3 アジアの土地制度を横断的に俯瞰するのに有用な視点

このように一見してばらばらではあるが、半ば強引とはいえ、できるだけアジア各国の共通項を抽出しようとすると以下のように言えるのではないか。

すなわち、歴史的には、欧米による植民地支配の下で、現地の社会経済を促進する（しばしば資本家の育成が謳われた）、また生産力・租税力を強化する目論見から、私人（個人・企業）に対して付与する目的で、欧米式の土地所有権が導入された（中国・タイ・ベトナムを除く）。

もっとも、現地の実情と合わず、想定と異なる形で発展又は変容した（富裕層・外資による支配が強まった、農民層が没落した等）国が多く、国によっては独立後に、その欠点を補うため各国において土地制度・土地所有権の概念はそれぞれ独自の発展を遂げた。

現代では、例えば、各国での国土管理や産業政策上の目的を達成するための手段として、土地に関する「期限付き」の権利を積極的に活用する方法が見られる。期限満了時の延長や更新にあたって、その都度、時勢にあった制約や条件を土地の権利内容や利用に課すという方法がとられるとき、土地利用権という財産権的な側面よりも、政府による許認可という説明の方がしっくりくる。実際、期限付きの権利は、国ごとに濃淡はあれ、財産権的な性格と許認可的な性格の2つがあるように見受けられる。一例として、インドネシアにおいて主に取引される不動産権であるHGBの法的性質は許認可であると説明され、許認可的色彩が濃いといえる。またベトナムでは、集合住宅の開発の場合に誰が権利者かによって同じ土地使用権についても期間が変わる扱いになっている

## Ⅷ 小　括

点を挙げることができる。すなわち、不動産開発業者が開発を行っている際には期限付きの土地使用権であるが、これが分譲されると無期限になるとされる。ところが、外国人が住戸の所有者である場合については、当該外国人との関係では土地使用権は期限付きのものだとされており、明らかに誰が所有者かによって権利の内容が変わる構造となっている。この点のみに着目すると、もはや物権とは言えず、人（所有者）に対する許認可に極めて近いと感じられる。これらの例は、各国で内国民保護を図るための水際規制として、土地の取得・利用又は不動産関連事業に関する外資規制が存するが、その内容の変更は法律の改正が必要となることに加え、あくまで外資を区別するものであるため、内容的に小回りの利く措置を取りづらいことと対照的である。

　もう1つ興味深い視点として、土地が地租と不可分であることを挙げることができる。

　まず、土地は、無期限であれ期限付きであれ、政府に対して何らかの金銭の支払いを負担するのが原則である。期限付きの土地の権利は、政府に対する使用料を支払う義務を負う一方、土地所有権についても、一度発行されれば未来永劫無償ということではなく、固定資産税のような税金を課されることが多い。これはどの国においても、土地制度の整備が地租の徴収による財政基盤の確立と一体で進められたことを想起すれば理解しやすい。

　類似の視点として、土地を買おうとする場合、納税者＝土地所有者（売主）と扱われる場面に遭遇することがよくある。例えば、インドネシア、フィリピン等において、土地・建物の所有者であることの証明書類として、税金申告書があり、これは不動産を保有する者は通常税金を支払うはずであるという考え方に基づく。また、土地の譲渡にあたって村長による確認書が要求されることがあり、これは徴税に苦労していた植民地政府が村長などの有力者に徴税請負人を委ねていた歴史的経緯によると言われる。さらにミャンマーでは、土地登録簿は、徴税のための記録であり、本来、土地権利台帳としての役割を持つものではないが、証拠価値の高い書類として扱われている。

　このような視点を持つことによって、詳細は違えど、どの国も土地所有権に関する発想は概ね同じであると読者に思ってもらえれば筆者として望外の喜びである。

序　章　各国の不動産法制の比較の視点と横断的理解

（注１）本コラムは、アジアにおける不動産の権利が国ごとに多様で区々であることから、多少なりとも理解の一助を得られないかとの発意の下、不動産法制の歴史に着目した理解を試みたものである。できる限り正確性に配慮したつもりではあるが、分かりやすさを重視したため、専門的・学術的な文献・研究に照らし必ずしも正確とはいえない点があればご容赦頂きたい。
（注２）以上について、松尾弘『土地所有を考える――所有者不明土地立法の理解を深めるために』（日本評論社、2023）1〜15頁参照。
（注３）松尾・前掲（注２）15〜22頁参照。
（注４）水野広祐「インドネシアにおける土地権転換問題――植民地期の近代法土地権の転換問題を中心に」水野広祐＝重冨真一編『東南アジアの経済開発と土地制度』（アジア経済研究所、1997）115頁参照。

# 第1章

## ベトナム

第 1 章　ベトナム

# I　不動産法制

　ベトナムの不動産法制については、2023 年末から 2024 年にかけて関連法令が全て全面改正の対象となり、本書執筆時において大きな変化を遂げている。具体的には、土地利用に関する一般法である土地法（Law on Land No.45／2013／QH13。以下「旧土地法」という）を全面的に改正する改正土地法（Law on Land No. 31／2024／QH15。以下「土地法」という）が 2024 年 1 月 18 日に国会で可決された。また、住宅の所有・開発・管理等に関する一般法である住宅法（Law on Housing No.65／2014／QH13。以下「旧住宅法」という）および不動産事業の業規制である不動産事業法（Law on Real Estate Business No.66／2014／QH13。以下「旧不動産事業法」という）についても、それぞれ 2023 年 11 月 27 日、同月 28 日に、従来の法律を全面的に改正する法律（Law on Housing No. 27／2023／QH15。以下「住宅法」という）（Law on Real Estate Business No. 29／2023／QH15。以下「不動産事業法」という）が国会で可決された。当初は、いずれの法律（以下「改正法」という）も 2025 年 1 月 1 日から施行が予定されていたが、2024 年 6 月 29 日、国会において施行日をいずれも 2024 年 8 月 1 日からに前倒しする内容を含んだ法案が可決され、これに伴い、これらの改正法は 2024 年 8 月 1 日から施行されている。

　上記のとおり、本稿執筆時点において、改正法は施行されたばかりの状態にあり、ベトナムの不動産法制は、正に変化の狭間にある。以下では、紙幅の制限の関係で、原則として改正後の法制度の内容を紹介する点、ご留意いただきたい。ただし、改正法下での下位政令・通達については未制定または制定直後で不明確なものもあり、下位政令・通達については旧法下のものを引用している。いずれにせよ、改正法の内容については、実際の当局による解釈・運用動向も含め、引き続き議論を注視する必要があることを強調しておきたい。

[法体系]

**Q1**　その国の法体系に応じて不動産法制の内容にも一定の傾向が見られることがあると聞いた。ベトナムの法体系は、日本と同じ大陸法系

（シビルロー）か、それとも英米法系（コモンロー）か。

**A** ベトナムにおける法体系は、基本的に旧宗主国であるフランスの法律を基礎とする大陸法（シビルロー）であるが、一部、中国法の影響を受けている[1]。また、ベトナムは、1986年にドイモイ政策を掲げ、それまでの中央計画経済から市場経済体制への転換を目指して制度改革に乗り出し、市場経済原理に則った法制度整備を推し進めた。また、ベトナムによる日本への法整備支援の要請に基づき、1996年からは、民商事法分野（民法、民事訴訟法、不動産登記法等）の起草[2]など、JICA（国際協力機構）のODA予算によるベトナム法整備支援プロジェクトも行われたため、当該法整備支援プロジェクトの対象となった法令については、日本の法制度とも類似している部分があるといわれている。

[土地に関する権利（所有権または類似する権利）]

**Q2** 土地に関する権利としてどのようなものがあるか。日本における土地の所有権に相当する権利があるか。

**A** ベトナム憲法上、土地は全人民の所有であり、これを国家が管理すると規定されており、国家が法人または個人に対して土地使用権（Land Use Right）を付与する形になっている。土地法上、土地使用権を取得する方法としては、主に割当てによる方法（土地法118条、119条）とリースによる方法（同法120条）があり、各方法により取得される権利は、一般に、それぞれ①割当土地使用権および②リース土地使用権と呼ばれる。①割当土地使用権の場合、権利の対象となる土地が国から割り当てられ、原則として有償・期限付きであるが（同法119条、171条）、例外的に無償・無期限の場合もある（同法118条、171条）。②リース土地使用権の場合、国を貸主とし、使用者を

---

1) 原田輝彦「ベトナム私法整備の経緯と日本支援の役割——社会的共通資本としての法学の視点から」経済経営研究 Vol.26 No.5（2006）7〜10頁。
2) 森永太郎「特集 各国法整備支援の状況 ベトナム」ICD NEWS 第37号（2008）8〜11頁。

借主とする土地リース契約に基づいて土地を使用することとなり、原則として有償・期限付きである（同法120条、172条）。リースの場合、賃料一括払いのものと賃料年払いのものが存在し、賃料一括払いのものと賃料年払いのものとで土地使用権を譲渡等処分できる範囲が異なる。また、リース土地使用権の取得については、国家から直接リース土地使用権を取得する方法と、（リース土地使用権を有する）工業団地等[3]から土地のサブリースを受けることによりリース土地使用権を取得する方法の2つの場合がある（同法120条、202条3項）。なお、かかるリース土地使用権は、日本の賃貸借契約上の権利（債権的権利）とは性質が大きく異なり、物権的権利のように扱われている。

**【図表1－1】　土地使用権の種類**

| | 種類 | 取得対価 | 期間 |
|---|---|---|---|
| ① | 割当土地使用権 | 原則有償、例外的に無償 | 原則有期限、例外的に無期限 |
| ② | リース土地使用権 | 原則有償（賃料一括払いまたは年払い）だが、賃料免除の場合もある | 有期限 |

[不動産の概念]

**Q3** 現地で建物リース事業を行うため、土地から切り離して建物のみ購入することを検討している。現地法上、日本と同じように、建物が土地と別個の不動産として認識されるのか（別個の売買取引の対象となるか）。それとも、土地と建物は一体の不動産として認識されるのか。

**A** 建物は土地とは別個独立の不動産であり、建物と土地は別個の主体による所有が可能である。建物と土地はそれぞれ別個に売買、賃貸借等の取引の対象となる。なお、旧土地法施行前は、土地の権利と建物所有権に

---

[3] 工業団地、輸出加工区、経済特区等の特別区域においては、当局の一定の許可のもと、当該区域のデベロッパーが有している土地使用権の範囲で、サブリースを受けることができる。

ついて別々の証明書が発行されており、これらの証明書は、その表紙の色から、それぞれ「レッドブック」（土地使用権証書）、「ピンクブック」（建物所有権証書）と呼ばれていた。これに対し、現行の土地法上、建物所有権について単独の証書は発行されないこととなり、土地の権利に関する登記証書に一元化され、土地使用権および住宅その他の土地に定着する財産の所有権を証明する証書（土地使用権等証書）として発行されている（土地法3.21条、134条、住宅法9条、Circular No.23/2014/TT-BTNMT 5条2項）。なお、一元化された後の土地使用権等証書については、「レッドブック」という呼び方をする場合と「ピンクブック」という呼び方をする場合の両方がある[4]。

## Q4

現地でコンドミニアムの開発を検討している。日本の建物区分所有権に相当する権利があるか。ある場合、区分所有法制の概要を教えて欲しい。

## A

ベトナム法上、日本の制度に類似した区分所有権の制度がある。住宅法によれば、アパートメントは、専有部分および共用部分に分けられ、専有部分には、区分所有者の排他的権利が認められ、アパートメントに付属するバルコニー、開廊の面積を含むアパートメント内部の面積部分が含まれる（住宅法142条1項）。共有部分は、共同所有として扱われ、専有に属する面積部分以外のアパートメントの残りの面積部分である骨組み、柱、外壁、各アパートメント間の隔壁、床、屋根、廊下、階段、エレベーター、非常口、給電・給水・排水・ガス供給システムを含むアパートメント内の共同使用空間等およびアパートメントの区分所有者の専有に属しないその他の部分が含まれる（同法142条2項）。専有部分については、各区分所有者名義で登記をすることが可能である（土地法135条、住宅法9条4項）。

また、住宅法によれば、アパートメント内の共同資産の管理および監督を行

---

[4] 一元化された後の土地使用権等証書の表紙の色はピンクであるものの、一般に、建物等に関する権利よりも土地使用権のほうが重要であることから、従来の呼称を踏襲して「レッドブック」と呼ばれることも多い。

うため、アパートメントの区分所有者らは、区分所有者の集会を通じて、管理委員会の委員を選出する（住宅法145条3項）。複数の区分所有者がおり、ユニット数が20以上であるアパートメントについては、管理委員会を設立しなければならないが、20未満の場合には、管理委員会の設立は任意である（同法146条2項）。管理委員会は、共用部分の維持に要する経費を管理するなどの権限を有する（同法147条1項）。なお、管理委員会の委員の選出・罷免や、アパートメントの管理および使用に関する内規の承認・修正などの事項に関する区分所有者の集会における決議については、多数決の原則に従った投票の形式により行われる（同法145条5項）。

### ［不動産の取得・利用の主体および外資規制］

**Q5** 現地の民間企業であっても土地を保有することができない国もあると聞いた。現地企業が土地の所有権を取得することができるか。また、現地企業が取引の対象とする主な土地上の権利は何か。

**A** 上記Q2のとおり、社会主義国であるベトナムでは、憲法上全ての土地は全人民のものであるとされており、私人（個人および法人を含む）による土地所有は認められておらず、国家が法人または個人に対して土地使用権を付与する形となっている。したがって、ベトナムにおいて、現地企業が取引の対象とする主な土地上の権利は土地使用権である。土地使用権を取得する方法としては、上記Q2のとおり、主に、割当てによる方法（割当土地使用権）とリースによる方法（リース土地使用権）の2つがあり、現地企業はこれらの権利を取引の対象としている。

これに対し、「投資法上、土地を利用する投資プロジェクトを実施するために、外国投資家について定められた条件を満たし投資手続を行わなければならない経済組織」（外国投資経済組織（Foreign-Invested Economic Organisation）（tổ chức kinh tế có vốn đầu tư nước ngoài））[5]の場合には、上記の割当土地使用権とリース土地使用権のうち、原則として、割当土地使用権を国家から取得することはできない[6]。したがって、土地法上の外国投資経済組織の場合には、原則として、国家からリース土地使用権を取得することになる。また、工業団

地、工業クラスター、ハイテク団地において私人や私企業から土地使用権を譲り受ける場合を除き、土地使用権を保有するベトナム法人またはベトナム国籍の個人から土地使用権を譲り受けることはできないため、一般に、土地法上の外国投資経済組織が土地使用権を私人・私企業から譲り受けるには、以下の方法のいずれかを採ることになる。

① 国家から直接土地を賃借しリース土地使用権を取得する(土地法28条1項(k)、120条)

② 工業団地、工業クラスターから土地のサブリースを受ける(同法202条3項)

③ 土地使用権の現物出資を受ける(同法28条1項(dd)、42条)

④ 土地使用権を含む不動産投資プロジェクトの譲渡を受ける(投資法46条1項(c)、土地法119条3項、不動産事業法10条4項)

⑤ 工業団地、工業クラスター、ハイテク団地における土地使用権の譲渡を

---

5) なお、この点は直近の土地法改正で規制内容が大きく変更された点であり、旧土地法下では、外国投資企業(Foreign-Invested Enterprise / FIE)、すなわち、外国人や外国で設立された法人からわずかでも直接出資を受け入れているベトナム法人が規制対象とされていた。しかし、現行の土地法では、同法上の外資規制の対象類型として外国投資企業に代わって「外国投資経済組織(Foreign-Invested Economic Organisation)」という概念が用いられており、その定義上、外国投資経済組織とは、投資法(Law on Investment No.61/2020/QH14)(以下「投資法」という)の解釈における文脈で実務上よく用いられる「みなし外国投資家」に重なる概念と思われる。この点、投資法上、外国投資家とは、外国籍の個人または外国法に基づいて設立された組織でベトナムで事業活動を行う者と定義されているところ(投資法3条19号)、以下のいずれかに該当する、外国投資家の出資を受け入れているベトナムで設立された法人(外国投資企業)がベトナム法人の設立・投資等を行う場合にも、原則として外資規制の対象となるとされ(投資法23条1項)、これらのいずれかに該当する法人は、実務上「みなし外国投資家」と呼ばれる。

(a)外国投資家の出資比率50%超
(b)上記(a)の外国投資企業の出資比率50%超
(c)外国投資家および上記(a)の外国投資企業の出資比率50%超

以下の記述では、土地法との関係で「外国投資経済組織」と表現した場合、このみなし外国投資家と概ね同様の概念を指すものとする。また、「外国投資企業」と表現した場合は、僅かでも外国投資家から出資を受けているベトナム法人を指すものとする。ただし、投資法上のみなし外国投資家と現行の土地法の外国投資経済組織の範囲の異同については、完全に一致しているのかどうか明確ではなく、現行の土地法施行後の実務の集積を見つつ慎重な対応が必要である点は留意されたい。

6) ただし、販売用または割賦販売用の住宅開発プロジェクトを実施する場合には、例外的に、土地法上の外国投資経済組織であっても国家から割当土地使用権を取得することができる。詳細については、下記Q7を参照されたい。

受ける（土地法28条1項(c)）

なお、現行の土地法の下では、外国投資経済組織には該当しないが、外国投資家の出資を受け入れているベトナム法人の場合（すなわち、投資法上現地企業と同等に取り扱われる、外国投資家の出資比率が50％以下の事業体、以下「内資扱いの外国投資企業」という）には上記のような土地使用権の譲受に関する規制は適用されないことを前提とした文言になっている。そのため、内資扱いの外国投資企業の場合には、比較的自由度が高く土地使用権の取得をすることが可能になることが見込まれる。もっとも内資扱いの外国投資企業については、土地法・不動産事業法・住宅法の法文上の整理が明確ではないため、改正法施行後の実務の集積を見つつ慎重な対応が必要である。

**Q6** 日本企業である当社は、直接、現地の不動産（土地・建物）を取得したいと考えている。外国法人はベトナムの不動産を直接取得・利用することができるか。それとも、不動産を取得・利用するにあたり現地法人を設立することが必要か。

**A** 外国法人は土地使用権を取得することはできず、基本的に現地法人を設立する必要がある。なお、現地法人における土地使用権の取得手法については、上記Ｑ５のとおりである。

**Q7** 現地法人であっても株主に外国企業が入っている場合にはそもそも不動産（土地・建物）を保有することが認められない国もあると聞いた。外資系現地法人が不動産を「取得・利用」するにあたって適用される外資規制について教えて欲しい。

**A** 土地については、土地法上、外国投資経済組織（つまり、投資法上のみなし外国投資家）は割当土地使用権を国家から取得することはできず、コンドミニアムの建設など販売用または割賦販売用の住宅プロジェクトの場合にのみ取得可能である（土地法119条3項）。これに対し、リース土地使用権は、土地法上の外国投資経済組織も一般に取得可能である。ただし、ベト

ナムでは、土地使用権は、当局から許可を受けた個別の開発計画（プロジェクト）に従って利用する必要があり、土地使用権は個別のプロジェクトと紐づいている（同法172条1項(c)参照）。そして、プロジェクトの内容に変更が生じる場合、その都度当局の許可が必要となる。したがって、外国投資企業が土地使用権を「取得・利用」することができるのは、外国投資企業が遂行することのできるプロジェクトのために取得する場合のみである。そのような意味において、土地使用権の「取得・利用」についての外資規制は、外国投資企業が行う「事業」についての外資規制と密接に結びついている。この点、投資法上、不動産事業は条件付投資分野とされている。そして、かかる条件の具体的な内容を定める不動産事業法では、投資法上のみなし外国投資家が実施できる不動産事業の類型として、①譲渡または賃貸目的の新規建物の建設、②サブリース目的の既存建物の賃借、③不動産プロジェクトの譲受け、④技術インフラの整備された土地使用権の譲渡、賃貸またはサブリースを行う不動産プロジェクトにおける技術インフラの建設投資の場合などを許容している（不動産事業法10条3項4項）[7]。これらの事業については外資出資比率の制約はなく、外資による出資比率が100％の場合でも当該外国投資企業によって営むことが可能である（この点については、下記Q13も参照されたい）。

　建物については、上記Q3のとおり、ベトナムにおいても所有権が認めら

---

[7] ここでは「みなし外国投資家」という表現をしたが、現行の不動産事業法では、投資法上土地を利用する投資プロジェクトを実施するために外国投資家について定められた条件を満たし投資手続を行わなければならない「外国投資経済組織」という用語が用いられている。不動産事業法上は、この外国投資経済組織という用語について定義規定が設けられておらず、その範囲は、土地法上のそれと異なり、むしろ「外国投資企業」（わずかでも外国投資家の出資を受け入れたベトナム法人）に近い意味で使用された上で、その属性に応じて、以下のように、実施可能な不動産事業の範囲が区別されている。

(ⅰ) 投資法上、土地を利用する投資プロジェクトを実施するために、外国投資家について定められた条件を満たし投資手続を行わなければならない「外国投資経済組織」（不動産事業法10条4項）については、内資企業と比べ実施可能な不動産事業の範囲が狭く設定されている（具体的な事業範囲は本文中の①〜④等）。明確ではないが、この類型の「外国投資経済組織」は、投資法上のみなし外国投資家と同等の概念を指すものと思われる。

(ⅱ) 上記(ⅰ)に該当しない「外国投資経済組織」については、国内組織（つまり、純粋内資のベトナム法人）と同様の範囲・形態の不動産事業を実施することが認められる（不動産事業法10条5項）。やはり明確ではないが、おそらく、この類型の「外国投資経済組織」は、みなし外国投資家に該当しない外国投資企業（つまり、内資扱いの外国投資企業）を指すものと思われる。

れている。まず、土地法上の外国投資経済組織（すなわち投資法上のみなし外国投資家）であっても、住宅、オフィス、工場などの建物の所有権を取得することが認められている（住宅について土地法148条4項、住宅以外の建物について同法149条4項）。さらに、住宅に関する所有権取得については、住宅法・不動産事業法にも規定が設けられており、外国投資企業であっても[8]、一定の法律上の要件を満たせば、住宅を所有することが可能と解される（不動産事業法15条2項、住宅法20条2項）。ただし、外国投資企業が住宅を所有する場合、当該外国投資企業に勤務している従業員の社宅として使用しなければならず、当該住宅を賃貸し、事務所とし、またはその他の目的で使用することはできない（住宅法21条2項(b)）。また、当該住宅の所有期間は、投資登録証に記載された期間を超えることができない（同法20条2項(d)）。また、個人である外国人については、パスポートにベトナムへの入国が認められたスタンプを有する者である場合（同法17条1項(c)、Decree No.99/2015/ND-CP 74条1項）、一定の法律上の要件を満たせば建物を所有することができるが、原則として50年を超えることができない（住宅法20条2項(c)）。また、ベトナム国民と結婚した外国人は、ベトナム国民と同様に住宅を所有することができ、ベトナム国民が許容される住宅所有者の権利を享受することができるものとされ、海外在住ベトナム人と結婚した外国人は、海外在住ベトナム人と同様に住宅を所有することができ、海外在住ベトナム人が許容される住宅所有者の権利を享受することができるものとされる（同法20条2項(c)）。

　なお、アパートメントの場合には、外国人または外国投資企業が所有することのできる戸数には制限があり、1棟につき30％を上限としている（同法19条1項、20条2項(b)）。また、戸建ての場合には、所定の地域内に1つの住宅

---

[8] 厳密には、住宅法・不動産事業法では、「外国組織」という用語が用いられているが、法文上、その範囲が明確ではない。住宅法上、「外国組織」には、「外国投資経済組織」、外国企業の支店・駐在員事務所、外国投資ファンド、ベトナムで活動する外国銀行の支店が含まれると規定されている（住宅法17条）が、住宅法上も、この規定で使用されている用語である「外国投資経済組織」の定義が設けられていない。不動産事業法における用語法との平仄等を考慮すると、おそらく住宅法上の「外国投資経済組織」も土地法とは異なる意味で用いられており、わずかでも外国投資家の出資を受け入れたベトナム法人（つまり、外国投資企業）を指す概念として用いられているように見受けられるが、明確ではなく、この点も解釈実務の定着を待って検討する必要があるといえよう。

建築プロジェクトが存在する場合には250戸かつ10％を超えない数を上限とし、2つ以上の住宅建築プロジェクトが存在する場合には全体で250戸を超えない数かつ各プロジェクトにつき10％を超えない数を保有することができる（同法20条2項(b)、Decree No.99/2015/ND-CP 76条4項、Circular No.19/2016/TT-BXD 29条2項）。

【図表1－2】　住宅用建物の保有規制

| | 使用目的 | 保有期間 | 賃貸の可否 | 保有規制 |
|---|---|---|---|---|
| 外国人 | 住宅用、法律上認められた目的での賃貸用（ライセンスが必要） | 原則50年。更に50年延長も可能。 | 賃貸可 | Ⅰ　アパートメント<br>　　1棟につき30％を上限<br>Ⅱ　戸建て<br>　1　住宅建築プロジェクトが1つの場合<br>　　①　250戸以下；かつ<br>　　②　全体数の10％以下<br>　2　住宅建築プロジェクトが複数の場合<br>　　①　全プロジェクトで250戸以下；かつ<br>　　②　各プロジェクトの戸数の10％以下 |
| 外国組織 | 当該外国組織に勤務する従業員の社宅 | 投資登録証に記載された期間 | 賃貸不可 | |

[不動産登記制度]

## Q8　不動産登記制度の概要を教えて欲しい。

**A**　上記Q3のとおり、土地や建物に関する権利の登記内容は、土地登記機関の土地管理台帳に記載され、各権利者には、当該登記内容が記載された土地使用権等証書が発行される。土地使用権等証書には、土地使用権のほか、当該土地上に存在する建物所有権の登記事項も記載される。なお、上記Q3のとおり、一元化された後の土地使用権等証書の表紙はピンクであるものの、従来の呼称を踏襲し、「レッドブック」と呼ばれることが多い（「ピンクブック」と呼ぶ場合もある）。

第 1 章　ベトナム

【図表 1 − 3】　土地使用権等証書（レッドブック）のサンプル

**Q9** 土地の登記にはどのような効力が認められているか。登記を信頼して取引をした者に対し、登記どおりの権利状態があったのと同様の保護が与えられるか（登記に公信力が認められるか）。

**A** 2017年1月1日に施行されたベトナムの民法（Civil Code No.91/2015/QH13）（以下「民法」という）上、土地使用権の譲渡について、譲渡の効力は土地管理台帳への登記の完了によって発生すると規定されており（民法503条）、この規定に従えば、日本と異なり、登記を備えない限り譲渡の効力は生じない（登記が土地譲渡の効力要件である）こととなる。しかし、ベトナムでは、実務には土地使用権の譲渡に際し登記をしていない場合も多いところ、そのような場合であっても、第三者が当該土地について登記をするなどの事態が生じない限り当該譲受人の権利は事実上認められているとの認識が存在しているように見受けられ、ベトナムにおける不動産登記の効力については不明確な点がある。なお、民法では、「民事取引が無効であるが、財産が権限のある国家機関において登記され、その後、他の民事取引により善意無過失の第三者に引き渡され、その者が当該登記を根拠として取引を履行したときは、当該民事取引は無効とならない」という規定が設けられている（同法133条2項）。現行民法への改正前の民法では、この規定に相当する規定は設けられていなかったため、この規定の解釈運用の歴史はまだ浅いと言わざるを得ないが、第三者が登記を信じて取引に入り、かつ、当該登記の移転も完了した場合には、上記の民法の規定に基づき、当該第三者の権利が保護される可能性があることになる。その意味において、ベトナムでは、登記に一定の公信力を認める制度を採っているという見方もできると思われるが、ベトナムにおいて登記に公信力が認められるかという議論はあまり行われていない。

なお、建物の売買については、民法上、住宅法の規定に従うと規定されており（同法430条）、住宅法では、建物の所有権の移転時期は、特段の合意がない限り、買主が売買代金を全額支払い、住宅の引渡しを受けた時点と規定されている（住宅法12条1項、3項、不動産事業法13条5項）。

【図表１－４】 所有権の移転時期

| 取引対象 | 所有権の移転時期 |
|---|---|
| 土地 | 登記 |
| 建物 | 当事者間で別途合意した場合を除き、売買代金全額の支払、かつ、引渡し |

## Q10

取得を検討している土地の権利関係を調査したい。土地の権利者の協力なく役所の登記簿を見ることができるか。

## A

実務上、土地使用権者の協力なしに、取得を検討している土地の権利関係を調査することは困難である。土地の権利関係の調査を希望する団体や個人は、中央レベルでは天然資源環境省（Ministry of National Resources and Environment）（以下「MONRE」という）管轄の土地データ情報センターに、地方レベルでは各省の天然資源環境局（Department of Natural Resource and Environment）（以下「DONRE」という）管轄の土地登記局に対して、所定の方法により当該土地に関する情報の提供を求めることができる。買主候補が土地登記局に要求できる情報には、土地区画の情報、土地使用権者の情報、土地に付着する資産、土地登記履歴、土地使用権および土地に付着する資産に対する抵当権の有無、土地使用権に付帯する負担の有無などが含まれる（土地法18条、167条、Circular No.34/2014/TT-BTNMT 5条2項、10条1項、11条1項）。しかし、実務上、土地使用権者と関係のない第三者は、当該土地に関する情報を取得できない場面にしばしば遭遇するところ、多くの場合、土地登記局は当該情報の提供を拒否するか、土地情報の一部しか提供に応じない。ベトナム法上、土地登記局が土地情報の提供を拒否できるケースは所定4類型しか認められていないが、実際には、当該所定類型に該当しなくとも、土地登記局による情報提供拒否が行われているのが実態である。

土地情報提供の要請は、管轄当局に直接申請書を提出する以外に、MONREの国家公共サービスポータルや、州がサービスポータルを開設している場合には、当該ポータルを通じて、オンラインで申請することもできる。オンライン

申請に際しては、法律で要求される書類以外の書類が必要となる場合もあるが、これらのオンライン手続は最近運用が開始されたこともあり、本書執筆時点ではあまり広くは利用されておらず、手続の利便性は明らかではない。

## Q11 登記手続の概要を教えて欲しい。また、登記の申請から完了までに要する期間の目安を教えて欲しい。

**A** 登記手続は、所定の書類を、人民委員会やDONREといった管轄の土地登記局に提出することによって行う（土地法136条）。土地管理台帳への登記の完了および新たな土地使用権等証書の発行に要する時間については、プロジェクトの複雑さにも左右されるところであるが、一般に申請書類を提出してから1か月程度である。新しい土地使用権等証書の発行までには一定の時間を要することから、実務上は、代金を受け取るまで新しい土地使用権等証書の発行を望まない売主と新しい土地使用権等証書の発行を受けるまで代金の支払を望まない買主の双方の意向を考慮して、エスクロー口座を用いることが比較的多い。その場合、売主は、買主が新しい土地使用権等証書を受け取ることを条件として、買主が入金したエスクロー口座から代金を引き出す。

また上記Q8のとおり、土地使用権等証書には、土地使用権のほか、当該土地上に存在する建物所有権の登記事項も記載されている。建物のみが売却された場合には、建物の買主および売主のそれぞれに対して、建物の所有権のみが変更された新しい土地使用権等証書が発行される。

なお、住宅売買の場合には、不動産事業法上、買主による最初の前払金は（預託金を含めて）契約金額の30％を超えてはならない。また、前払金の総額については、まず、内資ステータスのデベロッパーが受け取る場合は、前払金の金額は契約金額の70％を超えてはならない。これに対し、投資法上「外国投資家」とみなされるベトナム法人については、住宅が買主に引き渡されるまでは契約金額の50％、住宅の買主が当該住宅の証明書を受領するまでは95％を超えてはならないという規制がある（不動産事業法25条）。

[土地収用]

## Q12 土地に関する権利が政府による収用の対象となるのはどのような場合か。

**A** 土地法上、国家は、①国防・安全の目的、②国家利益・公益を目指す経済・社会開発のために土地を収用する場合9)、③土地に関連する法令の違反で土地を収用する場合、④法令に準拠する土地使用終了、随意での土地の返還、人の生命に影響を与える危機がある、または継続使用に適さないために土地を収用する場合、⑤国防・治安維持・戦争、緊急事態、自然災害の予防・防止のため真に必要な場合、土地の収用を決定することができる（土地法78条〜82条、90条）。国家が土地を収用する場合、原則として、土地使用者は、補償を受けることができる（同法15条3号、91条）。補償の方法は、原則として、収用される土地と同一用地の土地の交付で実施されるが、補償用の土地が存在しない場合、土地収用の決定時点で管轄の人民委員会が定める具体的な土地価格の金銭により補償される。土地使用権者が土地や住宅で補償を受けたものの、現金での補償を希望する場合は、補償・支援・再定住計画に従って、補償金を受け取ることもできる（同法91条2号）。

なお、国家が投資家によるプロジェクト実施のために土地を割り当てまたはリースしたものの、土地の引渡しを受けた後、当該土地が連続して12か月の間使用されない場合または投資プロジェクトに登録されている予定から24か月遅れている場合、投資家は、土地使用の期間を最大24か月間延長することができる10)。しかし、当該延長期間後においてもなお土地が使用されないとき、国家は、当該土地または土地上の資産および土地に残存する投資費用に対する補償を行うことなく当該土地を収用することができる（同法81条8項）。

---

9) 工業団地、工業クラスター、ハイテク地区、経済地区の非関税地域および技術インフラ、社会インフラ、住宅を統合して複合的な機能を提供する市街地建設プロジェクトなど。
10) ただし、当該延長期間分の使用料またはリース代の支払が必要となる。

【図表１−５】　土地収用のケース

| 目的・原因 | 収用ケース |
| --- | --- |
| 公益目的に基づく収用 | ① 国防・安全または経済・社会開発<br>② 国家利益・社会開発<br>③ 法令違反<br>④ 使用期間の満了、任意の返還、人の生命の危機または継続使用に適さない<br>⑤ 国防・治安維持・戦争、緊急事態、自然災害の予防・防止 |
| プロジェクトの遅延に基づく収用 | ① 連続して12か月の不使用、かつ、24か月延長してもなお不使用<br>② 投資プロジェクトに登録されている予定から24か月遅延し、かつ、24か月延長してもなお不使用 |

## Ⅱ　不動産関連事業に関する規制

[不動産関連事業に関する外資規制]

**Q13** 不動産関連事業を行う現地法人を設立したいが、当局の承認やローカル企業の出資が必要になるか知りたい。主な不動産関連「事業」(不動産開発、不動産売買・仲介、不動産賃貸、不動産管理、建設)について、どのような外資規制が適用されるか教えて欲しい。

**A** 前提として、不動産事業法上、同法の適用対象となる「不動産事業」には、販売・譲渡・リース・サブリース・満期購入リース用の不動産開発投資、土地使用権のリース・サブリース、不動産プロジェクトの譲渡および不動産サービス事業(不動産取引所、不動産仲介、不動産コンサルタント、不動産管理)などが含まれる。不動産事業については外資出資比率の制限は特段ないため、ローカル企業の出資なく(外国投資家による出資だけで)現地法人を設立することが可能である。なお、不動産事業を行う現地法人の設立にあた

っては、外国投資家による現地法人の設立に必要となる許認可である投資登録証および企業登録証の取得が必要となる。

不動産事業については、実施可能な事業範囲の制限という形で外資規制が適用され、投資法上のみなし外国投資家が実施可能な不動産事業の範囲はその他の外国投資企業・内資企業よりも限定されている。すなわち、不動産事業法では、土地法と同様、外国投資家の出資を受けているベトナム法人（外国投資企業）が①みなし外国投資家[11]と②その他の外国投資企業に区別され、②その他の外国投資企業は内資企業に認められる範囲と同様の不動産事業を実施することが認められるのに対して、①みなし外国投資家は一定の不動産事業を行うことができないこととされている。たとえば、新規の不動産開発事業はみなし外国投資家であっても実施することが許容されているのに対して、既存建物を取得して賃貸や転売を行う事業は実施することが認められない。このみなし外国投資家その他の外国投資企業の認められる不動産事業の範囲については、図表1－6を参照されたい。

なお、ベトナム法上、建設業は不動産事業としては整理されておらず、不動産事業とは異なる規制に服する。建設業に関する規制については下記Q15を参照されたい。

【図表1－6】　不動産事業に対する外資規制

| 不動産事業 | みなし外国投資家 | その他の外国投資企業 |
|---|---|---|
| 販売・賃貸目的の建物の建設 | ○ | ○ |
| インフラの整備された土地使用権の譲渡・賃貸目的のインフラ建設 | ○ | ○ |
| 譲渡・賃貸目的の既存建物の取得 | × | ○ |
| 譲渡・賃貸目的のインフラの整備された土地使用権の譲受け | × | ○ |

---

11) 不動産事業法上の文言が必ずしも明確ではないことについては、Q7も参照されたい。

| | | |
|---|---|---|
| サブリース目的の既存建物の賃借 | ○ | ○ |
| サブリース目的の土地使用権のリース | × | ○ |
| 不動産開発プロジェクトの譲受け | ○ | ○ |
| 不動産サービス事業 | ○ | ○ |

## [不動産関連事業に関する許認可]

**Q14** 現地で不動産仲介を行うことを検討している。日本における宅建業規制に相当するような規制があるか。

**A** 外国投資企業が現地で不動産仲介業を行う場合、外国投資企業の設立の際に一般的に取得する必要がある投資登録証（Investment Registration Certificate。通称「IRC」）および企業登録証（Enterprise Registration Certificate。通称「ERC」）以外に特別な許認可の取得は要求されていない。もっとも、不動産仲介事業を行う場合、以下の条件を満たす必要がある（不動産事業法9条5項および61条）。

(i) 不動産仲介業の運営に関する規定を有すること
(ii) 法令に定める運営要件を満たす物的・技術的設備を有すること
(iii) 不動産仲介業免許を有する者が少なくとも1名いること
(iv) 不動産仲介業務を行う前に、所在地の省レベルの不動産事業を管轄する当局に法令に従って住宅および不動産市場の情報システムに掲載される法人情報を送付すること。

**Q15** 現地で建設業を行うことを検討している。建設業を行う場合、どのような許認可を取得する必要があるか。

**A** 外国投資家が現地で建設業を行う場合、①現地法人を設立せずに建設案件を請け負う方法と、②現地法人を設立して当該現地法人を通じて建設案件を請け負う方法がある。このうち、①外国投資家がベトナムに

おいて現地法人を設立せずに建設案件を請け負う場合、入札法を遵守し、管轄当局（建設プロジェクトが所在する地方の建設局、または建設プロジェクトが2つ以上の省に所在する場合には外国投資家が事業所を設置しようとする地方の建設局）が発行する建設事業許可証を取得する必要がある（Law on Construction No.50／2014／QH13（以下「建設法」という）148条2項、Decree No.15/2021/ND-CP 102条、103条、104条）。これに対して、②外国投資家がベトナムにおいて現地法人を設立して当該現地法人を通じて建設案件を請け負う場合、投資登録証および企業登録証の取得のほか、建設物のレベルに応じて、1級から3級まで3段階のライセンスを取得する必要がある（建設法148条4項、Decree No.15/2021/ND-CP 83条、Annex VII））。

建設物は5つのレベル（特類、レベルⅠ、レベルⅡ、レベルⅢ、レベルⅣ）に分類されており、建設物の性能・重要性・構造的規模に基づいてレベルが決定される（Circular on Construction Quality Management No. 06/2021/TT-BXD 2条およびAppendix）。たとえば、アパートメントを建設する場合、階数等に関する基準に従い、大要、50階を超える場合は「特類」、25階以上50階以下の場合は「レベルⅠ」、8階以上24階以下の場合は「レベルⅡ」、2階以上7階以下の場合は「レベルⅢ」、1階のみの場合は「レベルⅣ」に分類される。現地法人が実施できる建設工事の範囲としては、(i) 1級ライセンスを保有する場合は全レベルの建設物、(ii) 2級ライセンスを保有する場合はレベルⅡ以下の建設物、(iii) 3級ライセンスを保有する場合はレベルⅢ以下の建設物の工事を行うことが認められる。

## Ⅲ 不動産取引

[不動産取引（取得・譲渡、賃貸）]

**Q16** 取得を検討している土地の権利関係を調査したい。どのような点に留意して調査すべきか。

**A** 取得を検討している土地の権利関係の調査に際して、最も基本的な事項として、取得対象である土地使用権の種類、残存期間、用途およ

び内容や、土地使用権または土地に付着する資産に抵当権等の負担が付されていないかを確認する必要がある。もっとも、土地管理台帳は一般には公開されていないことから、その内容を確認するには現在の土地使用権の保有者の協力が必要である点に留意が必要である。また、既存の土地使用権を取得する場合、上記Ｑ７のとおり、土地使用権は個別のプロジェクトと紐づいていることから、当該土地の譲渡・使用に関する条件や制限およびどのような内容のプロジェクトに関連づけられているのかを確認する必要がある。仮に土地の用途やプロジェクトの内容の変更が必要な場合、企図する変更が法的に可能な土地なのかどうかを確認する必要がある。さらに、土地使用権に関する未払債務はないか、また、開発・建築関連の必要な許認可は取得されているか等の確認が必要である。また、対象土地に土壌汚染や地盤沈下その他の問題がないか、環境調査や実地調査を行う例もある。さらに、国から土地使用権の割当てまたはリースを受けるに際し、当該土地の使用者や管理者がいる場合、土地使用権の取得者にて、土地使用者や管理者との間で補償や移住等の交渉を行う必要がある（土地法117条）。そのような場合には、明渡しの進捗の程度、補償の状況や使用者・管理者に支払う明渡補償金がどの程度追加で発生するかの確認が重要である。加えて、当該土地・土地に付着する資産に関する既存の契約の内容、関連する紛争や法令違反の有無、当局による指導・指摘の有無等についても確認する必要がある。

## Q17 不動産の売買・保有に際して生じる課税の概要を教えて欲しい。

**A** 土地使用権や建物その他土地に付着する不動産の譲渡に際しては、個人の譲渡人には個人所得税として取引価格の２％が課税される（個人所得税法（Law on Personal Income Tax No.04/2007/QH12）14条、23条2項(f)、29条）。また、住宅用途の土地使用権を保有する場合、保有者に対して、課税対象土地面積やその価値および税率に基づき決定される土地使用税が課税される（Circular No.153/2011/TT-BTC Guiding Non-Agricultural Land Use Tax 4条）。当該税率は1年間あたり0.03％〜0.15％の範囲で決められる（非農地土地使用税法（No.48/2010/QH12）7条、Circular No.153/2011/TT-BTC Guiding

Non-Agricultural Land Use Tax 7 条）。

**Q18** 現地でコンドミニアムの開発を検討している。建物が竣工し、ユニットを顧客に販売した後に当該物件に瑕疵が発見された場合、誰がどのような責任を負うか。

**A** ベトナム法上、住宅の売主（デベロッパー）は、買主に対して住宅について瑕疵担保責任を負い、アパートメントの場合には、建築が完了し、かつ使用に供するための手続が完了した日から最低 60 か月、戸建て住宅については同時点から最低 24 か月保証しなければならない（住宅法 129 条 2 項）。また、建築業者は住宅の瑕疵について建築法に従い瑕疵担保責任を負い、住宅の設備業者は提供した設備について製造者が定めた期間の範囲内で瑕疵担保責任を負うこととされており（同条 1 項）、住宅の売主は、建築業者・設備業者に対して法令の定めに従った瑕疵担保責任を履行するよう要求することができる（同条 1 項）。なお、住宅に関する保証内容は、骨組み、柱、梁、床、壁、天井、屋根、テラス、階段、羽目板、舗装、漆喰、燃料供給システム、給電システム、照明設備、貯水槽および生活給水システム、浄化槽および汚水、生活廃棄物排出システム等の故障の修繕・回復、住宅が傾き、沈下、ひび割れまたは崩れた場合等の修理・補償、および住宅の売買等の契約における合意によるその他の内容を含むとされている（同条 3 項）。また、住宅のその他の設備については、当該設備の製造業者の定める期限に従い修繕・交換等について保証する必要がある（同条 3 項）。

**Q19** 現地で商業施設の開発を検討している。日本の不動産賃借権に相当する権利があるか。借地借家法のような賃借人保護を目的とする特別な法律があるか。

**A** ベトナムには、土地または建物（商業施設・住宅を含む）を賃借する権利が存在し、これらの賃貸借取引は一般に行われている。賃貸借契約の内容については契約自由の原則が妥当するものの、記載が必要な事項

が法定されており、また、契約は書面で作成する必要がある（不動産事業法46条、住宅法163条）。なお、賃借権等の建物の賃借人の権利を保護するための登記に関する制度はないものの、不動産事業法上、商業施設・住宅を問わず、建物の賃借人は主に以下の権利を有する。

① 建物の所有者が変わった場合、旧所有者と合意済みの条件に基づき当該建物の賃借を継続することができる（不動産事業法20条3項(d)）。

② 賃借人の責めに起因しない建物の損傷について賃貸人に修理を要求することができる（同項(dd)）。

③ 賃借人から一方的に賃貸借契約を解除できる（賃貸人が建物を修理せず、賃借人による安全な使用を確保できない場合または賃借人に損害を与えた場合、賃貸人が賃貸借契約に基づかずに賃料を増額させた場合、または第三者により住宅を利用する権利が制限された場合）（同項(g)）。

なお、住宅に関しては、上記権利に加えて、住宅法上、賃借人には主に以下の権利が認められている。

① 30日前または賃貸借契約において規定された期間までに書面を差し入れることで、賃借人から一方的に賃貸借契約を解除できる（賃貸人が住宅の重大な損害を修補しない場合、賃貸人が賃料を不合理に増額させた場合または契約で合意した事前通知なく賃料を増額させた場合、または第三者により住宅を利用する権利が制限された場合）（住宅法172条3項、同条4項）。

② 賃貸人が死亡した場合、または所有者が賃貸している住宅の所有権を他の者に譲渡し、住宅の賃借期間が満了していない場合、賃借人は、契約期間が満了するまで賃借を継続することができる（同法173条1項、同条2項）。

③ 賃借期間中に住宅が建替えのために取り壊される場合、賃借人は、契約期間が満了するまで賃借を継続することができる。この場合、賃貸人は、賃借人自身が別の住宅を手配することに同意しない限り、当該取り壊し・建替えの期間中の賃借人の住宅を手配する責任を負う（この場合、賃借人は当該期間中の賃料を支払う必要はない）。また、当該取り壊し・建替期間は賃貸借期間には算入されない（同法141条2項）。

## [不動産担保]

**Q20** 不動産に対して設定される担保の種類としてどのようなものがあるか。

**A** ベトナム法上、土地使用権および建物所有権について設定できる担保権には、質権（cầm cố tài sản）と抵当権（thế chấp tài sản）がある。質権の場合、質権者が目的物を占有するのに対し（民法309条）、抵当権の場合には抵当権設定者が目的物を占有する（同法317条2項）。目的物が不動産の場合、質権および抵当権のいずれも登記の時点から第三者との関係で効力を生じると規定されている（同法310条2項、319条2項）。実務上、土地使用権および建物については、抵当権が利用されることが一般的である。なお、ベトナムにおいては、かつて第三者の債務を担保するための抵当権の設定（物上保証）は認められていない時期もあったが、現在は第三者の債務を担保するために抵当権を設定することも認められている（債務履行担保に関する民法の施行に関する Decree No.21/2021/ND-CP 4条3項）。

【図表1－7】 不動産担保の種類

| 担保の種類 | 占有の有無 | 対抗要件 |
| --- | --- | --- |
| 質権 | 有 | 登記 |
| 抵当権 | 無 | 登記 |

**Q21** 現地における不動産担保執行手続の概要を教えて欲しい。通常、担保執行の開始から完了までどの程度の期間を要するか。

**A** ベトナム法上、担保権の実行による担保財産の処分は、担保権設定契約時の当事者間の合意に基づき、①競売を行う（民法303条1項a))、②担保権者が財産を自ら売却する（同項b))、③担保権者が担保設定者の義務の履行の代替として財産を取得する（同項c))、④その他の方法のいずれかの方法（同項d))によって行われるが、当事者間の合意がない場合には、法

令上別段の定めがない限り①競売によって処分される。なお、②のとおり、担保権者による（競売によらない）売却も民法上明示的に許容されているが、土地登記局による登記手続上、移転登記申請の申請書類に競売の証拠書面（あるいは抵当権設定者が署名し公証が付された任意売却の契約書）の提出を求める実務が（競売や訴訟提起が強制されていた過去の規制（すでに廃止されている）の名残で）まだ残っており、そのような実務上の制約から、やはり競売が選択される場合が実際にはほとんどである。

一般的な担保取引の執行手順の概要は、以下のとおりである。

1. 執行事由の発生
2. 担保権者に対し、合理的な期間内に担保財産の実行に関する旨の書面通知
3. 担保財産保有者による担保財産の引渡
4. 実行のための担保財産評価
5. 担保財産の実行および配当の支払

不動産担保権の執行手続完了までの時間は、担保財産保有者の協力をどれだけ得られるかによって大きく異なり、関係者が協力的であれば約3～4カ月程度で済むこともあるが、担保財産保有者が非協力的で担保財産を引き渡さない場合には担保権者は強制執行を求めて裁判所に申し立てることとなり、そのような場合は年単位の時間を要することもある。

【図表1-8】 担保財産の処分方法

| 合意の有無 | 処分方法 |
| --- | --- |
| 合意がある場合 | 合意に基づき、以下のいずれかの方法で行う<br>　① 競売<br>　② 財産の売却<br>　③ 財産の取得<br>　④ その他の方法 |
| 合意がない場合 | （法令上別段の定めがない限り）競売 |

## Q22
現地の不動産開発・投資プロジェクトにおける不動産担保ローンの概要を教えて欲しい。通常、どのような担保が設定されるか。ノンリコースローンは実務上一般的に行われているか。また、ローン契約に関し、参照されるひな型などはあるのか。

## A
　　ベトナムにおける不動産開発・投資プロジェクトにおける不動担保ローンは、通常、ベトナムローカルの金融機関による不動産抵当権付ローンとして組成される。その場合に設定される主な担保としては、土地使用権および土地に付着した資産（主には土地上の建物）に設定される抵当権に加えて、投資プロジェクト自体（つまり投資プロジェクトを開発・管理する権利）と、将来建築される建物についても抵当権が設定される。そのほか、案件の規模・収益性・性質・レンダーの属性などの事情に応じて、プロジェクト会社の銀行口座、動産、プロジェクト会社の社員持分／株式、保険金請求権などにも担保権が設定され、さらに、プロジェクト会社の親会社など信用力のあるスポンサー企業の保証提供が求められることもある。

　なお、土地法上、不動産に抵当権を設定できるか否かは、土地使用権の種類、抵当権設定者の属性、抵当権者の属性によって結論が異なるため、具体的な事案において抵当権を設定することができるか否かは慎重な検討が必要である。土地法における不動産への抵当権設定の可否、抵当権者の範囲の主な異同は、概ね以下のとおりである。

【図表１－９】抵当権設定が可能な不動産の分類

| 土地使用権の種類 | 抵当権設定者が内資扱いの経済組織 | 抵当権設定者が外国投資家・みなし外国投資家 |
|---|---|---|
| 土地使用料支払のある割当て土地使用権 | 抵当権者となれる者：ベトナムにおいて営業を許可された金融機関、その他の（内資扱いの）経済組織、ベトナム国籍の個人<br>抵当権設定が可能な財産：土地使用権・土地に設置された資産 | 抵当権者となれる者：ベトナムにおいて営業を許可された金融機関<br>抵当権設定が可能な財産：土地使用権・土地に設置された資産 |
| 土地使用料一括払のリース土地使用権 | | |

| 土地使用料年払のリース土地使用権 | 抵当権者となれる者：ベトナムにおいて営業を許可された金融機関、その他の（内資扱いの）経済組織、ベトナム国籍の個人<br>抵当権設定可能な財産：土地に設置された資産（土地使用権自体への抵当権設定は不可） | 抵当権者となれる者：ベトナムにおいて営業を許可された金融機関<br>抵当権設定が可能な財産：土地に設置された資産（土地使用権自体への抵当権設定は不可） |
| --- | --- | --- |

　不動産ノンリコースローンについては、日本での実務のような倒産隔離措置が施された手法はベトナムでは特に行われていない。しかし、ベトナムローカルの金融機関においては、上述したような土地使用権、土地に付着した資産および投資プロジェクト等への担保権設定のみを担保とし、親会社・スポンサー企業の保証を付けずに不動産開発ローンの貸付を行っている事例は数多く存在する。他方で、ベトナムにおいては、ベトナムローカルの金融機関のみならず、日本を含む外国の金融機関支店も活発に与信業務を行っており、不動産開発においてもそれは同様である。しかし、そのような外国金融機関支店による貸付の場合は、（抵当権の設定・管理・執行における実務上の困難さや法制上の制約など様々な事情が影響し）親会社・スポンサー企業による保証を主な担保として不動産開発ローンを提供しており、（過去の特殊事例を除き）不動産担保権が設定されている事例はあまりみられない。

　また、ローン契約については、銀行ごとに独自のひな型は作成されているが、ベトナムにおいて共通して用いられている一般的なひな型は存在しない。ただし、国際的金融機関を含んだシンジケートローン取引などにおいては、APLMAのひな型などが参照された契約書が用いられることはある。

# Ⅳ　不動産開発・投資スキーム

[不動産開発]

**Q23**　ベトナムにおいて一般的な不動産開発のスキームを教えて欲しい。

**A** 　ベトナムでも、日本企業のような外国投資家が現地法人を設立し、当該現地法人を通じて単独で土地使用権を取得して不動産開発を行うことは法令上不可能ではない。しかし、実務上は、不動産開発のための土地使用権、特に、これから開発を進めるのに都合の良い立地の土地使用権については内資企業が保有していることが多く、また、ローカルパートナーと共同で事業を実施することで不動産開発のための許認可等をより迅速に取得し得ることなどを背景として、ローカルパートナーと共同で不動産開発を行うケースの方が一般的である。

## 1　合弁会社を通じた不動産開発スキーム

　外国投資家がローカルパートナーと共同で不動産開発を行う場合のスキームとしては、外国投資家とローカルパートナーを株主・持分権者とする合弁のプロジェクト会社を組成した上で、ローカルパートナーから合弁会社にプロジェクトの対象土地に係る土地使用権を移転した上で不動産開発を行う方法がよく採用される。

　この点、ローカルパートナーから土地使用権を合弁会社に移転するためのシンプルな方法としては、合弁会社がローカルパートナーから土地使用権を譲り受ける方法が考えられる。しかし、合弁会社が投資法上のみなし外国投資家（土地法上の外国投資経済組織）である場合には、上記Q5のとおり、ベトナム法上、工業団地等の土地使用権の譲受けの場合を除いては土地使用権の譲渡を受けることが認められていないため、実務上は、①土地使用権の現物出資か、②投資プロジェクトの譲渡のいずれかの方法が選択肢となる。

　なお、外国投資家による合弁会社への出資のタイミングとしては、案件の初期段階から外国投資家とローカルパートナーが合弁会社を共同で新規設立するケースも見受けられるが、一般的には、外国投資家による出資後にプロジェクト開発のための許認可等を取得できないこととなるリスクや、合弁会社が内資企業であるままの方が許認可の取得手続がスムーズに進み得る点などを考慮して、まずはローカルパートナーにプロジェクトを実施する主体としてのプロジェクト会社を設立させて（または既存の子会社等を利用して）、当該プロジェクト会社が一定の許認可等を取得した後に外国投資家が当該プロジェクト会社の

株式・持分を取得することが多い。

## 2 契約に基づく共同事業としての不動産開発スキーム

ローカルパートナーとの合弁会社を通じてではなく、たとえば外国投資家が出資したベトナム法人がローカルパートナーとの間で事業協力契約（Business Cooperation Contract、以下「BCC」という）を締結し、BCCに基づき共同で不動産開発を行うスキームも存在する。BCCに基づく不動産開発プロジェクトでは、典型的には、外国投資家側のベトナム法人が建設資金等を提供し、土地使用権を保有するローカルパートナーが当該土地使用権を共同開発プロジェクトのために提供するといった合意がなされる。

このBCCの方法は、合弁会社を通じて不動産開発を行う場合とは異なり、ローカルパートナーは土地使用権を他の法人に移転しない点に特徴があり、土地使用権の移転が認められない、または実務上困難な場合や、土地使用権の移転手続に要する手間を省きたい場合などの不動産開発スキームの1つとして検討に値するといえよう。もっとも、この方法では、ローカルパートナーが土地使用権を保有し続けることとなるため、たとえば、ローカルパートナーが倒産した場合に他の債権者に差し押さえられたり土地使用権が処分されるおそれがあるなど、ローカルパートナーによる土地使用権の保有継続に伴うリスクを適切に把握・評価した上で対策を検討することが肝要となる。

[不動産ファンド]

## Q24
ベトナムにおいて主に利用される不動産ファンドスキーム・REIT制度の概要を教えて欲しい。

### A
ベトナムでは、不動産ファンドスキーム・REITに該当する制度として、不動産投資ファンド（real estate investment fund）という制度が存在する。不動産投資ファンドは、証券法（Law on Securities No.54/2019/QH14）で定められる証券投資ファンド[12]の一種であり、直近の年次財務諸表上、少なくとも65％の売上高が不動産の所有・取引に基づくことが求められる投資ファンドである（証券法4条43項）。

第 1 章　ベトナム

　不動産投資ファンドのポートフォリオについて、たとえば、不動産投資ファンドの純資産総額の少なくとも 65％がベトナム国内の一定の不動産または不動産会社（当該会社の直近の年次財務諸表上少なくとも 65％の売上高が不動産の所有・取引に基づくことが必要）の発行する証券に投資されることが必要とされているなど一定の条件を満たす必要ある（Circular No.98/2020/TT-BTC 51 条）。

　もっとも、ベトナムにおいては、不動産投資ファンドの制度は特別な税務上の取扱いがなされるわけではないことなどを背景として、実務上ほぼ利用されておらず、本書執筆時現在、ベトナムにおける上場不動産ファンドは数件存在するに留まっている。不動産投資ファンドは不動産開発・投資案件におけるEXIT の有効な選択肢となり得る方法であり、今後の法制度の見直しや改善により制度の利便性が高まることが期待される。

---

12）証券やその他資産（不動産を含む）に投資することで収益を得ることを目的として投資家による資本拠出により設立され、投資家が当該ファンドの投資決定に関して日常的にコントロールする権利を有しない形態のファンドをいう（証券法 4 条 37 項）。

# 第2章

## インドネシア

第2章　インドネシア

# I　不動産法制

[法体系]

**Q1**　その国の法体系に応じて不動産法制の内容にも一定の傾向が見られることがあると聞いた。インドネシアの法体系は、日本と同じ大陸法系（シビルロー）か、それとも英米法系（コモンロー）か。

**A**　インドネシアの法体系は、日本と同様、基本的に大陸法系（シビルロー）に属する。

　不動産法制については、オランダの植民地統治からの独立後の1945年に公布されたインドネシア共和国憲法33条に不動産についての言及がある。同条では「土地、水、空気およびそれらの中に存する資源は、国民の福祉のために国家によって管理されなければならない」とされ、土地はインドネシア国民のものであるという原則が明示されている。

　かかる憲法の規定を受け、1960年法律5号（*Undang-undang* No.5 *Tahun 1960 tentang Peraturan Dasar Pokok-pokok Agraria*、以下「土地基本法」という）が制定され、同法は土地についての基本的な権利を定めている。同法制定前の不動産法制は、植民地時代の西欧法と成文化されていない慣習法（Adat Law）の影響を強く受けていたところ、同法は、インドネシア人の土地に対する権利に法的保護を与え、不動産法制を慣習法による規律から成文法による規律へと移行することを制定趣旨の1つとしている。もっとも、地域・民族グループによっては、慣習法の影響がいまだに残っているところもある。

[土地に関する権利（所有権または類似する権利）]

**Q2**　土地に関する権利としてどのようなものがあるか。日本における土地の所有権に相当する権利があるか。

**A**　インドネシアの土地に関する権利として、まず土地の所有権（*Hak Milik*）があり、かかる権利は日本における土地の所有権に相当する

ものである。もっとも、土地の所有権は、インドネシア人個人のみ保有することが認められており、原則として、外国人および法人（内資外資問わない）が土地の所有権を取得することはできない（土地基本法1条、21条）。例外的に所有権を取得することができる法人は、政府系銀行、農業組合連合、宗教団体等のみである。

所有権のほかに、インドネシアの土地に関する権利としては、事業権（HGU：*Hak Guna-Usaha*）、建設権（HGB：*Hak Guna-Bangunan*）、使用権（HP：*Hak Pakai*）といった権利がある。これらの権利は、インドネシア人個人に加えて、外資系現地法人（以下「PMA会社」という（外国人または外国法人（外国法に基づき設立される法人）が直接または間接に1株以上その株式を保有する現地法人はPMA会社となる））を含む法人が取得することができる。また、使用権については、居住外国人およびインドネシアに駐在員事務所を有する外国法人も取得することができる。

事業権は、農業、漁業または畜産業の用途のみに限って用いられる権利であり、当初の期間は35年であり、更に最長25年延長することが可能である。建設権は、土地の上に建物を建設して当該建物を所有するための権利であり、当初の期間は最長30年で、更に最長20年延長することが可能である。使用権は、土地を特定の目的のために使用しまたは土地で取れる作物を収穫する権利であり、当初の期間は最長25年で、更に最長20年延長することが可能である。いずれの権利も、一定の要件を満たせば更新が可能である。また、いずれの権利も譲渡および担保設定が可能である。

各権利の概要については**図表2－1**も参照されたい。

【図表2－1】　土地に関する権利の概要

| 権　　利 | 用　　途 | 権利主体 | 有効期間 |
|---|---|---|---|
| 事業権（HGU） | 農業、漁業または畜産業 | インドネシア国民<br>インドネシア法人<br>（PMA会社を含む） | 35年<br>＋25年延長可能<br>＋更新可能 |

| 建設権（HGB） | 建物の建設・保有 | インドネシア国民<br>インドネシア法人<br>（PMA 会社を含む） | 30 年<br>＋ 20 年延長可能<br>＋ 更新可能 |
|---|---|---|---|
| 使用権（HP） | 特定の目的のためまたは当該土地の作物の収穫 | インドネシア国民<br>居住外国人<br>インドネシア法人<br>（PMA 会社を含む）<br>インドネシアに駐在員事務所を有する外国法人 | 25 年<br>＋ 20 年延長可能<br>＋ 更新可能 |

[不動産の概念]

**Q3** 現地で建物リース事業を行うため、土地から切り離して建物のみ購入することを検討している。現地法上、日本と同じように、建物が土地と別個の不動産として認識されるのか（別個の売買取引の対象となるか）。それとも、土地と建物は一体の不動産として認識されるのか。

**A** インドネシア法上、建物は、土地とは別個の不動産であり、理論上は別個の取引の対象とすることができる。しかし、区分所有権を除き、建物は単独で登記の対象にはならず、土地の付着物として土地の登記簿に付記されるため、実務上は土地とは別に取引されることは多くない。

また、インドネシアには、上記Q2において記載した事業権、建設権、使用権のほかに、建物所有のために土地を賃借する権利（*Hak Sewa*）も存在し、インドネシア国民、居住外国人、インドネシア法人（PMA 会社を含む）およびインドネシアに駐在員事務所を有する外国法人が土地賃借権を設定することができる。もっとも、土地賃借権は登記の対象とならず、また、上記のとおり、建物は単独では登記の対象にならないことから、土地の売買に伴って建物を失うリスクが残るため、実務上、土地を賃借した上で建物を建設するような取引はあまり行われておらず、土地賃借権が用いられることは少ない。他方で、開発または取得した建物を第三者に（債権的に）賃貸する取引は一般的に行われ

ている。

## Q4

現地でコンドミニアムの開発を検討している。日本の建物区分所有権に相当する権利があるか。ある場合、区分所有法制の概要を教えて欲しい。

## A

インドネシア法上、日本の制度に類似した区分所有権（HMSRS：Hak Milik atas Satuan Rumah Susun）の制度があり、主にコンドミニアムにおいて利用されるほか、一定の条件の下でオフィスビル等についても利用することができる。コンドミニアムは、コンドミニアム・ユニット（condominium unit）、共用部分（common area）、共用施設（common facilities）および敷地（common land）から構成されるが、区分所有権者は、コンドミニアム・ユニットに対する単独の所有権ならびに共用部分、共用施設および敷地に対する共有権を有する。

外国人による区分所有権の取得については、外国人が取得できる土地に関する権利は使用権のみであるという一般的な制約があることから、従来は、建物の底地に使用権が設定されている場合にのみ認められており、外国人向けに販売するコンドミニアムについては底地の権利を使用権に変更する必要があった。現在は、使用権のみならず、底地に建設権が設定されている場合についても、土地上に建物を建設し、外国人が保有することが可能な区分所有権を設定することができるものとされている（2021年国土庁規則18号（BPN Regulation No. 18 of 2021））。

ただし、外国人が区分所有権を取得するためには、滞在許可を有している必要がある。また、戸建住宅およびコンドミニアム・ユニットでは、異なる最低購入金額の制限が存在し、最低購入金額はエリアごとに異なる（たとえば、2022年国土庁令1241号（BPN Decree No. 1241/SK-HK.02/IX/2022）において、ジャカルタでは戸建住宅については50億ルピア[1]、コンドミニアムについては30億ルピアの最低購入金額が設定されている）。また、区分所有権に対して、担保を

---

1) なお、2025年2月末日時点において、100ルピアは約0.9円である。

設定することは可能である。

また、コンドミニアムについては、管理組合（P3SRS：*Perhimpunan Pemilk dan Penghuni Satuan Rumah Susun*）を設置しなければならない。管理組合は、コンドミニアム法上、法人格が付与されており、共用部分、共用施設および敷地を管理する義務を負う。コンドミニアムの区分所有権者は、選挙によって管理組合の代表者を選ぶ。管理組合は、コンドミニアムを管理、維持する専門のマネージャーを選任することができ、当該マネージャーは、自治体から付与されたライセンスを取得しなければならない。管理組合の運営方法や代表者の選任方法等は、日本の区分所有法における管理組合に類似するものといえる。

### ［不動産の取得・利用の主体および外資規制］

**Q5** 現地の民間企業であっても土地を保有することができない国もあると聞いた。現地企業が土地の所有権を取得することができるか。また、現地企業が取引の対象とする主な土地上の権利は何か。

**A** 上記Q2において記載のとおり、土地所有権は、インドネシア人個人のみ保有することが認められており、原則として、外国人および法人（内資外資問わない）が土地所有権を取得することはできず（土地基本法1条、21条）、例外的に、政府系銀行、農業組合連合、宗教団体等の法人のみが所有権を取得できる。

また、上記Q3のとおり、所有権のほかに、インドネシアの土地に関する権利としては、主として、事業権、建設権、使用権があり、これらの権利は、PMA会社を含め、法人も取得することができるが、土地上に建物を建設する場合、建設権が用いられることが通常であるため、一般的に法人間での取引の対象とされる土地の権利は建設権である。

これに対し、インドネシア国民は土地所有権を取得することができることから、たとえば分譲の戸建住宅については、まず法人が建設権を取得し、住宅を建設した上で、個人への分譲時に底地の土地の権利を所有権へ切り替えることを前提に販売することも行われる。

**Q6** 日系企業である当社は、直接、現地の不動産（土地・建物）を取得したいと考えている。外国法人はインドネシアの不動産を直接取得・利用することができるか。それとも、不動産を取得・利用するにあたり現地法人を設立することが必要か。

**A** 　上記Q5において記載のとおり、土地について、インドネシアにおいて一般的に取引の対象となる権利は建設権である。建設権については、外国法人（駐在員事務所を含む）はこれを直接取得することができず、現地法人（PMA会社）を新たに設立する必要がある。

　建物について、外国法人が現地法人を設立せずに直接取得することができる場合としては、底地の権利に関する制約上、駐在員事務所を通じて、①底地に使用権（HP）が設定されている土地上の建物の所有権を取得する場合、および、②底地に使用権または建設権が設定されている区分所有建物の区分所有権を取得する場合のみである。また、建物を債権的に賃借する場合、理論的には上記のような底地の権利に関する制約は及ばないと考えられるものの、建物を賃借することができる外国法人は、実務上は、インドネシアに駐在員事務所を有する外国法人に限定されている。

**Q7** 現地法人であっても株主に外国企業が入っている場合にはそもそも不動産（土地・建物）を保有することが認められない国もあると聞いた。外資系の現地法人が不動産を「取得・利用」するにあたって適用される外資規制について教えて欲しい。

**A** 　上記Q2において記載のとおり、土地所有権については、これを取得することができるのは、原則としてインドネシア国民に限定されており、法人は、内国法人または外国法人（PMA会社を含む）を問わず原則として土地所有権を取得することはできない。

　これに対し、建設権や使用権については、インドネシアに設立される現地法人であれば、内資企業または外資企業を問わず保有することが可能である。また、使用権については現地法人に加え、インドネシアに駐在員事務所を有する

外国法人も取得することが可能である。

すなわち、インドネシアにおいては、外国法人（外国法に基づき設立される会社）については、駐在員事務所を有する場合に使用権の取得が認められるに過ぎないが、PMA会社については、土地の「取得・利用」に対する規制に関し、内国法人と取扱いが異ならない。

[不動産登記制度]

## Q8 不動産登記制度の概要を教えて欲しい。

**A** インドネシアの登記制度においては、土地に関する権利は国土庁（BPN：*Badan Pertanahan Nasional*）の管轄下にある各地方の土地管理局に登記されなければならないとされ、登記の対象は、土地の所有権、建設権、事業権、使用権、抵当権等である。建物については、土地からは独立した別の不動産として個別に権利設定の対象になるものの、区分所有権を除いては、単独で登記の対象にはならず、土地の付着物として土地の登記に付記されるにとどまる。なお、インドネシアには、建物所有のために土地を賃借する権利（*Hak Sewa*）も存在するが、Q3のとおり、実務上、土地を賃借した上で建物を建設するような取引はあまり行われていない。また、土地を賃借する権利に登記義務はないものの、リース契約を土地証明書に記載することで付記登記することはできる（2021年政令18号（Government Regulation No. 18 of 2021 on Right-To-Manage, Land Titles, Multistor Housing Units, and Land Registration）90条）。もっとも、当該付記登記は、法的にその権利を証明する証拠となるものではない。

インドネシアでは、土地所在地を管轄する土地管理局において登記簿が管理されている。登記を申請すると、土地管理局に備えられている登記簿に登記内容が記載され、その後、登記内容を記載した土地権利証（SAT：*Surat Akta Tanah*）が発行される。そして、インドネシアの登記簿は一般に非公開であるため、土地取引においては、売主から土地権利証の開示を受ける必要があり、土地権利証を確認すれば、その発行当時の土地の登記内容を確認することがで

きる。他方、インドネシアでは、特に郊外においてはその傾向が強いが、未登記の土地、権利主体の変更について登録をしていない土地、境界が不明確な土地等が散見されるため、日本と比べると登記制度の正確性は現時点では、かなり劣るものと言える。

　もっとも、2017年4月に、農業国土計画省と国土庁により2017年電子土地情報サービスに関する規則5号が制定され、土地情報提供のための電子システムが導入されることになった。現在は、2020年国土庁規則19号（BPN Regulation No.19 of 2020 on Electronic Land Information Services）において電子土地情報サービスに関する規定が定められている。同規則によれば、個人（インドネシアに事業展開、就労もしくは投資するインドネシア現地に居住するインドネシア人または外国人）、土地公証人（PPAT：*Pejabat Pembuat Akta Tanah*)、公証人（*Notaris*）、資格を有する測量士、インドネシアにおいて設立され所在する法人、政府機関、宗教法人、社会団体、財団、外国法人の駐在員事務所、外国団体の駐在員事務所、その他当局が定める者は、電子システムを通して、登記簿や土地権利証に記載されている土地に関する一定の情報にアクセスすることができるものとされている（ただし、実務上の制約については、Q10参照）。

　なお、土地権利証のサンプルは、**図表2－2**のとおりである。

第2章 インドネシア

【図表2-2】 土地権利証のサンプル

土地権利証の表紙

## 第2章　インドネシア

PENDAFTARAN - PERTAMA

Halaman :

土地の権利の種類、場所等の権利内容が記載される。

| a) HAK | f) NAMA PEMEGANG HAK. |
| No. | |
| Desa | |
| Tgl. Berakhirnya hak | Tanggal lahir/akte pendirian |

権利者の名称が記載される。

b) NIB
　Letak Tanah

c) ASAL HAK
　1. Konversi
　2. Pemberian hak
　3. Pemecahan/Pemisahan/Penggabungan bidang

g) PEMBUKUAN

登記簿に登録された日付が記載される。

Tgl.
Kepala Kantor Pertanahan
Kabupaten/Kotamadya

d) DASAR PENDAFTARAN
　1. Daftar Isian 202
　　Tgl.
　　No.
　2. Surat Keputusan
　　Tgl.
　　No.
　3. Permohonan Pemecahan/Pemisahan/Penggabungan bidang
　　Tgl.
　　No.

NIP

h) PENERBITAN SERTIPIKAT

Tgl.
Kepala Kantor Pertanahan
Kabupaten/Kotamadya

e) SURAT UKUR
　Tgl.
　No.
　Luas

土地権利証が発行された日付が記載される。

NIP

i) PENUNJUK

備考欄

PENDAFTARAN PERALIHAN HAK, PEMBEBANAN DAN PENCATATAN LAINNYA

| Sebab perubahan | Tanggal Pendaftaran<br>No. Daftar Isian 208<br>No. Daftar Isian 307 | Nama yang berhak<br>dan<br>Pemegang hak lain-lainnya | Tanda tangan Kepala Kantor,<br>dan Cap Kantor |
|---|---|---|---|
| | | | |

> 権利の来歴が記載される。

第２章　インドネシア

|_|_|_|_|·|_|_|·|_|_|_|_|_|_|

DAFTAR ISIAN 207

NIB : ........................

## SURAT UKUR

Nomor : ...................... /19......

SEBIDANG TANAH TERLETAK DALAM

Propinsi : ................................................................................................................

Kabupaten/Kotamadya : ....................................................................................

Kecamatan : ......................................................................................................

Desa/Kelurahan : ...............................................................................................

Peta : .................................................... Nomor Peta Pendaftaran : ................

Lembar : ...................... Kotak : ......................................................................

Keadaan Tanah : ................................................................................................

................................................................................................

> 土地の正確な所在、面積等、土地管理局が把握している土地の詳細な情報が記載される。

Tanda-tanda batas : ...........................................................................................

................................................................................................

................................................................................................

................................................................................................

Luas : .................................................................................................................

................................................................................................

................................................................................................

Penunjukan dan penetapan batas : ....................................................................

................................................................................................

................................................................................................

................................................................................................

I 不動産法制 Q8

土地の地図が添付される。

ASAN : ........................................................ batas tanah ini

## 第2章　インドネシア

```
........................................................
....  ........................................................
    ........................................................
    ........................................................
Daftar Isian 302 tgl. ........................................ No. ........................
Daftar Isian 307 tgl. ........................................ No. ........................
```

UNTUK SERTIPIKAT                           .................... Tgl. .................... 19...
.................... Tgl. .................... 19...    Kepala Seksi Pengukuran dan Pendaftaran Tanah
Kepala Kantor Pertanahan                   Kantor Pertanahan
Kabupaten/Kotamadya                        Kabupaten/Kotamadya

[土地管理局長官による署名]    [土地管理局の土地測量登録部長による署名]

NIP                                        NIP

```
              Pemisahan
Lihat surat ukur  Penggabungan  Nomor : ................ /19...... Nomor hak : ................
              Pengganti
```

| Dikeluarkan surat ukur | | Luas | Nomor hak | Sisa luas |
|---|---|---|---|---|
| Tanggal | Nomor | | | |
|  |  |  |  |  |
|  |  |  |  |  |
|  |  |  |  |  |
|  |  |  |  |  |
|  |  |  |  |  |

Sisanya diuraikan dalam surat ukur Nomor : ................ /19.......... Nomor hak ................

I　不動産法制　Q8

> 権利証の末尾に記載される定型文言。権利証の保有者に適用される土地登録規則（1997年第24号）の条項が一部引用されている。

**Ketentuan P.P. 24 Tahun 1997 yang perlu diperhatikan**

Pasal 17

(3) Penempatan tanda-tanda termasuk pemeliharanya oleh pemegang hak atas tanah yang bersangkutan.

> 17条：権利者は境界線を設定・維持する義務がある旨記載されている。

Pasal 32

(1) Sertipikat merupakan surat tanda bukti yang berlaku sebagai alat pembuktian yang kuat mengenai data fisik dan data yuridis yang termuat di dalamnya, sepanjang data fisik yuridis tersebut sesuai dengan data yang ada dalam surat ukur dan buku tanah yang bersangkutan.

(2) Dalam hal atas suatu bidang tanah sudah diterbitkan sertipikat secara sah atas nama orang atau badan hukum yang memperoleh tanah tersebut dengan iktikad baik dan secara nyata menguasainya, maka pihak lain yang merasa mempunyai hak atas tanah itu tidak dapat lagi menuntut pelaksanaan hak tersebut apabila dalam waktu 5 (lima) tahun sejak diterbitkan sertipikat itu tidak mengajukan keberatan secara tertulis kepada pemegang sertipikat dan Kepala Kantor Pertanahan yang bersangkutan ataupun tidak mengajukan gugatan ke Pengadilan mengenai penguasaan tanah atau penerbitan sertipikat tersebut.

> 32条：権利証が土地権利者の権利を証するものであること等が記載されている。

Pasal 36

(1) Pemeliharaan data pendaftaran tanah dilakukan apabila terjadi perubahan pada data fisik atau data yuridis obyek pendaftaran tanah yang telah terdaftar.

(2) Pemegang hak yang bersangkutan wajib mendaftarkan perubahan sebagaimana dimaksud pada ayat (1) kepada Kantor Pertanahan.

Pasal 40

(1) Selambat-lambatnya 7 (tujuh) hari kerja sejak tanggal ditandatanganinya akta yang bersangkutan, PPAT wajib menyampaikan akta yang dibuatnya berikut dokumen-dokumen yang bersangkutan kepada Kantor Pertanahan untuk didaftar.

(2) PPAT wajib menyampaikan pemberitahuan tertulis mengenai telah disampaikannya akta sebagaimana dimaksud pada ayat (1) kepada pihak yang bersangkutan.

> 36条、40条、42条：土地の権利が譲渡、相続等で移転した場合には、土地の権利者は、土地管理局に速やかに変更申請をしなければならないこと等が記載されている。

Pasal 42

(1) Untuk pendaftaran peralihan hak karena pewarisan mengenai bidang tanah hak yang sudah didaftar dan hak milik atas satuan rumah susun sebagai yang diwajibkan menurut ketentuan sebagaimana dimaksud dalam pasal 36 wajib diserahkan oleh yang menerima hak atas tanah atau hak milik atas satuan rumah susun yang bersangkutan sebagai warisan kepada Kantor Pertanahan, sertipikat hak yang bersangkutan, surat kematian orang yang namanya dicatat sebagai pemegang haknya dan surat tanda bukti sebagai ahli waris.

## 第 2 章　インドネシア

**Q9** 土地の登記にはどのような効力が認められているか。登記を信頼して取引をした者に対し、登記どおりの権利状態があったのと同様の保護が与えられるか（登記に公信力が認められるか）。

**A** 　インドネシア法上、土地の登記はその権利を証明するための有力な証拠ではあるが、それが唯一の証拠となるものではなく、たとえば、土地の権利の譲渡時に土地公証人によって作成される土地譲渡証書（AJB）等も証拠となり得ると考えられている。登記に関して公信力という考え方は採用されていないように見受けられる。

**Q10** 取得を検討している土地の権利関係を調査したい。土地の権利者の協力なく役所の登記簿を見ることができるか。

**A** 　土地の登記簿は、管轄の土地管理局において作成・管理されているが、一般には公開されていないことから、土地の権利者の協力なくして土地管理局の登記簿を閲覧することはできず、その内容を確認するには土地の権利者からの委任状が必要である。他方で、土地の権利者の協力を得られれば、当該土地に関する登記簿が管理されている土地管理局に赴いて登記簿を閲覧することができるのに加え、登記簿には必ずしも記載されない、現時点における対象土地に関する差押えの有無、紛争等の係属の有無を確認することができる。

　また、上記Q8において記載のとおり、2020年国土庁規則19号では、一定の個人、土地公証人、法人等が、電子システムを通して、登記簿や土地権利証に記載されている土地に関する一定の情報にアクセスすることができるとされている。もっとも、実務上は、2020年に国土庁が制定した技術ガイドラインに基づき、個人等が電子システムを通じて土地に関する情報を取得する場合には、土地公証人または土地の権利者からの授権が必要とされている。

**Q11** 登記手続の概要を教えて欲しい。また、登記の申請から完了までに要する期間の目安を教えて欲しい。

Ⅰ　不動産法制　Q11

**A** 　上記Ｑ８において記載のとおり、インドネシアでは、基本的に、当該土地所在地を管轄する土地管理局において登記簿が管理されている。登記を申請すると、土地管理局に備えられている登記簿に登記内容が記載され、その後、登記内容を記載した土地権利証（*Surat Akta Tanah*）が発行される。登記簿および土地権利証の名義変更手続に要する期間は、実務上一般的に２か月から３か月程度である。

　当事者間での土地の売買から所有権移転登記手続の完了に至るまでの一般的な流れは、①条件付売買契約書（PPJB）の締結、②(イ)売買代金の支払、(ロ)売主による不動産譲渡税（PPHTB）・買主による不動産取得税（BPHTB）の支払→土地譲渡証書（AJB）の締結、③売主から買主への土地権利証の引渡し、④土地公証人がAJBの締結から７日以内に土地管理局に対して権利移転の申請、⑤土地管理局における登記簿への登録、土地権利証の名義変更である。

【図表２－３】　登記手続の概要

①PPJBの締結　　　　　③土地権利証の引渡し　　　　　⑤登記簿登録、土地権利証の名義変更

②(イ)売買代金の支払
　(ロ)PPHTB・BPHTBの支払
　　　↓
　　AJBの締結

④権利移転の申請

　土地の買主としては、土地の売買代金の支払は土地の権利移転よりも後または少なくともそれと同時にしておきたい。インドネシア法上、土地の権利の買主への移転の効力は、土地譲渡証書の締結により生じ、土地管理局における登記簿への登記および土地権利証の名義変更手続が完了した段階で確定的に生じる。そのため、買主としては、代金の支払を行うタイミングについて、①土地管理局における登記簿への登記および土地権利証の名義変更手続の完了か、少なくとも②土地譲渡証書の作成・署名を完了してから行うことが望ましいところである。もっとも、インドネシア法上、土地売買代金は土地譲渡証書の作

成・署名時以前に全額支払っていることが求められる。かかる制度上の制約のため、土地の買主として、上記①のタイミングまで売買代金の支払を留保することはできず、上記②のタイミングで代金支払を完了し、土地の引渡しを受けるほかない。実務上は、そのような形で決済を行う場合が多い。

しかし、案件によっては、土地の引渡しを受け、建物の建設および操業を開始するにあたり、(PPJBの締結後)土地譲渡証書の作成・署名よりも前に代金の全額の支払を行わざるをえない場合もある。かかる取引は工業団地内の土地の取得の場合等、売主の立場が強い場合に多い。この場合、当該土地の権利者は売主のままなので、PPJBにおいて、売主側の義務として、買主が工場建設を開始することおよび操業を開始することを許容する旨の条項を定める必要がある。さらに、このような場合は、代金支払から土地譲渡証書の作成・登記の完了までの間において、売主による当該土地の二重譲渡や売主の倒産等のリスクについても留意する必要がある。

[土地収用]

## Q12 土地に関する権利が政府による収用の対象となるのはどのような場合か。

**A** 2012年に制定された公共目的土地収用法によれば、政府は、公共目的があれば土地を収用することができ、かかる土地を、空港、駅、港、送電所、電信網、病院、公共空間、政府施設、教育・スポーツ施設、公的住宅等のインフラ施設の構築のために利用することができる。土地を収用された場合、土地の所有者は、補償を受けることができ、補償は、金銭、他の土地との交換、家屋、株式その他の当事者が合意した形式で受け取ることができる。なお、補償の対価は、政府が指名した評価人が決定する。

## Ⅱ 不動産関連事業に関する規制

[不動産関連事業に関する外資規制]

**Q13** 不動産関連事業を行う現地法人を設立したいが、当局の承認やローカル企業の出資が必要になるか知りたい。主な不動産関連「事業」(不動産開発、不動産売買・仲介、不動産賃貸、不動産管理、建設)について、どのような外資規制が適用されるか教えて欲しい。

**A**　1　不動産関連事業に関する外資規制

　インドネシアにおける外資規制は、主として2021年大統領令10号(2021年大統領令49号による改正を含む)およびそれに付属する別表において定められている。同大統領令によれば、不動産開発業(開発物件の売買および賃貸を含む)や不動産管理業・運用業(PM・AM)、不動産仲介業、倉庫業および2つ星以上のホテル業については、外資規制は存在しない。他方で、1つ星および星なしのホテル業は、中小零細企業に留保されており、中小零細企業はインドネシア内国法人であることが前提とされているので、外国投資家による投資は行うことができない。

　また、建設業と建設コンサルティング業を営む現地法人(PMA会社)については、株主に関する要件として、外資規制を含む以下の全ての要件を満たす必要がある(リスクベースのビジネスライセンスの実施に関する2021年政令5号(No. 5 of 2021 on Implementation of Risk-Based Business Licensing)(以下「2021年政令5号」という)別紙II.8.A.67および68)。

　①　外資比率について、(イ)外国株主がASEAN非加盟国所在の株主の場合は最大67%、(ロ)外国株主がASEAN加盟国所在の株主の場合は最大70%までに制限されること

　②　外国株主について、(イ)その設立国で建設会社であること、(ロ)その設立国において建設証明書を有していること、(ハ)大規模事業者の資格を保有する

こと、および㈡インドネシア株主と同一事業を営むこと

③　インドネシア株主について、㈠インドネシアの建設会社であること、㈡建設事業体証明書（SBUK）を有していること、㈢大規模事業者の資格を保有すること、および㈣外国株主と同一事業を営むこと

法令上、大規模事業者の資格に関する明文規定はない。なお、建設業と建設コンサルティング業を営むPMA会社自体が満たすべき各種要件については、Q15を参照されたい。

【図表2－4】　不動産関連事業に対する外資規制（外資出資比率の上限）

| No. | 事　　業 | 外資規制 |
|---|---|---|
| 1 | 不動産開発業（開発物件の売買および賃貸を含む） | 100% |
| 2 | 不動産管理業・運用業 | 100% |
| 3 | 不動産の売買または契約の仲介 | 100% |
| 4 | 倉庫業 | 100% |
| 5 | 1つ星以下および星無しのホテル | 中小零細企業に留保（外国投資不可） |
| 6 | 2つ星以上のホテル | 100% |
| 7 | 建設事業 | 67%（ASEANからの投資であれば70%） |
| 8 | 建設コンサルティング事業 | 67%（ASEANからの投資であれば70%） |

## 2　現地法人設立に関する一般的な投資規制

現地法人（PMA会社）設立の際の一般的な投資要件として、2021年政令5号およびリスクベースのビジネスライセンスサービス・投資ファシリティのガイドラインと手続に関する2021年BKPM規則4号（以下「2021年BKPM規則4号」という）に基づき、PMA会社は最低資本金要件（100億ルピア）および最低投資額要件（土地・建物への投資額は除き、100億ルピア超）を満たす必

要がある。

　最低投資額は、PMA会社が営む事業活動（各事業活動については、KBLI番号という5桁の事業分類番号が付されている）について、1つの5桁のKBLI番号ごとに100億ルピア超を満たす必要があるのが原則であるが、建設・不動産関連事業については、以下の例外が定められている。

① 建設業については、1つの事業を行うための最初の4桁のKBLI番号ごとに最低投資額を算定：たとえば、あるPMA会社が5桁目が異なるKBLI番号の建設業を2つ行っている場合であっても、KBLI番号の最初の4桁が同じであり、かつ、1つの事業の範囲内である限りは、200億ルピア超ではなく、100億ルピア超の最低投資額要件が課される。

② 不動産開発事業
　(イ) 完全な1棟の建物またはコンドミニアムの開発：不動産開発を行うために複数のKBLI番号が必要となる場合でも、この類型に収まるものであれば、まとめて投資額が100億ルピア（土地と建物を含む）超であれば足りる（100億ルピア超×複数のKBLI番号という形では最低投資額を算定しない）
　(ロ) 完全な1棟の建物またはコンドミニアムではない不動産ユニットの開発：不動産開発を行うために複数のKBLI番号が必要となる場合でも、この類型に収まるものであれば、まとめて投資額が100億ルピア（土地と建物を含まない）超であれば足りる。

[不動産関連事業に関する許認可]

## Q14
現地で不動産仲介を行うことを検討している。日本における宅建業規制に相当するような規制があるか。

**A** 　不動産仲介業についてはいくつかの業規制が存在する。かつては、内資100％の会社のみが不動産仲介業を許容されていた。しかし、2021年大統領令10号において、不動産仲介業の外資制限は撤廃された（上記Q13参照）。

## Q15
現地で建設業を行うことを検討している。建設業を行う場合、どのような許認可を取得する必要があるか。

**A** 外国法人がインドネシア国内において建設業を行う方法として、①外国建設駐在員事務所を設立して、インドネシア現地の建設事業者と共同して「Joint Operation」（以下「建設JO」という）を組成して建設事業を行う方法、②インドネシア現地の建設事業者との現地法人（上記Q13参照）を設立して建設事業を行う方法がある。建設業を行う場合、どのような許認可を取得する必要があるかについては、いずれの方法を取るかによって異なる。図表2－5は、①および②の各手法の比較をまとめたものである。

**【図表2－5】　建設業に関する規制**[2]

| | 外国建設駐在員事務所[3] | 現地法人 |
|---|---|---|
| 外資規制等 | 外資規制自体は存在しないが、現地の建設会社と建設JOを組成する必要がある | ①67%（ASEANからの投資であれば70%）<br>②本国で建設業を営み、本国で建設事業体証明書を取得し、大規模事業者の資格を有していること、およびインドネシア株主と同一事業を営む外国法人 |
| ローカルパートナーとなる現地企業の要件 | 建設事業体証明書を有し、大規模事業者の資格を保有し、外国建設駐在員事務所と同じサブ分類の建設事業を営む、インドネシア資本100%の法人 | インドネシアの建設会社であり、建設事業体証明書を有し、大規模事業者の資格を保有し、外国株主と同一事業を営むインドネシア資本100%の法人 |
| 必要となる主要な許認可 | ① NIB（事業識別番号）<br>② SBUK（建設事業体証明書）<br>③ SKK（建設労働能力証明書） | ① NIB<br>② SBUK<br>③ SKK |
| 財務資格（純資産）要件 | 建設業：350億ルピア<br>建設コンサルティング業：20億ルピア | 建設業：250億ルピア<br>建設コンサルティング業：5億ルピア |

| 年間売上要件 | 建設業：1,000億ルピア<br>建設コンサルティング業：100億ルピア | 建設業：500億ルピア<br>建設コンサルティング業：25億ルピア |
|---|---|---|
| 資格者・建設機材要件 | ①一定の員数の有資格者の建設労働者をそろえる必要がある<br>②一定の数の建設機材の提供能力を満たす必要がある | ①一定の員数の有資格者の建設労働者をそろえる必要がある<br>②一定の数の建設機材の提供能力を満たす必要がある |

 なお、いずれの方法による場合も、建設会社は、過去の実績（事業名、施行事業社名、施工期間、プロジェクト金額等）を登録する必要がある（2021年政令5号276条6b）。

## 1 外国建設駐在員事務所を通じて行う方法

### (1) 概　要

 外国建設業者は、インドネシアに外国建設駐在員事務所を設立した上で、現地で建設事業を行うことができる。外国建設駐在員事務所は、他の種類の駐在

---

2) 2017年法律2号（Law No. 2 of 2017 on Construction Services、以下「建設サービス法」という）、2021年政令5号、2020年政令22号（Government Regulation No. 22 of 2020 on the Implementing Regulations of law No. 2 of 2017 on Construction Services）
3) 図表2－5に記載する事項以外に、以下の要件が存する。
【外国建設駐在員事務所についてのその他の要件】
　①外国建設駐在員事務所の代表をインドネシア人が務めること
　②インドネシア現地の資材および技術を優先して使用すること
　③環境等に配慮した、高度で最先端かつ効率的な技術を保有していること
　④現地への技術移転を行うこと
　⑤より多くのインドネシア人を雇用すること
　⑥外国人労働者の1階級下のレベルでマネジメント・技術のアシスタントとしてインドネシア人を雇用すること
【建設JOについての要件】
　①建設JOのメンバーの1社がリーダー企業となり、資本の過半数（建設業であれば最大70％）を有すること
　②複雑でない事業の場合には最大3社、複雑な事業の場合には最大5社までがメンバーとなること

員事務所(外国駐在員事務所および外国商事駐在員事務所)とは異なり、建設業を行うことにより営利活動を営むことが可能であるが、大規模事業者の資格を有するインドネシア現地の建設事業者と共同して建設JOを組成する必要がある。通常、建設JOに関する契約が、外国建設事業者および現地の建設事業者間で締結される。

### (2) 必要な許認可等

**ビジネスライセンス**

外国建設駐在員事務所を設立するためには、2021年政令5号上、インドネシアにおいて外国投資を所管する投資省(BKPM)から、インドネシアにおける事業者が許認可申請を行うためのオンラインプラットフォームであるOnline Single Submissionシステム(以下「OSSシステム」という)を通じて、NIB(事業識別番号)、SBUK(建設事業体証明書)およびSKK(建設労働能力証明書)を取得する必要がある。

**ローカルパートナーとなる現地企業の要件**

外国建設駐在員事務所を通じて現地で建設事業を行う場合、上記図表2-5記載の2021年政令5号上の要件を充足するインドネシア現地の建設事業者との建設JOを組成する必要がある。

**その他の事業要件**

外国建設事業者が外国建設駐在員事務所を通じて行う建設工事は、大規模な工事であることが想定されているため、外国建設駐在員事務所には、財務資格要件と年間売上要件に加えて、一定の資格者要件、建設機材要件が課される。その他の要件の詳細は、上記図表2-5に記載のとおりである。

また、建設JO自体の要件としては、2021年政令5号上、建設業の30%(建設コンサルティング業において50%)はインドネシア現地の建設事業者により行われなければならない。建設JOにより行うことができる建設業は、①高リスクであること、②高度の技術を要すること、③高コストであること、の3つの要件を満たす必要がある(建設サービス法23条および2020年政令22号37条。ただし、何をもって高リスク、高度の技術、高コストであるかの基準については現行法のもとでは明確ではない)。

## 2 現地法人を通じて行う方法

### (1) 概要

インドネシアに設立する現地法人（PMA 会社）を通じて建設業を行う場合、2021 年政令 5 号において、67％までの外国投資が可能（ASEAN からの投資は 70％）であり、大規模事業の資格を有するインドネシア現地の建設事業者と共同して合弁会社を設立する必要がある。

### (2) 必要な許認可等

#### ビジネスライセンス

現地法人を設立する場合、外国建設駐在員事務所と同様、NIB、SBUK および SKK を取得しなければならない。全てのライセンスは、OSS システムを通じて申請および取得されることになる。

#### パートナーとなる現地企業の要件

上記図表 2 − 5 記載の 2021 年政令 5 号上の要件を充足するインドネシア現地の建設事業者との合弁会社にする必要がある。

#### その他の事業要件

現地法人（PMA 会社）は、取り扱う工事等の種類が一般建設業であれ特殊建設業[4]であれ、インドネシアにおいて大規模事業者の資格を有する必要があり、そのため、上記図表 2 ―5 記載の財務資格要件、年間売上要件、資格者要件、建設機材要件が課される。

また、建設 JO と同様、現地法人は、2021 年政令 5 号上、①高リスク、②

---

4) 一般建設業、一般建設コンサルティング業、特殊建設業および特殊建設コンサルティング業の違いは以下のとおりである。
   (a) 一般建設業：建設、保守、解体、再建等の作業に関連する建築工事と土木工事に関する事業
   (b) 一般建設コンサルティング業：評価、計画、デザイン、監督および建設管理等の作業を含む、構造、エンジニアリング、景観設計、都市計画に関する事業
   (c) 特殊建設業：特定の建設工事に焦点を当てて行う、据付け、特殊工事、プレハブ建設、建物の完成、機器レンタルに関する事業
   (d) 特殊建設コンサルティング業：調査、技術テスト、分析を含む、科学技術に関するコンサルティング、テストおよび分析に関する事業

高度の技術を要する、③高コストである建設業務のみを行うことができる（建設サービス法23条および2020年政令22号37条。ただし、何をもって高リスク、高度の技術、高コストであるかの基準については現行法のもとでは明確ではない）。

なお、ある建設業を営む法人は、総合建設業カテゴリーのライセンスを有しない限り、建設業および建設コンサルティング業を同時に行うことは禁止されている（2020年政令22号12条2項および3項）。

## Ⅲ　不動産取引

### [不動産取引（取得・譲渡、賃貸）]

**Q16**　取得を検討している土地の権利関係を調査したい。どのような点に留意して調査すべきか。

**A**　まず、売主から当該土地の土地権利証の開示を受け、その内容を確認することが考えられる。土地権利証はインドネシア語であるため、他言語でその内容を確認するためには翻訳が必要となる。

次に、売主から開示を受けた土地権利証の内容の正確性を確認するために、当該権利証を土地管理局に保管されている土地の登記簿と突合することが考えられる。土地の登記簿は、管轄の土地管理局における確認、および電子土地情報サービスによる確認の方法がある（Q10参照）。

実務上は、土地権利証に関する確認に加え、土地に関するレター（SKPT：*Surat Keterangan Pendaftaran Tanah*、電子の場合はSKPT-el：SKPT Elektronik）の取得を行う場合も多い。SKPTは、当該土地を管轄する土地管理局が、個別の申請に基づき発行する書面で、土地の権利関係について確認した内容が記載されており、SKPT-elはSKPTと同一の情報が記載されている電子ファイルである。土地権利証はその発行時点の情報が記載され、必ずしも最新の情報を反映していない場合がある一方、SKPTは個別の申請に基づき発行される時点の最新の情報が記載され、より正確な情報を把握することが一般的には可能である。また、SKPTには当該土地に関する訴訟等が係属しているか否かの情報も記載される。もっとも、SKPTの発行を土地管理局に依頼するためには当該

土地の土地権利証の写しや権利者の委任状を得る必要がある。また、SKPT-el取得の場合も、Q10に記載のとおり、土地公証人または土地の権利者の協力が必要となる場合がある。

　実務上、管轄土地管理局に申請してからSKPTが発行されるまで2週間程度を要する場合が多いが、土地の所在地や状況等によっては更に長い期間を要する場合もあるため、取引のスケジュールに応じ、できるだけ早く権利者の協力を得て手続を進めることが望ましい。他方、電子の土地に関するレターであるSKPT-elの発行は申請後4営業日程度である（もっとも、土地の所在地によってはこのようなタイムラインでの取得が難しいことも想定されうる）。

　インドネシアでは、特に地方において、現在も多くの土地が未登記のままであると言われている。未登記の土地には基本的に慣習法（Adat Law）が適用されることから、Adat Landとも呼ばれる。上記のとおり、登記された土地については土地権利証が発行されるが、未登記の土地については、土地権利証が発行されておらず、土地の権利関係について直接確認することのできる資料が存在しない。また、上記のSKPTの取得も登記済みの土地についてのみ可能であり、未登記土地についてはかかる調査を行うことはできない。したがって、土地権利証やSKPTの代わりに、実務上、Girikと呼ばれる書面を確認することにより、土地の権利関係を間接的に確認することも行われる。Girikは、土地に関する固定資産税等を支払っていることを証する書面であり、一般に、ある土地のGirikを有していることは、当該土地の権利者であることを示す間接的な証拠の1つであると考えられている。

【図表2－6】　土地の権利関係調査に関する概要

| 対象土地 | 権利調査内容 |
| --- | --- |
| 登記土地 | ・オンラインまたは物理的な方法により取得した土地管理局の登記簿と開示を受けた土地権利証のコピーの突合<br>・SKPTの取得 |
| 未登記土地 | ・Girikの確認 |

※いずれも権利者の協力が基本的には必要

## Q17 不動産の売買・保有に際して生じる課税の概要を教えて欲しい。

　まず、不動産の売買については、①不動産譲渡税（PPHTB）と②不動産取得税（BPHTB）が課される。

不動産譲渡税は、土地・建物の権利を譲渡する際に、譲渡者に課される税であり、課税額は、譲渡総額の2.5％である。譲渡総額は、関連する土地・建物の土地譲渡証書（AJB）に記載される譲渡金額か、政府の定める課税評価額のどちらか高いほうの金額である。なお、不動産譲渡税は源泉分離課税として取り扱われ、別途のキャピタルゲイン課税はなされない。不動産譲渡税が支払われるまで、公証人は土地譲渡証書に公証署名を行うことを禁じられている。

また、不動産取得税は、土地・建物の権利取得者に課される税であり、課税額は、課税対象取得額から課税免除額を差し引いた金額の5％である。課税対象取得額は、実際の取引価額（売買契約書上の金額）か、課税評価額のどちらか高いほうの金額である。課税免除は、非課税となる所得以下の個人で、かつ、土地または建物の権利の譲渡価格の総額が6,000万ルピアである場合に適用される。不動産取得税が支払われるまで、公証人は土地譲渡証書に公証署名を行うことを禁じられている。

さらに、売却価格30億ルピア以上の戸建住宅およびコンドミニアムを取得する場合に、20％の贅沢税が課税される（2023年財務大臣規則15号別表1）。当該贅沢税は、物件取得時に一度課されるのみであり、売却時や、保有期間中毎年課されるものではない。

不動産の保有については、土地建物税（固定資産税）がかかる。政府の定める課税評価額から課税免除額を差し引いた金額に対して、0.5％の税率で毎年課税される。課税免除額は、1,000万ルピアである（2022年法律1号40条3項（Law No. 1 of 2022 on Financial Relations between the Central Government and Regional Governments））。

【図表２−７】　不動産の売買・保有に関する課税関係の概要

| 税の種類 | 税　率 | 負担者 |
|---|---|---|
| 不動産売買に際して生じる税金 | | |
| 不動産譲渡税（PPHTB） | 2.5% | 売主負担 |
| 不動産取得税（BPHTB） | 5% | 買主負担 |
| 贅沢税（一定の場合） | 20% | 買主負担 |
| 不動産保有に際して生じる税金 | | |
| 土地建物税（固定資産税） | 0.5% | 所有者負担 |

**Q18** 現地でコンドミニアムの開発を検討している。建物が竣工し、ユニットを顧客に販売した後に当該物件に瑕疵が発見された場合、誰がどのような責任を負うか。

**A**

## 1　物件の重大な瑕疵（Building Failure）および物件のその他の瑕疵（Building Defect）

　建設サービス法は、物件の重大な瑕疵（Building Failure）を、「物件の引渡しが完了した後の物件の全体又は一部の崩壊若しくは機能不全」と定義している。

　他方で、建設サービス法は、物件のその他の瑕疵（Building Defect）に関して具体的な定義を定めていないものの、一般的に、物件の重大な瑕疵ほど害はないが不適合な状態ではあり、何らかの不都合を引き起こして、それが建物の異常や重大な瑕疵につながる可能性があるものと解されている。

## 2　物件のその他の瑕疵（Building Defect）に関する責任

### (1)　建設業者のデベロッパーに対する責任

　建設サービス法及び施行規則（例えば、2020年政令22号）も含めて、物件の

その他の瑕疵が発見された場合の建設業者のデベロッパーに対する責任について具体的な法律や規制は存在しない。

もっとも、建設業者は、契約違反に対する責任、民法1504条に基づく隠れた瑕疵に対する責任、または民法1365条の不法行為責任を負う可能性がある。

なお、民法上の請求については、民法1967条に基づき30年の時効期間が適用される。

(2) デベロッパーのユニット購入者に対する責任

上記の項目(1)と同様に、物件のその他の瑕疵が発見された場合のデベロッパーのユニット購入者に対する責任について、インドネシア法上、具体的な責任規定は存在しない。

もっとも、ユニット販売者であるデベロッパーは、購入者（またはユニット購入者）に対する契約違反に対する責任、民法1504条に基づく隠れた瑕疵に関する責任、または民法1365条に基づく不法行為責任を負う可能性がある。

さらに、ユニット購入者は消費者保護法（Consumer Protection Law）に基づき、消費者としてデベロッパーの責任を追及することができる。もっとも、消費者保護法27条は、事業者（デベロッパー）が販売した製品・サービス（ユニット）について、消費者（ユニット購入者）に帰責性のある損失に対する事業者の責任免除規定を定めている。また、製品・サービス（ユニット）購入から4年間（または当事者間で合意した期間）が経過した場合には、消費者保護法に基づく責任は免除される。

## 3 物件の重大な瑕疵（Building Failure）に関する責任

(1) 建設業者のデベロッパーに対する責任

物件の重大な瑕疵に対する責任は、建設サービス法に基づいて規制される。

物件の重大な瑕疵は鑑定人によって決定され、建設業者は2020年政令22号85条に規定されるセキュリティ、安全、健康、持続可能性基準の不履行により、物件の重大な瑕疵の責任を負う場合がある。鑑定人は、公共事業・住宅

大臣によって任命され、建設業者が物件の重大な瑕疵の責任を負うべきかを決定する。鑑定人の決定は、公共事業・住宅大臣規則2021年8号（Minister of Public Housing and Works Regulation No. 8 of 2021 on Expert Appraisers, Building Failure and Assessment of Construction Building Failure）によって、最終的かつ拘束力があるとされている。公共事業・住宅大臣は、物件の重大な瑕疵に対する報告を受け取ってから30営業日以内に鑑定人を任命する必要がある。

建設業者の物件の重大な瑕疵に関するデベロッパーに対する責任は、物件の耐用年数が10年を超える場合、物件の引き渡しが完了した日から10年間とされている（建設サービス法65条および2020年政令22号86条）。

もっとも、契約上別途の合意がない限り、デベロッパーは民法に基づき建設業者の物件の重大な瑕疵に対する責任を追及することも可能である。

(2) デベロッパーのユニット購入者に対する責任

物件のその他の瑕疵（Building Defect）同様、ユニット購入者は消費者保護法に基づき、デベロッパーに対して物件の重大な瑕疵に対する責任を追及することができ、また、民法に基づく責任追及も可能である。

## Q19
現地で商業施設の開発を検討している。日本の不動産賃借権に相当する権利があるか。借地借家法のような賃借人保護を目的とする特別な法律があるか。

## A
インドネシアには、土地を賃借する権利（*Hak Sewa*）が存在する。しかし、実務上、あまり用いられておらず、たとえば、土地を賃借した上でその上に建物を建設するような取引はあまり行われていない。

他方、建物の賃貸借取引（たとえば、自らの土地上に建設した物流施設や商業施設をテナントに賃貸する取引）は一般に行われている。賃貸借契約の内容については契約自由の原則が妥当し、日本の借地借家法のような法律に基づく特別な賃借権は見られない。

## 第2章　インドネシア

[不動産担保]

**Q20** 不動産に対して設定される担保の種類としてどのようなものがあるか。

**A** インドネシアの商取引において、実務上、金銭債権の担保として用いられるのが多い担保権は、①信託担保法に基づく信託担保権（*Fiducia*）、②民法に基づく質権（*Gadai*）、③抵当権法に基づく抵当権（*Hak Tanggungan*）である。このうち、一般に、不動産上の権利を担保にとる場合には③の抵当権法に基づく抵当権が利用される。所有権、事業権、建設権および使用権のいずれに対しても担保設定が可能である。なお、民法にも抵当権の定めが存在するが、これは航空機等への担保権の設定に利用されるもので、不動産に用いることは想定されていない。抵当権法上の抵当権は、抵当権者と設定者との間で抵当権を設定する旨の合意がなされ、かかる合意に基づき、土地公証人によって抵当権設定証書（APHT：*Akta Pemberian Hak Tanggungan*）が作成される。その後、抵当権設定証書（APHT）に基づき登記簿に登記されることにより抵当権の効力が生じる。

　なお、2020年に、2020年国土庁規則5号（BPN Regulation No.5 of 2020 on Electronic Integration of Mortgage Services）に基づき不動産担保に関する電子サービスが導入されている。これにより、不動産担保に関する電子証明書（HT-El certificate）が発行されることになった。

**Q21** 現地における不動産担保執行手続の概要を教えて欲しい。通常、担保執行の開始から完了までどの程度の期間を要するか。

**A** 抵当権の実行方法は、①競売（Public Auction）および②私的売却の2つがある。さらに、これら①および②の手続を、裁判所を介さず行う方法と裁判所を通じて行う方法がある。各手続の概要は、以下の**図表2－8**のとおりである。

【図表2-8】 抵当権の実行方法

|  | ①競売 | ②私的売却 |
|---|---|---|
| 実行方法 | 公営または民営の競売実施機関 | 抵当権設定証書において合意した内容に従う |
| 要件 | 権利を取得することができるのは、当該権利を保有できる者に限定 | (i)私的売却が最も高値で当該担保対象物を売却できる手段であること<br>(ii)利害関係者への通知および新聞による公告<br>(iii)1か月以内に異議が提出されないこと |
| 完了までに要する期間 | ・裁判所を介さない場合：1か月程度で終わる場合もある<br>・裁判所を介する場合：1年程度かかる場合もある | 同左 |

　まず、抵当権に基づく競売は、公営または民営の競売実施機関を通じて実施される。公営の競売実施機関としては、国有財産競売機関（*Komisi Pelayanan Kekayaan Negara dan Lelang*）と呼ばれる機関がインドネシア国内各地に支部を設置している。抵当権の対象となる不動産の権利を競売にかけた場合、当該権利を取得することができるのは、土地基本法上、当該権利を保有できる者に限られる。すなわち、対象となる土地に関する権利が所有権の場合、当該権利を取得することができるのは原則としてインドネシア人の個人のみである。なお、抵当権者は競売に参加して当該不動産に係る権利を取得することはできない（抵当権法12条）。

　次に、私的売却は、抵当権設定証書において合意した内容に従い、実行することができる（抵当権法20条2項・3項）。私的売却を行うための具体的な要件は、①私的売却が最も高値で当該担保対象物を売却できる手段であること、②抵当権者または設定者から利害関係者への通知および新聞（当該担保対象物の存在する地域の最低2つの日刊紙）による公告を行うこと、③当該通知および公

告から 1 か月以内に誰からも当該抵当権実行について異議が提出されないことである。これらの要件のうち①については、実務上、担保対象不動産について鑑定を行い、当該鑑定価額以上の価額で売却金額を設定し、かつ、抵当権設定者から当該売却金額について書面にて承諾を得ることによって、当該要件を充足したものとして取り扱っているようである。

　また、法律上は、抵当権設定証書が作成されている限り、日本と同じく、裁判所で別途債務名義（たとえば判決等）を取得することなく抵当権を実行することができる。すなわち、裁判所を介さず、直接、①競売や②私的売却を実行することができる。しかし、上記①および②のいずれの手続についても、抵当権設定者や第三者から異議が出された場合には手続の円滑な進行が阻害されるおそれがある。したがって、実務上は、上記①や②の手続に入る前に、まず裁判所を通じて債務者に対して債務の支払を行うよう催告を実施し、それに応じない場合には不動産の差押を行った上で、①競売や②私的売却の手続に移行するというケースが比較的多いようである。

　担保執行から完了までの期間については、私的売却、競売、いずれの場合も、裁判所を介さずに行う場合には、1 か月程度で終わる場合もあるが、裁判所を通じた実行の場合には、1 年程度かかることも多い。

## Q22
現地の不動産開発・投資プロジェクトにおける不動産担保ローンの概要を教えて欲しい。通常、どのような担保が設定されるか。ノンリコースローンは実務上一般的に行われているか。また、ローン契約に関し、参照されるひな型等はあるのか。

## A
　外国投資家が現地の不動産開発・投資プロジェクトに関与する場合、インドネシアに不動産事業を行う現地法人（合弁会社）を設立し、自己資本または外部借入れにより不動産を取得することが一般的である。また、現地企業と合弁会社を設立して不動産開発を行う場合には、現地企業が保有する土地を新会社に現物出資することもある。

　現地法人が、開発用の土地を購入する際に、外部資金調達を行う場合には、通常、土地（および土地上の建物）に抵当権を設定する。抵当権を設定した場

合であっても、現地法人は、事業権（HGU）、建設権（HGB）、使用権（HP）といった土地に対する権利を維持することができる。

海外の貸付人がインドネシアの不動産に対して担保を設定すること、またこれに加えて、現地金融機関をセキュリティエージェントとして外国法人が直接の担保権者とならないスキームを採用することも可能である。もっとも、借入人に債務不履行があった場合、抵当権の実行は抵当権法に従い、私的売却または競売の方法によって実現することができるが、抵当権者自身が、土地に関する権利を取得または所有することはできない点に留意する必要がある。

## 1 どのような種類の担保権が考えられるか（土地抵当権、株質、契約譲渡、企業保証等）？

上記のとおり、土地の担保に関して、抵当権が実務上最もみられる土地および建物に適用される担保である。抵当権は、抵当権者および設定者の間のローンを保証する目的で土地に抵当権を設定する旨の合意に基づき、土地公証人の前で抵当権設定証書を締結し、その後、土地公証人が抵当権の効力発生に必要な抵当権設定証書を管轄の土地管理局に登記する（または電子抵当権設定証書のオンライン登記システムを利用する）ことによって成立する。抵当権設定証明書（または電子抵当権設定証明書）が土地に抵当権が設定されていることの証明として発行され、当該証明書および抵当権設定証書は、土地権利証において参考情報として記載される。

また、抵当権に加えて、追加的に、株主保証、現地法人が保有する売掛債権に係る担保、株主の保有する現地法人株式に係る株式担保等が設定されることもある。

## 2 ノンリコースローンは実務上一般的に使用されているのか？

不動産プロジェクトの融資の方式は当事者間の合意によって決めることができるが、実務上、インドネシアにおける不動産ファイナンスにおいては、リコース型ローン、すなわち、スポンサーによる保証等の提供が求められるのが一般的である。

## 3 ローン契約書をドラフトする際のベースとしてよく使われるひな型はあるか？

貸付人となる金融機関は、通常、自社内で独自のひな型を有しているが、APLMA（Asia Pacific Loan Market Association）の標準契約書やその他の標準契約書等の一般的に使用されているローン契約のひな型を使用することもある。実務的には、APLMAのひな型はオフショアローンにおいて使用されることが多い。

## Ⅳ 不動産開発・投資スキーム

[不動産開発]

**Q23** インドネシアにおける不動産開発の合弁事業の一般的な投資スキームについて教えて欲しい。

**A** インドネシアにおける不動産開発のための合弁事業は、インドネシア会社法に基づく有限責任会社を設立し、法人形態で実施することが一般的である。この場合、法人を通じて土地の所有、不動産の開発および不動産売買や賃貸事業を行うことになる。

現行法上、開発物件の売買およびリースを含む不動産開発業に対する外国投資の制限はない（不動産関連事業の外資規制の詳細は、上記Q13、14を参照）。

インドネシアにおいて不動産開発を行う場合、外国人投資家は、独資で行うことも、合弁パートナー（インドネシア現地の不動産デベロッパー）とともに合弁形態で現地法人の株式を直接または間接的に保有することもできる。

不動産開発のプロジェクトにおいて、現地に合弁パートナーを有する形で進める場合には、合弁契約において、投資の前提条件や不動産保有会社のガバナンスについて、慎重に検討する必要がある。

なお、インドネシア法上、有限責任会社には最低2名の株主がいることが要求されているため、外国人投資家は、独資の場合であっても、現地法人の株主として少なくとも自らのほかにもう1名の株主と共同して株式を保有する

必要がある。

　また、不動産開発の文脈で、事業パートナー間でジョイント・オペレーション（法的性質としては組合契約）を締結して、不動産開発を行う事例も見られる。もっとも、登記や税務面での検討事項もあるため、現時点では必ずしも一般的に使用されるスキームではないように思われる。

[不動産ファンド]

## Q24　インドネシアにおいて主に利用される不動産ファンドスキーム・REIT 制度の概要を教えて欲しい。

**A**　インドネシアの不動産投資信託（REIT）は、「Dana Investasi Real Estate」（以下「DIRE」という）と呼ばれ、不動産投資ファンドに関する 2017 年 OJK 規則 64 号（OJK Regulation No. 64/POJK.04/2017 on Real Estate Investment Funds in the form of Collective Investment Contracts）によって認められた制度である。

### 1　DIRE の活用状況

　DIRE は 2007 年に導入されたが、特に税制上の問題から 2015 年頃までは、ほとんど利用されていなかった。しかし、インドネシア政府は、国内外の投資家を当該不動産セクターに呼び込むために、2015 年 11 月に制定された金融セクターの深化の文脈における特定の集団投資契約（Collective Investment Contract、以下「CIC」という）スキームを利用する納税者および課税事業者の税務上の取扱いに関する 2015 年財務大臣令 200 号（Minister of Finance Regulation No. 200/PMK.03/2015 on Tax Treatment for Taxpayers and Taxable Entrepreneurs using certain Collective Investment Contract Schemes in the Context of Financial Sector Deepening enacted on November 2015）ならびに 2016 年 10 月に制定された特定の CIC における不動産の譲渡所得に対する所得税に関する 2016 年政令 40 号（Government Regulation No. 40 of 2016 on Income Tax on Income From Transfer of Real Estate in certain Collective Investment Contract enacted on October 2016）に基づき、KIK − DIRE（Dana

Investasi Real Estate dalam bentuk Kontrak Investasi Kolektif）の税務上の取扱いを変更した。これらの法改正によって、DIRE から配当を受け取る投資家に対する配当課税が撤廃され、また、DIRE に対して不動産を売却する際に、売却者に対して課される不動産譲渡税が譲渡総額の 2.5％から 0.5％に引き下げられることになった。

現在、インドネシア証券取引所のウェブサイトに掲載されている DIRE としては、DIRE Simas Plaza Indonesia（2019 年 7 月 4 日上場）、DIRE Ciptadana Properti Perhotelan Padjadjaran（2019 年 1 月 29 日上場）、DIRE Ciptadana Properti Ritel Indonesia（2013 年 8 月 1 日上場）の 3 つが存在する[5]。

## 2　DIRE の法的性質

インドネシア法上、信託制度自体は存在せず、インドネシアにおける REIT は、CIC に基づくものとされている。

CIC は、インベストメント・マネージャー（以下「IM」という）により管理され、また、IM は持分出資者を委託者とする受託信託銀行と連携する。IM は、収益を生み出す不動産または不動産関連資産等へ投資を行い、IM は DIRE の資産ポートフォリオを運用し、受託信託銀行は DIRE の運営を管理する。

DIRE を設立するために特別目的会社（SPC）の設立は法令上は必須ではないが、DIRE 自体は法人ではないため、通常は、資産を保有するための SPC が設立される。そして、当該 SPC の払込資本の 99.9％は DIRE が保有することが典型的であるが、DIRE 自身は法人格を有しないため、IM が当該 SPC の株主として登記される。

DIRE の制度の下では、持分出資者を保護するために、以下の厳しい要件と制限が存在する。

### （1）資産分離

DIRE はあくまで投資契約に過ぎないため、DIRE の下で管理されている資

---

[5]　インドネシア証券取引所「REITS & DINFRA.」（https://www.idx.co.id/en/products/reits-dinfra/）。

産またはSPCの株式を直接保有することができない。IMは、持分出資者に代わってDIRE資産を保有する責任を負い、DIRE資産はIM保有の資産とは分離されなければならない（2017年OJK規則64号7条1項）。

(2) **資産譲渡制限**

DIRE資産を譲渡する場合、IMは、当該不動産の譲渡予定日前6か月以内に行われる独立鑑定人による評価に基づく市場価値の90％を下回る価値での不動産の売却を行うことができない（2017年OJK規則64号18条1項）。

(3) **投資ポートフォリオの構成**

DIREの投資ポートフォリオは、純資産の少なくとも80％を不動産に投資しなければならない。また、取得不動産は取得前に収益を既に生み出しているもの、または、関連する土地および建物がまだ建設段階にある場合は、当該不動産が、取得後6か月以内に収益を生み出すものでなければならない。そして、純資産の残りの20％は、不動産関連資産、その他金融資産に投資することができる。上記のいずれかの資産に投資するために、IMは、関連するDIREの収益の少なくとも51％が不動産投資収益であることを確保しなければならず、また、投資対象不動産についてはその所有権の有効性を確保しなければならない（2017年OJK規則64号18条13項）。

(4) **その他の規制**

IMは、空き地や建設中の不動産への投資（上記(3)で認められているものを除く）、第三者への金銭の貸付、短期売買、トレーディングおよび負債性の証券を発行することによる借入れを行うことはできない（2017年OJK規則64号18条）。

また、不動産の処分については、IMと受託信託銀行の共同承認および持分出資者による総会での承認が必要であり、かつ、当該不動産は独立鑑定人による鑑定を受けている必要がある（2017年OJK規則64号20条）。さらに、税引後純利益の少なくとも90％は持分出資者に年間配当として分配されなければならない（2017年OJK規則64号22条）。

【図表2−9】DIRE のサンプルスキーム（DIRE）[6]

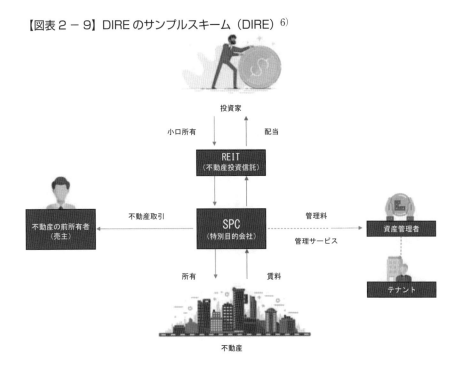

---

6) インドネシア証券取引所・前掲注5)。

# 第3章

## タ イ

第3章 タイ

# I 不動産法制

[法体系]

**Q1** その国の法体系に応じて不動産法制の内容にも一定の傾向が見られることがあると聞いた。タイの法体系は、日本と同じ大陸法系（シビルロー）か、それとも英米法系（コモンロー）か。

**A** タイの法大系は、日本と同様、基本的に大陸法系（シビルロー）に属する。

タイ法の近代化は、ラーマ5世（チュラーロンコーン大王、在位1868～1910年）の時代に始まったとされている。その背景には、日本と同様、タイは19世紀に欧米諸国との間で領事裁判権の承認および関税自主権の放棄等の内容を含むいわゆる不平等条約を締結しており、そのような不平等条約撤廃のため、法制度の近代化・西洋化が求められたという事情がある。また、タイは、アジアにおいて数少ない欧米諸国による植民地支配を免れた国であったことから、他の東南アジア諸国のように、法制度について旧宗主国の影響を強く受けたといった事情がないという特徴も挙げられる。法制度の近代化にあたっては、西洋の法律家（フランス、イギリス、ベルギー等）が法律顧問として招聘され、これらの専門家が民商法、刑法典等の基本法の制定に大きな役割を果たした（なお、日本の法学者である政尾藤吉も法律顧問として招聘され、刑法典や民商法典の起草に関与した）[1]。

このような経緯から、タイ法は、大陸法系の国の法律の影響を強く受けており、基本的に大陸法系に属すると整理されている。

[土地に関する権利（所有権または類似する権利）]

**Q2** 土地に関する権利としてどのようなものがあるか。日本における土地の所有権に相当する権利があるか。

---

[1] 以上について、鮎京正訓編『アジア法ガイドブック』（財団法人名古屋大学出版会、2009）215頁、219～220頁。

**A** タイにも土地所有権の概念が存在し、大部分は土地所有権によって私人による土地利用が認められているが、郊外の開発の進んでいない地域においては、土地所有権を表章する権原証書（title deed）（チャノートと呼ばれる）の発行が行われていない土地が存在し、そのような土地については、タイ独自の利用権とも呼ぶべき権利が設定されている。

　このようなタイの土地法制は複雑で外国人には分かりにくく、理解するには、歴史的沿革に遡る必要がある[2]。

　かつて、タイにおいては、大陸法の土地所有権に相当する概念は存在せず、全ての土地は国王が所有し、国王の臣下である国民は、土地を占有・利用することにより、国王から土地を利用する権利を付与されるという制度がとられていた。このような権利を、本章において、便宜上、以下「利用権」と呼ぶこととする[3]。

　その後、20世紀前半の法制度改革により、近代的な土地登記制度[4]が導入され、土地登記局（現在の土地局）が設立された。さらに、1935年に完成した民商法において、大陸法的な土地所有権制度が導入された。民商法下では、あ

---

[2]　野村好弘＝角紀代恵＝小鹿野晶一＝ピチェ・マオラノン「タイの土地法について」『アジアの不動産法制(2)』（日本住宅総合センター、1996）57頁。

[3]　この点についてタイ法弁護士と議論したところ、かかる「利用権」に相当する一般的な英訳上の用語は存在しないとのことであった。後述する、この「利用権」を証する書面であるNS3 (Nor. Sor. 3) も、直接的には、利用権原ではなく、長年にわたり当該土地を利用しているという実態を証する体裁がとられている。

[4]　タイで導入された近代的な土地登記制度は、トレンス・システムであると一般的にいわれている。トレンス・システムとは、当初オーストラリアで採用された近代的な土地登記制度であり、一般に、登記上の権利者が真正な権利者であることを国が保障する制度といわれ、過去の権利移転の全てを確認しなくとも現在の所有者を確認できる点に特色を持つ。前近代における土地の権利を記録・管理する制度においては、土地売買契約といった取引文書が登記所に提出・編綴される仕組みがとられ、土地を取得しようとする者が売主が真正な権利者であることを確認するには、全ての権利移転の連鎖を確認する必要があり、労力、時間と費用がかかる点が問題視されていた。トレンス・システムは、このような労力、時間と費用を解消するために考案されたといわれている（Barlow Burke, REAL ESTATE TRANSACTIONS, 217～218頁、Tang Hang Wu & Kelvin F.K. Low,Tan Sook Yee's Principles of Singapore Land Law Fourth Edition（LexisNexis,2019）289～291頁参照）。トレンス・システムの基本的な特色としては上記のとおりであるが、例外の範囲など制度の詳細は国によって異なるようであり、タイも例外ではない（詳細は下記Q9参照）。

くまでも土地の所有権を取得する必要があり、上述した国王から付与された利用権に保護が与えられないこととなった。しかし、土地の所有権を証するための権原証書の発行が進まず、土地取引に少なからぬ混乱が生じたため、1936年に同制度に対して修正が加えられ、旧来の制度である土地の利用権についても保護されることとなった。これにより、権原証書発行済みの土地に係る所有権に加え、権原証書が未発行の土地に係る旧来の利用権も保護されることとなった。

以上のような経緯により、タイの土地法制は、近代的な土地所有権制度と国王から付与された利用権を基礎とする伝統的な土地制度が併存することとなっている。1954年に公布された現在の土地法（Land Code）も、このような歴史的経緯を受け継いでいる。

[不動産の概念]

**Q3** 現地で建物リース事業を行うため、土地から切り離して建物のみ購入することを検討している。現地法上、日本と同じように、建物が土地と別個の不動産として認識されるのか（別個の売買取引の対象となるか）。それとも、土地と建物は一体の不動産として認識されるのか。

**A** 民商法上、「不動産」とは、「土地および土地の定着物または土地と一体の物」と定義されている（民商法139条）。たとえば、民商法1310条は、善意の第三者が他人の土地上に建物を建築した場合において、当該建物の所有権は土地の所有者が取得するとし、建物を建築した第三者については、当該建物を理由として増加した土地の価値分について土地所有者から支払を受けることができると規定するに留めている。他方で、土地の賃借権を設定して土地の所有者とは別の第三者が建物の所有権を取得することも認められており、そのような意味で、建物は、土地とは別個の不動産として認識され、別個の売買取引の対象となりうるといえる。

土地については上記Q2で述べたとおり近代的な土地登記制度が存在する一方、建物については、土地の所有権のような独自の登記制度は設けられてい

ない。不動産登記制度の概要については、下記Q8を参照されたい。

**Q4** 現地でコンドミニアムの開発を検討している。日本の建物区分所有権に相当する権利があるか。ある場合、区分所有法制の概要を教えて欲しい。

**A** タイにおいても、コンドミニアム法（Condominium Act）に基づき、日本の制度に類似した区分所有権の制度が存在する。

　すなわち、区分所有者は、コンドミニアムを構成する建物の専有部分の区分所有権のほか、建物の敷地および建物の共用部分の共有持分を保有する。建物の管理を行う管理法人およびその管理規約を土地事務所に登録する必要があり、管理規約については必要的記載事項が定められている（コンドミニアム法32条）。区分所有者は、集会の決議によって管理者を選任し、管理者は規約および集会の決議にしたがって共用部分の維持管理を行う等の権限および義務を有する。

　さらに、コンドミニアム法においては、外国人によるコンドミニアムの所有は専有部分の総面積の49％を越えない範囲でのみ可能という制約が規定されているほか、開発業者からのユニットの販売契約は内務省ひな型を利用する必要があることや、物件販売促進資料の保管および土地事務所への提出等、コンドミニアム購入者を保護する制度が導入されている。

### [不動産の取得・利用の主体および外資規制]

**Q5** 現地の民間企業であっても土地を保有することができない国もあると聞いた。現地企業が土地の所有権を取得することができるか。また、現地企業が取引の対象とする主な土地上の権利は何か。

**A** 特別に何らかの指定を受けた区域に所在する土地でない限り、現地企業が土地の所有権を取得することに特段の問題は見当たらない。現地企業が取引の対象とする主な土地上の権利は、所有権、上記Q2において前述した「利用権」、土地の賃借権、地上権などである。

## Q6

日本企業である当社は、直接、現地の不動産（土地・建物）を取得したいと考えている。外国法人はタイの不動産を直接取得・利用することができるか。それとも、不動産を取得・利用するにあたり現地法人を設立することが必要か。

## A

土地法上、「外国人」による土地所有は、原則として認められていない5)（土地法86条）。これに違反した場合、最大2万バーツ6)の罰金および／または2年以下の禁錮が科される（土地法111条）。土地法上の「外国人」には、登録資本を構成する株式の49％超が外国人により保有されているタイの会社、および株主のうち頭数で外国人株主が過半数を占めるタイの会社が含まれる（土地法97条(1)）。

他方、この例外として外国人が土地を所有することができる場合もあり、その主な例外は以下のとおりである。

① 居住目的の土地所有については、タイ国内の一定の事業に4,000万バーツ以上投資する等の一定の条件を満たした場合に限り、当局の許可を得て、1ライ（1,600平方メートル）を上限として土地を取得することができる（土地法96条の2）。
② 投資奨励法（Investment Promotion Act）に基づき、投資委員会（BOI：The Board of Investment、一般にBOIと略される）は、一定の要件を充たす外国人に対し、土地所有権の取得を許可することができる。
③ タイ工業団地公社法（Act on Industrial Estate Authority of Thailand）に基づき、同公社は、一定の要件を充たす外国人に対し、工業団地内の土地の所有権の取得を許可することができる。
④ 相続人である外国人は、一定の要件を満たす場合、当局の許可を得て土地を相続することができる（土地法93条）。

他方、建物については、土地と異なり建物所有のみに着目した外資規制は存

---

5) 土地法上、外国との条約に基づく場合は外国人の土地所有が認められる旨規定されているが（土地法86条）、2025年2月末日時点で、かかる条約は締結されていない。
6) なお、2025年2月末日時点において、1バーツは約4.4円である。

在せず、外国人は、建物の所有権を取得し保有することができる。ただし、コンドミニアムについては、コンドミニアム法（Condominium Act）上、全ユニットの総面積の49％を超えない範囲に限り、外国人による所有が認められている（コンドミニアム法19条の2）。外国人に対してコンドミニアムのユニットを譲渡する場合、売主は、当局に対し、当該外国人の名前および全ユニットの総面積に占める外国人により保有されている面積の割合等を届け出ることとされており、当該取引の結果、当該コンドミニアムの外国人の保有面積が49％を超えることとなる場合には、登録が拒否される（コンドミニアム法19条の3、19条の4）。

## Q7

現地法人であっても株主に外国企業が入っている場合にはそもそも不動産（土地・建物）を保有することが認められない国もあると聞いた。外資現地法人が不動産を「取得・利用」するにあたって適用される外資規制について教えて欲しい。

## A

上記Q6における回答で述べたとおり、土地法上、「外国人」による土地所有が原則として禁止されているところ、ここでいう「外国人」には、登録資本を構成する株式の49％超が外国人により保有されているタイの会社、および株主のうち頭数で外国人株主が過半数を占めるタイの会社が含まれる（土地法97条(1)）。したがって、このような「外国人」の定義に該当しない範囲で現地法人に出資すれば、外資現地法人であっても不動産を取得することができる。ただし、土地法上の外資規制に関しては、潜脱を防止するため、外国人が実質的に土地を取得することができるよう名義貸しを行うことが禁じられており、かかる取引が行われた場合、当局は、土地所有権を移転する命令を行う権限を有する（土地法96条）。

建物については、外資現地法人も建物の所有権を取得し保有することができるのが原則であるが、コンドミニアムについては上記Q6における回答で述べたとおり、外国人に該当する外資現地法人についてはコンドミニアム法上の所有制限の適用を受ける。なお、コンドミニアム法上、投資奨励法に基づきタイへの投資を許可された外国人や、土地法上の「外国人」に該当するタイ現地

法人などが、コンドミニアムの区分所有権を取得することができる外国人として規定されている（コンドミニアム法19条）。

なお、以上は不動産の「取得」に関する外資規制の説明であるが、不動産を「利用」して事業を行うことに関する外資規制については下記Q13を参照されたい。

### ［不動産登記制度］

## Q8　不動産登記制度の概要を教えて欲しい。

**A**　登記は、所轄の土地事務所が発行する権原証書（title deed）等の土地権利証書[7]に記載することによって行う。具体的には、土地法上、土地に対する権利を証する主な証書として、以下のものが規定されているが（土地法1条）、上記のとおり近代的な土地所有権制度と伝統的な土地制度が併存していることに起因し、両方の権利に関する証書が存在する。これらは、管轄の土地事務所（Land Office）により発行される。登記に係る各証書はタイ語であるため、外国企業が内容を確認するためには翻訳が必要となる。

① 　権原証書（title deed）（図表3－1にサンプルを掲載）
② 　利用権証書（certificate of utilization）
③ 　土地予約証明書（pre-emptive certificate）[8]
④ 　請求証明書（claim certificate）[9]

これらのうち、①および②は、当該証書の所持人が、法律上、その権利を自由に譲渡や担保設定することができるものである。これに対し、③および④については、原則として、相続以外の方法による移転が禁じられている。以下、上記①②について、個別に説明する。

---

[7] 本章では、「土地権利証書」とは、下記にて後述する権原証書（title deed）、利用権証書、土地予約証明書、請求証明書などの、土地の利用権原を表章する証書一般を指して用いている。
[8] 土地予約証明書は、上述した伝統的な土地制度下における土地の利用権を証するもので、土地を利用しようとする者に対し、暫定的に土地の利用権原を付与する証書である。
[9] 請求証明書は、土地法の発効日前から土地を占有していた者を保護するため、その請求に基づき発行される証明書である。

①の権原証書は、チャノートまたはNS4（Nor. Sor. 4）と呼ばれ、上述した近代的登記制度の下で発行される、土地の完全な所有権を証明する証書である。管轄の土地事務所により原本が2部発行され、1部が土地の所有権者に交付され、もう1部が当該土地事務所に保管される。

②の利用権証書は、NS3（Nor. Sor. 3）と呼ばれ、上述した伝統的な土地制度下における土地の利用権を証するものであり、所有権を証明するものではない。利用権証書については、境界確定がなされていない場合に発行される証書（NS3）以外に、土地調査に基づき境界確定が完了している場合に発行されるNS3G（Nor. Sor. 3 Gor.）やNS3K（Nor. Sor. 3 Khor.）の種類がある[10]。利用権を保有する者は、その利用権を第三者に対して自由に譲渡等することができるが、土地の調査に基づき境界確定がなされていない場合（NS3GやNS3Kが発行されていない場合）、管轄の土地事務所に対して譲渡の意向を届け出た上で、当該取引の登記を行う前に30日間の公告期間を経る必要がある。また、建物については、その権利についての証書を発行する制度は存在せず、土地の所有権のような登記制度は設けられていないが、所在する土地とは別に取引の対象となった場合、その取引の情報は登録される。したがって、建物の所有権の確認方法としては、①過去に建物の譲渡取引が行われている場合には、所在する土地と合わせての譲渡取引については対応する売買契約書が土地事務所に保管されるため、当該売買契約書を確認し、所在する土地とは別に譲渡の対象になった取引については登録された情報を土地事務所において確認することになる。これに対し、②過去に一度も譲渡取引がなされていない建物の場合には、当該地域の地方行政庁において保管されている建築許可証をチェックすることにより建物所有者を確認する。結局、建物を購入する場合には、当該地域の地方行政庁において建築許可証を確認し、かつ、土地事務所において建築時の当初取得者から現在の所有者に至るまでの所有権の移転を示す売買契約書を確認することが必要となる。

---

10) NS3Gは航空写真により調査された地域の土地について発行され、NS3Kは航空写真のない地域において三角測量の方法により調査された地域の土地について発行される利用権証書である。

第3章 タイ

【図表3-1】 権原証書（NS4）のサンプル

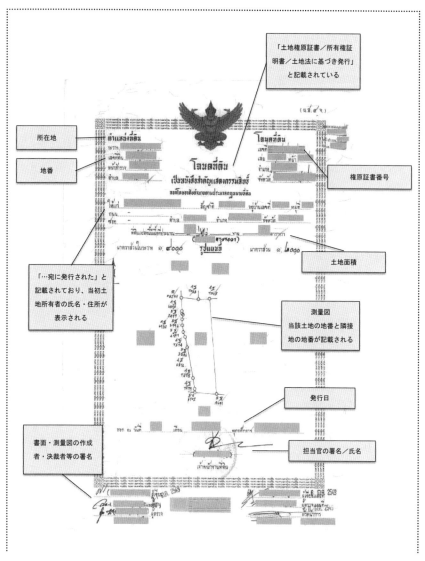

I 不動産法制 Q8

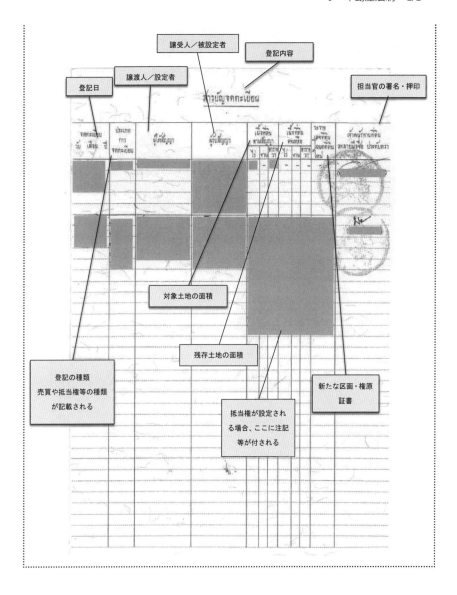

## Q9
土地の登記にはどのような効力が認められているか。登記を信頼して取引をした者に対し、登記どおりの権利状態があったのと同様の保護が与えられるか（登記に公信力が認められるか）。

## A
民商法上、不動産の譲渡および賃貸借については、書面による合意に加え、登記が効力要件とされている。日本と異なり、登記を備えなければ取引自体が無効とされている。また、賃貸借については、期間が3年超のものは登記が必要であり、登記を欠く場合、3年間を超える部分については執行力を有しない。他方、期間が3年以下のものは登記を要しない。

ただし、たとえばある土地が別々の者に二重に譲渡された場合において、第一譲受人が登記をする前に第二譲受人が先に登記を行ったような場合、①第二譲受人が善意の有償取得者である場合には第二譲受人が土地所有権を取得する（この場合、第一譲受人は、元土地所有者に対して債務不履行責任を追及することができるのみである）が、②第二譲受人が悪意または無償取得者である場合には第一譲受人が優先し、第一譲受人は、第二譲受人による登記の抹消を請求することができるとされている（民商法1300条参照）[11]。同規定は、所有権の移転の登記がなされていない場合でも売買の合意のみで一定の効果が生じることを認めた規定と評価できる。

また、タイにおいても、日本と同様、詐欺による意思表示は取り消しうることとされているが（民商法159条）、善意の第三者に対しては詐欺による意思表示の取消しを主張できない（民商法160条）。そのため、たとえば、AがBの詐欺によりBに土地を売買した後、Bが善意のCに対して有償で当該土地を譲渡した場合、Aは後に詐欺による売買の取消しを主張しても、Cに対してはこれを主張することができない（最高裁決定B.E.2546・1522号）。このルールは、権利の外観を信頼した者を一定限度で保護する制度として、（登記に公信力が認められているか否かは別論として）実質的に公信力に似た機能があると評価することができる。

---

[11] 野村ほか・前掲注2）61頁。なお、同51頁においては、登記がない場合の不動産の所有権移転の効力についての議論に触れており、結論としては明確ではないものの、登記がなくとも所有権が認められた高等裁判所の裁判例があるとの指摘がなされている。

## Q10 取得を検討している土地の権利関係を調査したい。土地の権利者の協力なく役所の登記簿を見ることができるか。

**A** 　土地の権利関係の調査は、管轄の土地事務所に赴き、保管されている土地権利証書を確認する方法により行う。所在地のみならず土地権利証書番号といった情報が必要となるため、通常は、権利者から必要な情報を得て行うが、必要な情報が得られれば、土地の権利者の協力がなくとも土地事務所において土地権利証書を確認することも不可能ではない。土地権利証書はタイ語であるため、外国企業が内容を確認するためには、翻訳が必要となる。

　ただし、2023年以降、土地権利証書の閲覧申請者が土地の権利者でない場合や土地の権利者からの委任状がない場合には、個人情報保護法（Personal Data Protection Act B.E. 2562 (A.D. 2019)）を遵守するために策定された、土地事務所の個人情報の開示に関するガイドラインに従い、担当官の裁量で特定の情報を開示しない事例が見受けられることに留意する必要がある。

　また、2021年8月5日には、電子土地事務所に関する規則が施行され、電子土地事務所（Electronic Land Office）の制度が創設された。電子土地事務所に指定された土地事務所では、土地事務所で保管すべき関係書類を、紙媒体ではなく電子システム上で保存する点に特徴がある。当該電子システムを用いることにより、他の電子土地事務所に登記されている権原証書（title deed）をオンラインで確認することが可能であるが、確認できる対象は権原証書に限られ、通常の土地事務所で確認可能なその他の書類は確認できない点に留意が必要である[12]。

　なお、土地の権利関係の調査の具体的な留意点については、下記Q16の回答を参照されたい。

---

12) 電子土地事務所の運用は2025年2月末日時点においてもいまだ不明な点が多いが、土地事務所に照会した結果を基に記載している。通常の土地事務所において確認が可能な権原証書（title deed）以外の書類としては、権原証書以外の土地権利証書（利用権証書など）、当該土地について併せて保管されている契約書や公図等が挙げられる。

# Q11

登記手続の概要を教えて欲しい。また、登記の申請から完了までに要する期間の目安を教えて欲しい。

権原証書（title deed）が発行されている土地の所有権移転登記手続の概要を以下に記載する。

売主および買主は、売買対象の土地の所在地を所管する土地事務所に出頭の上、所定のフォームに従った売買契約書を登記官の面前で締結し、当該売買契約書を登記申請する。土地事務所の登記官は、当該売買に基づく所有権の移転を記録し、かつ権原証書において買主を土地の所有者として記録する。

提出書類は**図表３－２**のとおりである（なお、代理人による申請の場合には、これらに加えて、委任状および委任状の署名者の権限を証する書類を提出する必要がある）。

【図表３－２】　土地所有権移転登記手続における提出書類

| 個　　人 | 法　　人 |
| --- | --- |
| ― 権原証書の原本<br>― IDカード<br>― 家屋登録カード<br>― 氏名変更の証拠書類（該当ある場合のみ）<br>― 婚姻／離婚証明書（該当ある場合のみ）<br>― 配偶者の死亡証明書（該当ある場合のみ）<br>― 配偶者の同意書<br>― 国籍変更の証明書（該当ある場合のみ） | ― 権原証書の原本<br>― 商務省発行の法人登録証明書<br>― 定款<br>― 株主名簿（株式会社または公開株式会社の場合）<br>― 署名権限ある取締役のIDカードおよび家屋登録カード<br>― 取引を承認した取締役会議事録 |

登記手数料は、政府の政策により減免されているケースもあるが、通常は当局による資産評価額の2％である（このほか、下記Q17でも述べるとおり、土地売買においては源泉徴収税、特定業務税、印紙税に留意する必要がある）。

登記の申請から完了に要する期間は、申請書類に不備等がなければ、通常、１営業日以内である。ただし、名義貸し等による外国人土地保有規制の潜脱

が疑われる場合には、所轄の土地事務所は調査を行うことができ、それにより登記が滞る可能性もある。申請時に行われる手続は、通常の場合であれば、概要、登記官による権原証書および土地事務所の登記記録の確認、申請書の登録、差押等の確認、登記手数料計算のための資産評価額の確認、諸手数料および税の受領の登録、取引の記録、登記官の面前での契約書への署名の確認、登記官による契約書への公印の押印、取引を裏書した権原証書の買主への交付、売買契約書原本の売主および買主への返還等である。

なお、権原証書の発行されている土地と異なり、Nor. Sor. 3 と呼ばれる利用権証書が発行されている土地の場合には、登記申請の際、土地事務所において 30 日間の公告期間を経なければならず、登記の完了までに時間を要することとなるため留意が必要である。また、投資奨励法の適用のある土地を取得する場合やタイ工業団地公社法上の工業団地エリア内の土地を取得する場合には、異なる手続が必要になる場合があるため、取引ごとに個別に確認が必要である。

また、Q10 で述べたとおり、電子土地事務所の制度が創設されており、一定の電子土地事務所[13]では、他の土地事務所の管轄地域に所在する土地についても登記手続を行うことが可能となっている。もっとも、かかる土地について登記手続を行う場合、申請者たる土地所有者自身が土地事務所に出頭する必要がある（すなわち、代理人の出頭では足りない）ほか、登記手続の対象は権原証書（title deed）に関する登記に限られる[14]といった制限がある。

## [土地収用]

**Q12** 土地に関する権利が政府による収用の対象となるのはどのような場合か。

---

13) 電子土地事務所には、Electronic Land Office、Semi-online Electronic Land Office、Full System Electronic Land Office の 3 種が設けられており、ここでは、Semi-online Electronic Land Office および Full System Electronic Land Office に該当する電子土地事務所を指している。
14) Q8 で述べた権原証書（title deed）以外の種類の土地権利証書に関する登記や建物の登記は行うことができない。

**A** タイ政府は、不動産収用法に基づき、公共の用に供するために土地を収用する権限を与えられている。公共事業、国防、天然資源の獲得、都市計画、農業開発、工業、土地改革、その他の公共の用に供するために必要な不動産は、土地の所有権の移転について合意が得られる場合を除き、同法に基づき収用されうる。もっとも、収用対象となりうる土地は、事前に勅令（Royal Decree）[15]によって特定される。勅令の制定後、通常は180日（90日を超えない範囲で延長が可能とされているため、最大270日）以内に、当局は必要な情報を収集するための調査を行わなければならず、当該調査終了後に、収用対象となる土地の価格を決定するための委員会が組織されることとされている。

2017年4月6日に公布された新憲法の下でも、土地収用にあたっては、土地所有者およびその他の権利を保有する者に対して、諸般の事情を勘案して公正な補償がなされなければならないと規定されている。なお、補償価格の計算方法は、収用対象の土地がどのように利用され、どの省庁の所管となるか（たとえば、交通省など）に応じてガイドラインが定められている場合もあるが、そのような場合であっても結局は様々なファクターを勘案して所管官庁が補償価格を定めるため、補償価格を明確に予測することは難しい。

そのため、収用のリスクがある土地かどうかは、取得前のデュー・ディリジェンス等によりできる限り把握しておくべきである。

## Ⅱ 不動産関連事業に関する規制

[不動産関連事業に関する外資規制]

**Q13** 不動産関連事業を行う現地法人を設立したいが、当局の承認やローカル企業の出資が必要になるか知りたい。主な不動産関連「事業」（不動産開発、不動産売買・仲介、不動産賃貸、不動産管理、建設）について、どのような外資規制が適用されるか教えて

---

[15] 勅令は、憲法、法律等の規定を実施するために、政府が国王の名のもとで制定する命令であり、法律に反しない範囲で制定することが可能である。

欲しい。

**A** 上記Q6で触れた土地法上の外資規制に加え、タイ国内における外国人による事業を規制する法律として外国人事業法（Foreign Business Act）が存在する。外国人事業法上、外国人[16)]による土地取引業は一切禁止されている（外国人事業法8条1項、別表1）。したがって、不動産売買を行う場合にはこの土地取引業に該当しないように注意する必要がある。また、外国人が、建設業（外国人による投資が5億バーツ以上で特殊な技能を要する建設を除く）、代理・仲介業（証券・農産物の先物取引等およびその他省令で規定された代理・仲介業を除く。なお、不動産仲介業一般は除外されていない）、その他サービス業に該当する事業を営むには、原則として当局の許可を取得する必要がある（外国人事業法8条3項、別表3）。この「その他サービス業」の範囲は広範であり、不動産開発業、不動産賃貸業、不動産管理業もその具体的内容に応じて個別に確認が必要である。

これら外資規制のもとで日系企業がタイの不動産に投資する方法については、下記Q23を参照されたい。

[不動産関連事業に関する許認可]

**Q14** 現地で不動産仲介を行うことを検討している。日本における宅建業規制に相当するような規制があるか。

**A** 上記Q13において述べた外国人事業法に基づく外資規制を除くと、不動産仲介について許認可を取得することを義務付ける法律は存在しない。なお、仲介業務に関する報酬の支払や費用償還の条件については民商法845条～849条が細かなルールを定めており、また、行為態様によっては、代理に関する一般規定（民商法797条～844条）が適用されるが、これら

---

[16) 外国人事業法上の「外国人」には、登録資本を構成する株式の50％以上を外国人または外国法人が保有するタイ法人が含まれる。上記のとおり、土地法に基づく土地の取得の外資規制との関係では、登録資本を構成する株式の49％超が外国人により保有されているタイの会社が「外国人」に該当するとされており、若干基準が異なるので注意が必要である。

の規定は私法上の代理に関する一般ルールを定めるにとどまり、業法的な側面はない。

**Q15** 現地で建設業を行うことを検討している。建設業を行う場合、どのような許認可を取得する必要があるか。

**A** 所定の建築業務やエンジニアリング業務を行う場合には、建築士法（Architect Act B.E. 2543（A.D. 2000））やエンジニア法（Engineer Act B.E. 2542（A.D. 1999））に基づくライセンスを取得する必要がある。いずれのライセンスも、ライセンス申請者が法人である場合には、事業者の本店所在地がタイ国内にあることが求められ、かつ、取締役の半数以上がそれぞれの法律に基づくライセンスを有する者でなければならない等の条件が課されている（建築士法49条3項、エンジニア法49条3項）。

## Ⅲ 不動産取引

[不動産取引（取得・譲渡、賃貸）]

**Q16** 取得を検討している土地の権利関係を調査したい。どのような点に留意して調査すべきか。

**A** タイにおいて土地を売買により取得する場合、一般的な手続の流れは以下のとおりである。
① 土地の調査（デュー・ディリジェンス）
② 土地売買契約の締結
③ 管轄の土地事務所における売買契約証書の締結・登記

上記Q2において述べたとおり、土地の所有権に関する権利の得喪は、原則として登記によって終局的に確定される。言い換えれば、原則として、登記はそこに記載された者に権利が帰属することを示す終局的な証拠であり、取引の相手方は基本的にそれに依拠することができる。

そのため、上記①の土地デュー・ディリジェンスの内容として、まず登記に係る各証書の内容を確認して、権利の種類、土地の用途・利用条件、権利に関する制限、所有者に関する情報、用益権・担保権その他の土地の負担に関する事項を確認する必要がある。

　土地デュー・ディリジェンスにおいて留意すべき点としては、各証書上の土地の用途が、想定している事業と整合しているかを確認することである。また、合筆・分筆が必要となる場合には、その手続に必要となる期間を確認する必要がある。また、当該土地上に既存の建物がある場合には、建物の建築許可証等を確認しておく必要がある。

## Q17 不動産の売買・保有に際して生じる課税の概要を教えて欲しい。

**A**　不動産の売買に際して生じうる課税の概要は、図表３－３のとおりである（個別事例ごとに異なるため、実際の取引の際には、税務専門家に相談されたい）。なお、これらのほか、買主は売買価格または財務局による資産評価額のいずれか高い方の1％相当額を源泉徴収する必要があり、この源泉徴収額は売主の所得課税の税額から控除されることになる。

**【図表３－３】　不動産の売買に際して生じる課税**

| 税　　目 | 税額の計算方法 |
|---|---|
| 移転登記手数料 | 当局による資産評価額の2％ |
| 特定業務税 | 売買代金または当局による資産評価額のいずれか大きい方の3.3％ |
| 印紙税 | 売買代金または当局による資産評価額のいずれか大きい方の0.5％ |

　これに対して、土地建物税法（Land and Buildings Tax Act B.E. 2562（A.D. 2019））が2019年3月13日に施行され、不動産の保有に対する課税の仕組みは従前の土地家屋税（House and Land Tax）から大幅に変更されている。土地

建物税法において課税対象となる不動産は、土地、建物およびコンドミニアムのユニットである（ただし、公共の利益のために使用される不動産等の一定の不動産は課税対象から除外されている）。課税対象不動産の課税標準は、当局が承認および公表する土地ならびに建物の評価額（土地法に基づく登記費用の計算基礎となる評価額と同一）とされている。土地建物税法では、貧富の格差是正や税収増などを目的に、不動産の用途に応じて異なる税率を適用する仕組みとなっており、不動産の使用目的に応じた課税の概要は図表３－４のとおりである。

【図表３－４】　不動産の保有に対する課税の概要

| 用　　途 | 上限税率 | 控　除　額 |
|---|---|---|
| 農業目的 | 0.15% | 5,000万バーツ（個人が複数の不動産を所有している場合、最も価格の高い不動産から控除される） |
| 居住目的 | 0.3% | 当該課税年度の１月１日時点で家屋登記簿上に氏名が登録されている個人が土地および土地上建物を所有する場合：　5,000万バーツ |
| 居住目的 | 0.3% | 当該課税年度の１月１日時点で家屋登記簿に氏名が登録されている個人が所有する建物である場合：　1,000万バーツ |
| 上記以外の目的（商業・工業目的等） | 1.2% | |
| 未使用の土地・建物 | 1.2% | |

**Q18** 現地でコンドミニアムの開発を検討している。建物が竣工し、ユニットを顧客に販売した後に当該物件に瑕疵が発見された場合、

誰がどのような責任を負うか。

**A** 民商法上、物の売買の売主に課される瑕疵担保責任の根拠は、瑕疵担保責任を負う期間について瑕疵の発見から1年と定める規定のみである（民商法474条）。そのため、瑕疵担保責任の効果は、法文上必ずしも明確ではないが、解釈により、損害賠償請求、瑕疵修補請求もしくは瑕疵修補に要した費用の償還請求、または（売主が使用可能な状態での目的物の引渡を拒絶したときや、買主が自ら修補を行うことを望まないときの）売買契約の解除が認められると考えられている。

もっとも、タイでは、コンドミニアム法において、ユニットの買主を保護する規定が設けられている。すなわち、コンドミニアムのユニットの売買契約は、内務大臣の定める契約ひな型に従わなければならず、当該契約ひな型に従わず、かつ買主に不利な条項は、執行できない（コンドミニアム法6条の2）。そして、当該内務省の定める契約ひな型においては、建物の構造および設備については登録時から5年間、その部品については登録時から2年間にわたってデベロッパーが瑕疵担保責任を負うと定められており、これよりも短い期間を契約で定めても無効となる。

なお、デベロッパーがユニットの買主に対して責任を負う場合に、デベロッパーは建設業者に対して瑕疵担保責任を追及する場合も考えられる。請負契約における請負人の瑕疵担保責任の期間は、民商法上は、土地上の構造物（木造建物を除く）については目的物の引渡から5年間、それ以外は目的物の引渡から1年間とされているが、契約によって別途の合意をすることは妨げられない（民商法600条）。

## Q19
現地で商業施設の開発を検討している。日本の不動産賃借権に相当する権利があるか。借地借家法のような賃借人保護を目的とする特別な法律があるか。

**A** タイにおける不動産の賃貸借（lease）は、一定期間における不動産の使用権であり、日本の賃借権に相当する。コモンロー上物権に近

い leasehold とは異なり、賃料の支払を対価とする債権的権利である。

　土地や建物の賃貸借の期間は、原則として最長30年であり、それより長い期間が合意された場合、30年に短縮される（民商法540条）。ただし、当事者間で、借主が契約満了後に契約期間の更新を求めた場合に貸主がそれに応じなければならない旨を合意することも有効と解されている[17]。なお、商業または工業用の不動産については、商工業用不動産賃貸借法（Act on the Lease of Immovable Property for Commercial and Industrial Purposes）に基づき、同法の下位規則に定める一定の条件[18]を充足する場合、最長50年間の賃貸借が可能とされているが、要件が細かく承認に至るための手続が煩雑である等の事情により、実務上はあまり活用されていないようである。

　賃貸借期間が3年を超える不動産賃貸借は、管轄の土地事務所に登記する必要があり（民商法538条2項）、登記がない場合は3年間に限り有効となる。賃貸借契約の登記には手数料が発生し手間もかかるため、実務上はこれを嫌って不動産の賃貸借期間を3年以下に抑えるケースが多くみられる。

　タイには、日本の借地借家法のような不動産の賃借人を保護するための特別法は存在しない。なお、土地賃借人が土地上に建物を建設した後に土地所有者が土地を第三者に譲渡した場合、日本では、土地賃借人の賃借権が対抗力を有しない限り土地の譲受人に賃借権を主張することはできない（このことをもって、一般に「売買は賃貸借を破る」といわれる）のに対し、タイでは、かかる土地賃借人は土地の譲受人にその賃借権を主張することができる旨明文で規定されている[19]。

　他方、賃借権の譲渡や転貸については、賃貸借契約上別段の合意がなされて

---

[17] ただし、たとえば30年の賃貸借期間の更新権を借主に2回以上行使することを認める合意については、その有効性につき慎重に検討する必要がある。

[18] たとえば、賃貸借契約が登記されること、市街地計画法等に基づき商業または工業分野の土地として指定された土地であるか工業団地に所在すること、2千万バーツ以上の投資を行う商業であるか投資奨励法上の投資奨励対象の工業に該当すること等その他の細かな条件を充足しなければならない。

[19] 民商法569条は、「不動産の賃貸借契約は、その所有権の譲渡があった場合においても終了しない。土地の譲受人は、譲渡人が賃借人に対して有していた全ての権利および義務を引き継ぐ」と規定する。この点について、野村ほか・前掲注2）52頁は、土地賃借人が当該賃借権について登記していない場合でも同様であると指摘する。

いない限りこれを行うことはできないとされ（民商法544条1項）、この点に関しては日本の民法における規律と共通性がみられる。

このほか、2019年10月に創設された、土地建物の賃借権類似の新たな権利（Sap-Ing-Sith）がある。既存の不動産賃借権には、原則として抵当権を設定することができないが、この新しい用益権には抵当権を設定することができるなど、既存の不動産賃借権よりも制約が少ない権利となっている。この新たな用益権を設定できる不動産は、①権原証書（title deed）の発行されている土地、②権原証書の発行されている土地およびその土地上の建物、③コンドミニアム法に基づく区分所有建物の区分所有部分、に限られる。

また、当該用益権に関する契約は、書面で作成し、管轄当局に登記しなければならないなど、既存の不動産賃借権に比べ、権利の設定について厳格な形式要件が要求される。

[不動産担保]

**Q20** 不動産に対して設定される担保の種類としてどのようなものがあるか。

**A** 不動産に設定される担保としては、日本と同様、抵当権（*Jum Nong*）が存在する。後述する事業担保権も一定の不動産に対しては設定可能であるが、実務上、不動産に対しては抵当権が設定されるのが通常である。なお、土地を長期間賃借し、その土地上で不動産の開発を行うことも一般的だが、借地権は債権であり不動産ではないことから、抵当権を設定することはできない。この点、2016年に制定された事業担保法（Business Collateral Act。なお、担保取引法（Secured Transactions Act）と呼ばれることもあるが、本書では、法案公開当初から用いられていた事業担保法という用語を使用する）に基づく担保権（以下「事業担保権」という）は、債権に対して設定することが可能であるため、借地権に対しては事業担保権を設定することになる。

## Q21 現地における不動産担保執行手続の概要を教えて欲しい。通常、担保執行の開始から完了までどの程度の期間を要するか。

**A** 上記Q20における回答で述べたとおり、不動産に対する担保としては、抵当権が設定されるのが通常であるため、抵当権の実行方法について詳述する。抵当権の実行方法は、司法手続による競売および抵当権者の抵当目的物の取得（foreclosure）に加えて、抵当権設定者の通知を受けて行う競売（民商法729/1条）がある。これらの執行手続を規定した民商法728条、729条（729/1条を含むものと解される）および735条に反する内容で行われた弁済期到来前の合意は無効とされているため（民商法714/1条）、抵当権設定契約等において、これらに反する内容で抵当権者が抵当目的物を処分する権限を定めるような約定を合意（いわゆる私的実行の合意）しても、当該合意は無効とされる可能性があるため、留意が必要である[20]。

　抵当権者が抵当権を実行する場合、抵当権者は合理的期間（催告期間は60日を下回ってはならない）を定めて被担保債務の債務者に催告する必要があり、催告期間内の弁済がされなかった場合に、裁判所において抵当目的物の競売による実行手続に入ることができる（民商法728条1項）。もっとも、この実行手続には通常の訴訟手続と同様の手続が要求され、場合によっては競売が実施されるまでに5年程度の期間を要することもある。なお、抵当権が、被担保債務の債務者ではない者（物上保証人）により設定されている場合、さらに、抵当権者は、債務者に対する催告から15日以内に、物上保証人に対して書面による通知を送付しなければならない（民商法728条2項）。15日以内に当該通知が行われない場合、抵当権設定者ないし物上保証人は、当該期間経過後に発生する利息および損害金（付随する費用負担を含む）について責任を免れる。

---

20) これに対して、実務上、抵当権設定契約その他の貸付関連契約に定められた手続に従い、抵当権設定者により任意に不動産の処分が行われ、その処分代金から抵当権者が債権回収を行い、それと同時に抵当権を解除するという方法もある（いわゆる任意処分または任意売却）。なお、本文中で無効とされる可能性があると述べた私的実行の合意は、被担保債権の弁済期到来後に抵当権者が民商法に定める手続に反する内容で不動産を処分する（第三者に対する売却や自らが抵当目的物を取得する等）権限を取得する合意を指しており、処分の主体が抵当権者である点で任意処分・任意売却とは異なる。

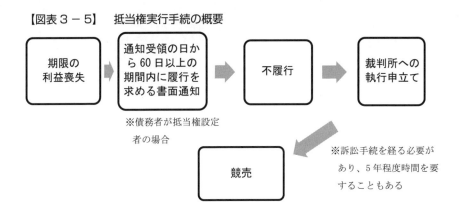

【図表3−5】　抵当権実行手続の概要

抵当権の実行方法は競売が原則であるが、一定の要件を満たせば、競売に代えて、抵当権者が抵当目的物の所有権を取得する方法（foreclosure）によることも可能とされている。すなわち、抵当目的物について他に登記・登録された抵当権や優先権がない場合において、①債務者が5年以上にわたり利息の支払を怠っていること、および、②抵当目的物の価額が被担保債権額を下回ることを抵当権者が裁判所に立証したこと、という要件を満たせば、裁判所において抵当権者が抵当目的物を取得する手続（foreclosure）に入ることができる（民商法729条）。しかし、要件が厳しいため、このforeclosureの手続はあまり利用されておらず、競売による売却について裁判所の判決を得て執行を行う方法が採用されることがほとんどである。

他方で、抵当権設定者の求めに応じて行われる執行手続ではあるが、裁判外での執行手続は2015年の民商法改正により法定されている。すなわち、被担保債務の弁済期が到来し、かつ他に抵当権その他の登記された優先権が抵当目的物に付着していない場合には、抵当権設定者は、抵当権者に対して、裁判外で抵当不動産を競売に付すよう求める通知を行うことができる（民商法729/1条1項）。かかる抵当権設定者の通知は、競売による売却についての同意書として取り扱われる（民商法729/1条1項）。抵当権者は、かかる通知を受領した場合、受領日から1年以内に競売により抵当目的物を売却しなければならず、当該期間内に売却が行われなかったときは、抵当権設定者は、当該期間経過後に発生する利息および遅延損害金（付随する費用負担を含む）について責任を免

れる（民商法729/1条2項）。

　民商法733条は、抵当権者による抵当目的物の評価額や競売により得られた純収益金額が被担保債務の金額を下回る場合の被担保債務との差額について、債務者は責任を負わないと定めているが、当事者間の合意により、主債務者が依然として差額相当額について債務を負うという取り決めを行うことは可能である。もっとも、物上保証人に対して抵当権実行時に被担保債務の残存額について引き続き責任を負わせること、および、抵当権設定契約をもってするか別個の契約をもってするかを問わず、物上保証人が抵当目的物の価値以上の責任を負う旨を合意することもしくは主債務の保証人となることは、いずれも禁止されており、これらに反する合意がなされても無効である（民商法727/1条2項）。ただし、法人が主債務者である場合において、その法律上の経営権を有する者または当該法人の事業の支配権を有する者が法人の債務のために物上保証人となり、別途保証契約を締結したときは、この限りでない（民商法727/1条2項但書）。

**Q22** 現地の不動産開発・投資プロジェクトにおける不動産担保ローンの概要を教えて欲しい。通常、どのような担保が設定されるか。ノンリコースローンは実務上一般的に行われているか。また、ローン契約に関し、参照されるひな型などはあるのか。

**A** 　タイにおける不動産開発・投資プロジェクトにおいては、スポンサーが当該プロジェクトのために不動産を保有するSPC（合弁案件の場合には合弁会社）を設立した上で、当該SPCが銀行との間でローン契約を締結し、銀行からローンの提供を受けるのが一般的である。そのような不動産プロジェクトローンについては、通常、当該SPCが開発対象の土地を所有している場合には当該土地に対する抵当権を、当該SPCが開発対象の土地を借り受けている場合には当該借地権に対する事業担保権（上記Q20参照）の設定を求められることになる。

　また、当該SPCの株主（日系企業がタイにおいて不動産開発を行う場合、通常この位置付けになる。詳細については下記Q23参照）が、プロジェクトのスポン

サーとして、ローンの保証または Sponsor Undertaking [21] の提出を求められるのが一般的である。そのため、不動産開発・投資プロジェクトにおいて、ノンリコースローンは実務上一般的には用いられていない。

ローン契約のドラフトにあたっては、APLMA（Asia Pacific Loan Market Association）が参照されることもあるが、一般的には、各銀行が作成したフォームが用いられているように見受けられる。

## Ⅳ 不動産開発・投資スキーム

[不動産開発]

**Q23** タイにおいて一般的な不動産開発のスキームを教えて欲しい。

**A** 日系企業がタイにおいて不動産開発を行う場合、上記 Q13 の外資規制を踏まえたスキームを検討する必要がある。オーソドックスな方法としては、タイの国内企業と合弁を組み、外国人事業法および土地法上の「外国人」に該当しない比率で資本構成を組んだ合弁会社を設立することが挙げられる[22]（資本構成の例として、図表３－６参照）。その場合、日系企業側はマイノリティとなることから、合弁契約において、取締役会や株主総会における拒否権事項、事業のモニタリング、競業禁止等の規定について注意深く検討する必要がある。また、合弁契約において、日系企業がタイの国内企業側から株式を買い取る権利（コール・オプション）を保有することを規定した場合、仮にその権利行使事由が生じたとしても、外資規制との関係で日系企業自らが買い取ることができない可能性があることから、その場合は別のローカル企業を買受人として指定するなどの対応が必要となる点にも留意が必要である。

---

21) Sponsor Undertaking の内容は案件により様々であるが、一般的な内容としては、スポンサーは、銀行に対して直接の保証債務までは負わないものの、ボロワーである SPC の経済状況が悪くなった場合に、当該 SPC に対して追加出資または融資による資金援助を行う等の義務を負うことになる。
22) 形式的には、合弁会社が土地を所有せず、土地を賃借してその上に建物を所有する場合、土地法の規制は適用されず、外国人事業法の外資規制のみが適用されることとなる。

# 第3章 タイ

**【図表3-6】　タイにおいて土地を保有する合弁を組む場合の資本構成例**

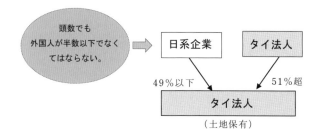

(注) 民商法上の株主の最低人数については、2023年2月7日より施行された改正民商法1097条により、3名から2名に削減された。

[不動産ファンド]

## Q24　タイにおいて主に利用される不動産ファンドスキーム・REIT制度の概要を教えて欲しい。

## A

### 1　上場REIT

　上場REIT（Real Estate Investment Trust）のスキームの概要は以下の**図表3-7**のとおりである。まず、委託者（REIT設立後にその管理運営を行う者）が、タイ証券取引委員会（Thailand's Securities and Exchange Commission。以下「SEC」という）から承認を取得した上で、受託者との間で信託証書を締結し、信託を設定する。信託設定後、委託者は、REITマネジャーとしてREITの管理運営を行う。引受人を通じて投資家に対して信託受益権証券が発行され、受託者は、その発行手取金（および借入金）を原資として不動産に投資を行う。受託者は、投資対象不動産から得られた収益を投資家に対して分配する。

Ⅳ 不動産開発・投資スキーム Q24

【図表3-7】 タイのREITスキーム

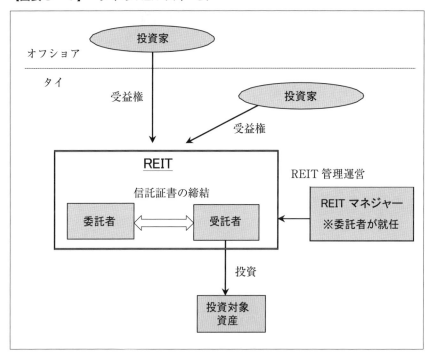

タイのREITスキームの主な特徴は以下のとおりである。

まず、タイのREITは、資本市場取引の信託に関する法律（Trust of Transactions in Capital Market Act B.E.2550（A.D.2007））に基づく信託型のスキームであり、日本のJ-REITのようにREIT自体が法人格を有する会社型のスキームとは異なり、REIT自体は法人格を有しない。したがって、タイのREITスキームでは、形式的には信託の受託者が資産保有主体となる。

投資対象資産については、信託受益権の発行により調達した資金および担保付借入（もしあれば）の総額の75％以上を、①投資対象不動産（所有権もしくは賃借権）、または、②投資対象不動産を保有する会社の株式のいずれかに投資することが必要である（Notification of Capital Market Supervisory Board No. Tor Jor. 49/2555 Re：Issuance and Offer for Sale regarding Units of Real Estate Investment Trust（以下「REIT告示」という）12条(4)）。②の場合、REITは、

原則として、かかる会社の株式数および議決権数の99%以上を保有する必要がある（REIT告示12／2条）。投資対象不動産の価値の総額は5億バーツ以上でなければならない（REIT告示12条(6)）。

また、上場REITは、その信託受益権証券をタイ証券取引所（Stock Exchange of Thailand、一般にSETと略される）に上場することになる。そして、SECの規則に基づき、信託受益権証券の保有者数は250名以上を維持する必要があり（REIT告示25条(5)）、単一投資家による保有割合が50%を超えることはできない（REIT告示27条）。また、SETの規則に従い、全体の15%以上が浮動口となるよう販売されなければならない。信託受益権証券の最低募集金額も定められており、5億バーツ以上である必要がある（REIT告示10条(1)(c)）。

さらに、特に注意を要する点として、上述した土地法上の外資規制が受託者による土地保有に適用される結果、外国人によるREITの信託受益権証券の保有にも及ぶ点が挙げられる。したがって、土地法上の「外国人」は、信託受益権証券の総数の49%超を取得することができず、かつ、信託受益権保有者の頭数で外国人が半数以上となることもできない点に留意が必要である。

## 2　私募ファンド

従前、タイのREITは、上場REITの形態のみが認められており、その信託受益権証券をタイ証券取引所に上場しない私募REITの形態は認められていなかったが、SECは、REIT告示を改正する等し、2021年に私募REIT制度を導入した。

私募REITも、上場REITと同様信託型であるが、受益者となることができるのは、機関投資家、REITマネジャーおよびその関係者に限られる（REIT告示58条(1)）。投資家がこのような十分な投資経験を有する者に限られることから、上場REITと比較して、届出書類や規制上の要件が少なくなっているという点に特色がある。

投資対象資産については、信託受益権の発行により調達した資金および担保付借入（もしあれば）の総額の75%以上を、①投資対象不動産（所有権もしくは賃借権）、または、②投資対象不動産を保有する会社の株式のいずれかに投

資することが必要である点は、上場REITと同様である（REIT告示58条(4)、12条、12／1条）。もっとも、上場REITと異なり、投資対象不動産の価値の総額に下限はない。

また、上場REITと異なり、信託受益権証券の保有者数は2名以上であればよい（REIT告示58条(1)）。もっとも、土地法上の外資規制が外国人による私募REITの信託受益権証券の保有に及ぶ点は上場REITと同様であるので、留意する必要がある。

なお、私募REITのほかには、日本におけるいわゆるGK-TKスキームやTMKスキームのような一般的な私募ファンドのスキームは存在しない。

# 第4章
## フィリピン

第4章　フィリピン

# I　不動産法制

[法体系]

**Q1**　その国の法体系に応じて不動産法制の内容にも一定の傾向が見られることがあると聞いた。フィリピンの法体系は、日本と同じ大陸法系（シビルロー）か、それとも英米法系（コモンロー）か。

**A**　フィリピンは、3世紀にわたるスペインによる統治が行われていた関係で、大陸法の影響を強く受けており、一部の事項を除き、フィリピンの不動産に関する法律は大陸法系である。1987年フィリピン憲法（1987 Philippine Constitution）12条は、土地は本来国家に属し、各人の所有権は国家から授与されたものであるという考え方（*Jura Regalia*）を採用しているが、この考え方は、スペインから持ち込まれたものである。また、フィリピンにおける不動産の所有や使用に関する基本法は、フィリピン民法（Civil Code of the Philippines）である。

一方、フィリピンは、土地の登記制度については、主にコモンロー国で多く採用されているトレンス・システム（Torrens system）を採用しており、土地登記法（Land Registration Act）は、フィリピンにおける公有地および私有地は、トレンス・システムの下に置かれることを規定している（詳細については後記Q9参照）。

[土地に関する権利（所有権または類似する権利）]

**Q2**　土地に関する権利としてどのようなものがあるか。日本における土地の所有権に相当する権利があるか。

**A**　フィリピンにおいては、日本における土地の所有権に相当する権利があり、土地の所有権は、譲渡することも可能である。1987年フィリピン憲法12条は、土地は本来国家に属し、各人の所有権は国家から授与されたものであるという考え方（*Jura Regalia*）を採用しているが、例外的にフ

ィリピンの先住民が当初より有している所有権も存在する（先住民の権利に関する法律（Indigenous People's Rights Act））。

なお、上記Ｑ１に記載のとおり、フィリピンはトレンス・システムを採用しており、権利証が発行された土地は、原則として、剥奪不可能なもの（indefeasible）とされる。権利証が発行された場合、第三者が土地を占有したとしても、当該土地の所有権を時効により取得することはできない。

## ［不動産の概念］

**Q3** 現地で建物リース事業を行うため、土地から切り離して建物のみ購入することを検討している。現地法上、日本と同じように、建物が土地と別個の不動産として認識されるのか（別個の売買取引の対象となるか）。それとも、土地と建物は一体の不動産として認識されるのか。

**A** 建物の所有権は、土地の所有権とは別個のものであり、建物は、土地とは独立して売却、または、賃貸することができる。

## ［不動産の取得・利用の主体および外資規制］

**Q4** 現地でコンドミニアムの開発を検討している。日本の建物区分所有権に相当する権利があるか。ある場合、区分所有法制の概要を教えて欲しい。

**A** フィリピンにおいては、コンドミニアム法（Condominium Act）上、居住用ビルや商業用ビルの各ユニット（部屋等）に対する区分所有権が認められている。コンドミニアムは、①独立した使用や所有の対象となる専有部分であるユニットと、②ユニット以外の部分である敷地および建物の共用部分により構成される。

各ユニットは、区分所有権の対象となり、登記することも可能である。区分所有権について登記が行われた場合、コンドミニアム権利証（Condominium Certificate of Title、以下「CCT」という）が発行される。

これに対し、共用部分はコンドミニアムコーポレーションが所有し、管理するのが一般的である。コンドミニアムコーポレーションとは、日本の区分所有権法上の管理組合に相当する、敷地等の共用部分を所有・管理する会社であり、コンドミニアムコーポレーションは、株式会社（Stock Corporation）の形態で設立することも可能である。各ユニットの所有者は、当然にコンドミニアムコーポレーションの株主または構成員となり、コンドミニアムコーポレーションの株主または構成員の権利（株主総会における議決権等）は、各ユニットの床面積に応じて決定される。

なお、後記Q7に記載のとおり、フィリピンにおいては外国人が土地を所有することが禁止されているが、コンドミニアムのユニットの所有についても、外資規制上、外国人が所有できるユニットの床面積の合計は、当該コンドミニアムにおけるユニットの総床面積の40％までに制限されている。

**Q5** 現地の民間企業であっても土地を保有することができない国もあると聞いた。現地企業が土地の所有権を取得することができるか。また、現地企業が取引の対象とする主な土地上の権利は何か。

**A** フィリピンにおいては、日本における土地の所有権と同様、土地に対する永久かつ排他的な所有権が存在し、現地企業は、土地の所有権を取得することができる。現地企業の間では、通常、このような土地に対する所有権が取引の対象となる。

**Q6** 日本企業である当社は、直接、現地の不動産（土地・建物）を取得したいと考えている。外国法人はフィリピンの不動産を直接取得・利用することができるか。それとも、不動産を取得・利用するにあたり現地法人を設立することが必要か。

**A** フィリピンでは、外資規制により、外国法人は土地を所有することはできず、フィリピン人が60％以上の資本（株式会社の場合には株式）を有する現地法人のみが土地を所有することを認められている。これに対し、

土地の賃借については、外国法人であっても可能である。

他方、建物については、外資規制はなく、外国法人であっても建物を所有、または賃借することが可能である。

また、コンドミニアムのユニットについても、外国法人はユニットの所有権を取得することが可能である。ただし、前記Q4に記載のとおり、外国人・外国法人が所有するユニットの床面積の合計は、当該コンドミニアムにおけるユニットの総床面積の40％までとされている。

なお、外国法人が、土地の賃借または建物およびコンドミニアムの所有もしくは賃借を行う場合、原則として、フィリピンに現地法人や支店を設立する必要はない。しかし、外国法人がフィリピンにおいて事業を行う場合には、Doing Business規制の観点で、フィリピン証券取引委員会（Securities and Exchange Commission、以下「SEC」という）から許可を取得した上で、現地法人の設立、支店の登録等が必要となる。たとえば、土地や建物を外国法人のオフィスとして使用する場合や第三者に賃貸する場合には、フィリピンにおいて事業を行う場合に該当する。

また、土地の賃借権を登記した場合、第三者（登記後に土地を譲受けた者を含む）に対して権利を主張することが可能である。

## Q7

現地法人であっても株主に外国企業が入っている場合にはそもそも不動産（土地・建物）を保有することが認められない国もあると聞いた。外資現地法人が不動産を「取得・利用」するにあたって適用される外資規制について教えて欲しい。

## A

フィリピンにおいて土地を所有することができるのは、フィリピン国民（Philippine national）のみであり、フィリピン国民とは、①フィリピン市民（citizen of Philippines）、②フィリピン市民により組成される組合もしくは団体、③発行済株式および議決権の60％以上をフィリピン市民によって保有されるフィリピン法人、または④受益者の60％以上がフィリピン市民である年金、退職金、離職給付等の信託ファンドをいう（外国投資法（Foreign Investments Act）3条(a)）。そのため、株主に外国企業が入っている現

地法人については、外国企業の出資割合が40％以下の場合にのみ、土地を所有することが認められている。

【図表4−1】 フィリピンにおいて土地保有を行う場合の資本構成例

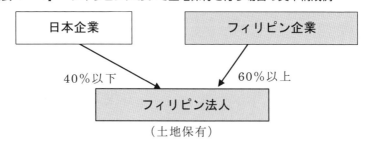

また、土地の賃借については、外国企業が株主である現地法人も土地を賃借することが可能である。ただし、土地を所有することができない外資現地法人については、外国人による長期の土地の賃借について規定する外国投資家リース法（Investors' Lease Act）が適用され、土地の賃借の期間は原則25年間とされ、工場の建設等一定の目的のための賃借の場合には、フィリピン貿易産業省（Department of Trade and Industry）における登録を行うことにより賃借期間を最大50年まで延長でき、その経過後は更新によりさらに最大25年延長することができる。

これに対し、建物には外資規制は存在せず、外国企業が株主である現地法人も建物を所有または賃借することが可能である。

【図表4−2】 フィリピンにおける土地または建物の所有・賃借にかかる規制

|  | 所　有 | 賃　借 |
|---|---|---|
| 土地 | 土地を所有する現地法人に対する外資の出資割合は40％まで | 外資現地法人の賃借期間は原則25年（登録により最大50年まで延長可）＋最大25年の更新 |
| 建物 | 外資規制なし | 外資規制なし |

ただし、前記Q4に記載のとおり、外国企業の出資割合が40％を超える現地法人（つまり、外資規制の適用を受ける外資現地法人）がコンドミニアムのユニットを所有する場合には、当該コンドミニアムにおけるユニットの総床面積の40％までに制限される。

【図表4－3】　フィリピンにおけるコンドミニアム所有にかかる規制

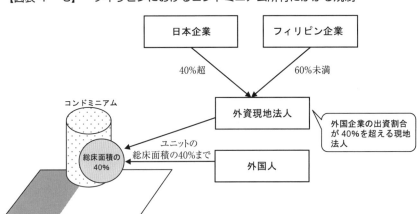

[不動産登記制度]

## Q8　不動産登記制度の概要を教えて欲しい。

**A**　フィリピンの土地の登記制度は、資産登記令（Property Registration Decree）が定めている。未登記の土地について最初に登記が行われた場合には原権利証（Original Certificate of Title、以下「OCT」という）が発行され、その後土地の所有権が移転された場合には譲渡権利証（Transfer Certificate of Title（以下「TCT」という））が発行される。

コンドミニアムのユニットの所有権の登記は、コンドミニアム法が定めており、コンドミニアムのユニットの所有権については、CCTが発行される。

これらに対し、（コンドミニアムを除く）建物の所有権については登記制度が存在しない。土地の所有者と建物の所有者が異なる場合、建物の所有者は、

当該建物が所在する市、地方等から発行される建物に関する税金申告書をもって、その所有権を証明することができる。また、当該建物の所有者は、自らの所有権を対外的に公示するために建物が所在する土地の登記に、当該建物の所有権を付記することも可能である。

OCT、TCTおよびCCTは、管轄の登記官（Register of Deeds）を通じて土地登記局（Land Registration Authority）（以下「LRA」という）により発行される。

なお、土地またはコンドミニアムに関する事項は、権利証および管轄の登記官の記録（Primary Entry Book）に記載されることにより、登記される。賃貸借やmortgageの設定等の権利者の意思に基づく事項は、その権利内容が記載されている書面の写しや所有者が保有する権利証の写しを提出することにより登記される。一方、差押え等の権利者の意思に基づかない事項は、所有者が保有する権利証を提出することなく、管轄の登記官により登記される。

上記Q1に記載のとおり、フィリピンの土地の登記制度は、トレンス・システムを採用しており、土地の所有権の移転に際して新しい権利証が発行され、土地の権利に影響を与える事項は、当該権利証に付記することにより第三者に対して権利を主張できる。権利証は、法令によって保障され、法令等による例外を除き、剥奪不可能なものとされる。そのため、土地の所有権について権利証が発行された場合、第三者が当該土地を長期間占有したとしても、その所有権を時効により取得することはできない。

## Q9
土地の登記にはどのような効力が認められているか。登記を信頼して取引をした者に対し、登記どおりの権利状態があったのと同様の保護が与えられるか（登記に公信力が認められるか）。

## A
フィリピン法上、土地の譲渡は、当事者間の意思が合致することにより成立する。そして、登記は、土地の譲渡の効力要件ではなく、第三者に対して権利を主張するために必要となる手続である[1]。

フィリピンは、土地の登記制度については、主にコモンロー国で多く採用されているトレンス・システムを採用しており[2]、土地の所有権の移転に際し

て新しい権利証が発行され、土地の権利に影響を与える事項は、当該権利証に付記することにより第三者に対して権利を主張できる。権利証は、法令によって保障され、法令等による例外を除き、剥奪不可能なものとされ、土地の所有権について権利証が発行された場合、第三者が当該土地を長期間占有したとしても、当該土地の所有権を時効により取得することはできない。

かかる登記制度において、フィリピンの土地の譲渡について登記が行われた場合、当該登記に関して第三者の悪意が擬制される。

また、登記を信頼して取引をしたものに対しては、原則として、善意の取得者として、登記どおりの権利状態があったのと同様の保護が与えられ、その意味では、土地の登記には一定の公信力が与えられているといえる。ただし、買主が、実際には売主が所有権を有していないことを知っていたり、通常の注意能力を有する者であれば売主の所有権について疑問を差し挟むような事実や状況等を認識していた場合には、買主は、善意の取得者として認められず、登記された権利状態に基づく保護は与えられない。

## Q10 取得を検討している土地の権利関係を調査したい。土地の権利者の協力なく役所の登記簿を見ることができるか。

---

1) 日本法における物権変動に関する意思主義および対抗要件主義を彷彿とさせる内容である。この点は、後述するトレンス・システムの本来の特色との整合性という観点で疑問があるが、どうしてそうなったかは興味深い。
2) トレンス・システムとは、当初オーストラリアで採用された近代的な土地登記制度であり、一般に、登記上の権利者が真正な権利者であることを国が保障する制度といわれ、過去の権利移転の全てを確認しなくとも現在の所有者を確認できる点に特色を持つ。前近代における土地の権利を記録・管理する制度においては、土地売買契約といった取引文書が登記所に提出・編綴される仕組みがとられ、土地を取得しようとする者が売主が真正な権利者であることを確認するには、全ての権利移転の連鎖を確認する必要があり、労力、時間と費用がかかる点が問題視されていた。トレンス・システムは、このような労力、時間と費用を解消するために考案されたといわれている。Barlow Burke, REAL ESTATE TRANSATIONS, 217～218 頁、Tang Hang Wu & Kelvin F.K. Low,Tan Sook Yee's Principles of Singapore Land Law Fourth Edition（LexisNexis,2019）289～291 頁参照。

**A** フィリピンにおいては、一定の手数料を支払うことにより、いかなる者でも登記を閲覧することが可能である。しかし、登記を閲覧するためには、OCTやTCTの番号が必要となるため、実際には土地の権利者の協力が必要となることが多い。なお、LRAの有するデータベースに記録された土地については、LRAの運営するeSerbisyo Portalというウェブサイトを通じてOCT等の写しをオンラインで取得することが可能である。他方、LRAのデータベースに記録されていない土地については、登記の閲覧に際して登記官に対して閲覧請求を行わなければならない。この際、管轄の登記官は、登記の閲覧に際して、所有者が保有するOCTやTCTの写しの提出を要求することがあることに留意が必要である。

---

**Q11** 登記手続の概要を教えて欲しい。また、登記の申請から完了までに要する期間の目安を教えて欲しい。

**A** 

### 1 未登記の土地またはコンドミニアムについて新規の登記を行う場合

未登記の土地に関する新規の登記を行う際に発行されるOCTは、土地の所有権を認める旨の裁判所の決定、または、環境天然資源省(Department of Environment and Natural Resources)による公有地を私有地とする決定に基づいて、管轄の登記官により発行される。裁判手続によりOCTの発行を受ける場合には、一般に裁判手続の開始から2年程度が必要となり、また、環境天然資源省による決定に基づく場合には、当該決定から一般に6か月程度が必要となる。

これに対し、原コンドミニアム権利証(Original CCT)は、コンドミニアムのデベロッパーが、CCTの発行を申請してから、一般に約15営業日から20営業日で発行される。CCTが発行されたことは、当該コンドミニアムが所在する土地の権利証(OCTおよびTCT)に記載される。

## 2 登記されている土地またはコンドミニアムのユニットの所有権を移転する場合

　土地の所有権を移転する場合、旧所有者である譲渡人名義の権利証（OCTまたはTCT）は失効し、新所有者である譲受人名義のTCTが発行される。登記に際しては、土地の所有権を移転する旨の証書、当該譲渡に関する登録資格証明書（Certificate of Authorizing Registration）、譲渡人が保有する譲渡人名義の権利証（OCTまたはTCT）、および、土地を譲渡する権限を証する書類を提出する必要がある。これらのうち、登録資格証明書は、当該土地の譲渡に関して発生する全ての納税が完了した後に、内国歳入庁（The Bureau of Internal Revenue）により発行される書類である。

　コンドミニアムのユニットに関する所有権を移転する場合には、コンドミニアムコーポレーション（前記Q4参照）が発行するコンドミニアムマネジメント証明書（condominium certificate of management）もあわせて提出する必要がある。コンドミニアムマネジメント証明書は、外国人が所有するコンドミニアムのユニットが、当該コンドミニアムにおけるユニットの総床面積の40％を超えないことを証する書面である。

　土地の所有権を移転する場合、コンドミニアムのユニットの所有権を移転する場合のいずれについても、新しいTCTまたはCCTの発行に必要な期間は、必要書類および手数料の支払が完了してから、10営業日程度である。

## 3 税金申告書の発行

　不動産（建物を含む）を所有または管理する者は、3年ごとに、当該不動産の現在の公正な価値を記載した書面を作成し、州、市または地方の査定人（assessor）に提出しなければならない。なお、査定人による査定に資するため、当該不動産の詳細もあわせて記載しなければならないが、地方政府によっては、不動産の写真の提出を要求する場合もある。当該書面の提出および査定人による不動産の査定が終了した後、申告者の氏名が記載された税金申告書が発行される。

　不動産の取得や改良（建物の建築を含む）が行われた場合、当該不動産を取得したとき、または、建物もしくは建物の改良部分が完成したときか占有を開

始したときのいずれか早い方から、60日以内に、当該不動産の価値を記載した書面を作成し、州、市または地方の査定人に提出しなければならない。当該不動産に関する新しい税金申告書は、当該書面の提出、当該不動産に関する古い税金申告書、地方譲渡税に関する支払を証する書面、および、（不動産について権利証が発行される場合には）当該者の氏名が記載された権利証の写しが提出されてから1営業日から2営業日以内に発行される。

**【図表4-4】** 登記の種類と手続に要する期間

|  | 新規の登記 | 移転の登記 |
| --- | --- | --- |
| 土　地 | Original Certificate of Title (OCT)<br>：未登記の土地について法定の手続に従って新規に登記を設定する場合 | Transfer Certificate of Title (TCT)<br>：土地の所有権の登記を譲渡により移転する場合 |
| 土　地 | （所要期間）<br>裁判手続の場合：手続開始から2年程度<br>環境天然資源省の決定の場合：決定から6か月程度 | （所要期間）<br>書類の提出・手数料の支払手続の完了から10営業日程度 |
| コンドミニアム | Condominium Certificate of Title (CCT)<br>：新規のコンドミニアムについてデベロッパーが登記を申請する場合 | Condominium Certificate of Title (CCT)<br>：コンドミニアムのユニットの所有権の登記を譲渡により移転する場合 |
| コンドミニアム | （所要期間）<br>申請から15～20営業日程度 | （所要期間）<br>書類の提出・手数料の支払手続の完了から10営業日程度 |

[土地収用]

**Q12** 土地に関する権利が政府による収用の対象となるのはどのような場合か。

**A** フィリピン政府は、公共の利益のため、いつでも土地を収用することができる。また、法令により、政府機関、公共事業を行う会社等も公共の利益のために土地収用を行うことができる。たとえば、道路の拡張、公益事業の建物の建設等のために土地の収用が行われることは少なくない。

なお、土地の収用に対する正当な補償として土地収用時の公正な価値が支払われるが、その金額は最終的には裁判所により決定される。

## II 不動産関連事業に関する規制

[不動産関連事業に関する外資規制]

**Q13** 不動産関連事業を行う現地法人を設立したいが、当局の承認やローカル企業の出資が必要になるか知りたい。主な不動産関連「事業」（不動産開発、不動産売買・仲介、不動産賃貸、不動産管理、建設）について、どのような外資規制が適用されるか教えて欲しい。

**A**  **1 不動産関連事業に対する外資規制**

まず、不動産開発事業について外資規制は存在しない。なお、外資規制ではないが、不動産開発のうちコンドミニアムの開発を行うためには、フィリピン居住都市開発省（Philippine Department of Human Settlements and Urban Development）（旧・フィリピン住宅土地利用規制委員会（Philippine Housing and Land Use Regulatory Board））に当該開発計画を登録する必要があり、デベロッパーはかかる登録に際して開発地に対する権利を証明する必要がある。デベロッパーは、土地に対する所有権を自ら有していること、またはデベロッパー以外の土地所有者がコンドミニアムコーポレーションに対して所有権を譲渡することについて同意していること等を示すことにより、開発地に対する権利を証明することになる。外資による土地保有に関する規制の下でかかる要件を充足する必要があることから、フィリピンの内資会社との合弁形態を採らずにコンドミニアム開発事業を実施することには困難が伴う。

これに対して、不動産売買、仲介等の不動産サービス業を行う会社は、フィリピン人が100％保有する会社でなければならない。なお、不動産サービス法（Real Estate Service Act of the Philippines）は、相互主義（Reciprocity）の考え方をとっているため、フィリピン人がこれらの事業を行うことが認められている国の国民については不動産サービス業を行うことが認められている。

また、建設業を行おうとする会社は、フィリピン建設業免許委員会（Philippine Contractors Accreditation Board、以下「PCAB」という）から建設業の免許を取得する必要があるが、一般建設業免許（Regular License）を取得するためには、原則としてフィリピン人が60％以上の資本を有する会社である必要がある。

なお、不動産賃貸と不動産管理を業として行うことについては、外資規制は存在しない。

## 2　国内市場向け事業に対する外資規制

上記に加え、不動産関連事業を含め不動産関連フィリピンの国内市場向けに事業を行う全ての会社は、国内市場向け企業（Domestic Market Enterprise）[3]として、外国投資法（Foreign Investments Act）上の外資規制が適用される。国内市場向け企業は、払込資本金額が20万米ドル以上である場合を除き、原則として外国企業の出資比率は40％以下の会社である必要がある。ただし、以下のいずれかの条件を満たす場合には、払込資本金額が10万米ドル以上であれば、外国企業は40％を超えて資本を有することができる。

① 　科学技術省が定める先端技術に関するものであること
② 　イノベーティブ・スタートアップ法（Innovative Startup Act）に基づいて政府機関が承認するスタートアップまたはスタートアップを促進する機関であること
③ 　15人以上のフィリピン人を雇用し、かつ、従業員の過半数がフィリピ

---

[3] 国内市場向け企業とは、国内市場に対して商品の製造販売、サービスの提供を行っている会社をいい、当該会社が商品の輸出を行っている場合でも、その輸出割合が60％未満になると国内市場向け企業に該当する（外国投資法（Foreign Investments Act）3条(f)）。

ン人であること

### [不動産関連事業に関する許認可]

**Q14** 現地で不動産仲介を行うことを検討している。日本における宅建業規制に相当するような規制があるか。

**A** フィリピンにおいて、手数料等の対価を得て行う、不動産の売買、賃貸等の仲介は、不動産仲介業とされ、フィリピン不動産サービス法（Philippine Real Estate Service Act）に基づき、当該事業を行うため不動産仲介人（real estate broker）の免許を取得する必要がある。

不動産仲介業を行う会社は、①20名の販売員ごとに1名の不動産仲介人の免許保有者を雇用しなければならないこと、②不動産サービス業（不動産仲介業のほか、不動産のコンサルタント、鑑定、販売を含む）に従事する者のリストを、毎年フィリピンプロフェッショナル規制委員会（Philippine Professional Regulation Commission）およびSECに提出しなければならないこと、③通常業務として不動産のマーケティングまたは販売に従事するすべての部門、部署においては、その部門、部署のトップとして、不動産仲介業の免許保有者をフルタイムで配置しなければならないこと、および、支店においても不動産仲介業の免許保有者を配置しなければならないこと、④不動産サービス業に従事する者の雇用終了時には15日以内にプロフェッショナル規制委員会に報告しなければならないこと等の一定の義務を負う。

**Q15** 現地で建設業を行うことを検討している。建設業を行う場合、どのような許認可を取得する必要があるか。

**A** フィリピンにおいて建設業に従事するためには、PCABから免許を受ける必要がある。PCABの発行する建設業の免許には、①当該免許において許可された分野、範囲における建設業一般を行うことが認められる一般建設業免許と、②特定の建設プロジェクトの実施のみが認められる特別建設業免許の2種類がある。

第4章　フィリピン

　まず、フィリピンの建設業免許に関する規則（Rules and Regulations Governing Licensing of Constructors in the Philippines）上、一般建設業免許は、①フィリピン人の個人事業体、または、②フィリピン資本が60％以上のフィリピンの株式会社またはパートナーシップにのみ発行される。そのため、原則として外国企業が40％超の資本を有する会社は一般建設業免許を取得することができない。この点について、2020年、フィリピンの最高裁判所は、同規則は法律が意図していない外資規制を規則で定めるものであるとして、一般建設業に関する外資持分規制は無効であり、別途法律で定める場合を除き外資による建設業の従事に関する規制を撤廃すべきである旨を判示した。しかし、2024年4月現在、PCABにおいて、外資規制の撤廃に関する最高裁判所の判断を執行するための具体的なアクションは採られていない。なお、2016年にフィリピン建設業免許法施行規則（Implementing Rules and Regulations of the Philippine Contractor's License Law）が改正され、一般建設業付記免許（Regular License with Annotation）という新たな種類の免許が設けられた。一般建設業付記免許は、10億フィリピンペソ[4]以上の資本金を有しているフィリピン法人のみ取得可能で、同免許に基づき実施が認められるのは、契約価格が一定規模以上（高層ビル等の建設事業の場合には最低50億フィリピンペソ以上、低層ビル等の建設事業の場合には最低30億フィリピンペソ以上）の事業のみという限定があるものの、その資本構成のいかんにかかわらず（つまり外資持分の多寡にかかわらず）取得が可能である。　他方、特別建設業免許は、特定の建設事業に従事することを許可するものである。特別建設業免許は、合弁企業、コンソーシアム、外国建設業者またはプロジェクトオーナーに対して発行される。

---

[4]　なお、2025年3月時点において、1フィリピンペソは約2.5円である。

【図表4−5】　不動産関連事業に関する規制概要

| | 外資規制 | 免許 | 備考 |
|---|---|---|---|
| 不動産開発 | なし | コンドミニアムの開発を行う場合、フィリピン住宅土地利用規制委員会における開発計画の登録 | 国内市場向け事業に関する外資規制の適用あり |
| 不動産売買・仲介等の不動産サービス業 | フィリピン人またはフィリピン人が100％出資する会社に限定（相互主義による例外あり） | 不動産サービス法の免許 | 国内市場向け事業に関する外資規制の適用あり |
| 建設業 | 一般建設業免許は外国企業の出資割合は40％以下（一般建設業付記免許の例外あり。なお、2020年の最高裁判例を踏まえ今後取扱いが変更される可能性あり） | フィリピン建設業免許委員会の免許<br>・一般建設業免許<br>・特別建設業免許<br>・一般建設業付記免許 | 国内市場向け事業に関する外資規制の適用あり |

# Ⅲ　不動産取引

[不動産取引（取得・譲渡、賃貸）]

**Q16** 取得を検討している土地の権利関係を調査したい。どのような点に留意して調査すべきか。

**A** 当該土地の所有権が登記されているかを調査すべきである。その際には、管轄の登記官が保有する権利証を確認することが望ましい。また、土地の買主は、当該土地に担保権等の負担が設定されていないかとい

う点についても、権利証を調査すべきである。担保権等の負担は、土地所有者の同意や土地所有者への通知なく登記される場合もあり、土地所有者が認識しないまま、管轄の登記官が保有する当該土地の権利証にのみ記載されている場合もあり得る。そのため、土地の権利関係の実態を確認するためには、管轄の登記官が保有する権利証を調査することが重要である。

その他、当該土地や取引の性質に応じた特別の法規制（ゾーニングに関する規制、農地の所有等に関する規制、文化遺産に関する規制、通行権等に関する規制等）についても留意すべきである。

## Q17 不動産の売買・保有に際して生じる課税の概要を教えて欲しい。

不動産の保有者には、下表の課税がなされる。

**【図表4－6】　不動産保有者に対する課税**

| 税の種類 | 税　率 | 支　払　先 |
|---|---|---|
| 固定資産税 | 評価額の1％以下（州ごとに異なる） | 州 |
| | 評価額の2％以下（市ごとに異なる） | 市 |
| 特別教育基金税 | 評価額の1％ | 州または市（固定資産税の支払先と同じ） |
| 公共事業のための特別税 | 評価額の一定割合（当該割合は、公共事業の性質、費用等に基づき定められる） | 公共事業を行う州または市 |
| 遊休地税<br>※固定資産税とは別に課される | 評価額の5％以下（地方自治体ごとに異なる） | 地方自治体 |
| 追加税 | 都市部の土地につき、評価額から5万フィリピンペソ以上で地方自治体が定める所定の金額を控除した額の0.5％ | 地方自治体 |

会社が事業外で不動産を売却する場合には、不動産の所有者に、下表の課税がなされる。

**【図表4－7】　会社による不動産売却に対する課税（事業外の売却の場合）**

| 税の種類 | 税　率 | 支　払　先 |
| --- | --- | --- |
| キャピタルゲイン税 | 内国会社については、売却価格、売却時の公正市場価格、売却時のゾーニング評価額（zonal valuation）のいずれか高い額の6％<br>内国会社以外については、不動産の売却益の25％ | フィリピン内国歳入庁（Philippine Bureau of Internal Revenue）（以下「BIR」という） |
| 源泉税 | 総売却価格、公正市場価格、ゾーニング評価額のいずれか高い額の6％ | BIR |
| 印紙税 | 売却価格および公正市場価格のいずれか高い額につき、1,000フィリピンペソごとに15フィリピンペソ（1,000フィリピンペソに満たない部分についても15フィリピンペソの印紙税が課される） | BIR |
| 土地移転に関する地方税 | マニラ首都圏に所在する土地については売却価格と公正市場価格のいずれか高い額の0.75％以下 | マニラ首都圏内の地方自治体 |
| | 上記以外の土地については売却価格と公正市場価格のいずれか高い額の0.5％以下 | 州 |

会社が事業活動として不動産を売却する場合には、不動産の所有者に、下表の課税がなされる。

【図表４－８】 会社による不動産売却に対する課税（事業内の売却の場合）

| 税の種類 | 税率 | 支払先 |
|---|---|---|
| 所得税 | 売却益の25% | BIR |
| 源泉税 | 所有者が不動産事業に常時従事している場合、売却価格、公正市場価格、ゾーニング評価額のいずれか高い額の、1.5%、3.5%または5%のいずれか | BIR |
| | 所有者が不動産事業に常時従事していない場合、売却価格、公正市場価格、ゾーニング評価額のいずれか高い額の6% | |
| 印紙税 | 売却価格につき、1,000フィリピンペソごとに15フィリピンペソ（1,000フィリピンペソに満たない部分についても15フィリピンペソの印紙税が課される） | BIR |
| 付加価値税 | 総売却価格の12% | BIR |
| 土地移転に関する地方税 | マニラ首都圏に所在する土地については売却価格と公正市場価格のいずれか高い額の0.75%以下 | マニラ首都圏内の地方自治体 |
| | 上記以外の土地については売却価格と公正市場価格のいずれか高い額の0.5%以下 | 州 |

## Q18
現地でコンドミニアムの開発を検討している。建物が竣工し、ユニットを顧客に販売した後に当該物件に瑕疵が発見された場合、誰がどのような責任を負うか。

## A
建物が竣工し、デベロッパーがユニットを顧客に販売した後に当該物件に瑕疵が発見された場合、当該瑕疵が販売契約における表明保証違反に当たるときは、デベロッパーは、販売契約に基づいて、当該瑕疵につい

て顧客に対する責任を負う。この場合、デベロッパーは、建設工事に関する瑕疵については、建設業者に対する責任追及が可能である。また、デベロッパーが計画通りの開発を行わなかった場合、顧客は、デベロッパーに支払った全額（分割払利息は含むが延滞利息を含まない）の払戻しを請求することができる。なお、物件の瑕疵による損害に関して、エンジニア・建築士や下請業者といった関係者は、以下の責任を負うとされている。

建物を設計したエンジニアや建築士は、当該建物の設計や底地の瑕疵を理由に、竣工から15年以内に建物が損壊した場合には、当該損壊による損害につき責任を負う。

下請業者は、工事の欠陥、下請業者による低品質の材料の使用または契約違反を理由に、竣工から15年以内に建物が倒壊した場合には、当該倒壊による損害につき責任を負う。この場合、エンジニアまたは建築士が下請業者の工事を監督していたときは、当該エンジニアまたは建築士は下請業者と連帯して責任を負う。

## Q19

現地で商業施設の開発を検討している。日本の不動産賃借権に相当する権利があるか。借地借家法のような賃借人保護を目的とする特別な法律があるか。

**A** 不動産賃貸借契約の当事者は、原則として、賃貸借契約の条件を自由に合意することができるが、外国人または外国企業による借地期間は、原則25年（更新により25年の延長可）とされている。

これに対し、工場の建設等一定の事項を目的とする土地賃貸借については、外国人または外国企業による賃借であっても、外国投資家リース法が適用され、フィリピン貿易産業省（Philippine Department of Trade and Industry）への登録を行うことにより賃借期間を50年まで延長でき、当初賃借期間経過後も更新により更に25年延長することができる。また、土地が経済特区に所在する場合についても、借地期間を50年（更新により25年の延長可）とすることができる。

なお、賃貸人および賃借人の権利義務は、原則としてフィリピン民法が規定

している。賃借人保護を目的とする特別な法律として、居住用不動産の賃料の増額について規制する賃料規制法（Rent Control Act）が存在するが、商業用の賃貸について賃借人保護を目的とする法律は存在しない。

[不動産担保]

**Q20** 不動産に対して設定される担保の種類としてどのようなものがあるか。

**A** 不動産に対して設定可能な担保権として、mortgageとantichresisの2種類があるが、実務上は、mortgageが用いられることが一般的である。

mortgageを設定する際には、mortgageの設定者はmortgageの設定に係る証書を作成し、公証人の公証を受ける必要がある。mortgageの設定に係る証書には、被担保債権に応じて算出される印紙税（被担保債権額5,000フィリピンペソまで40フィリピンペソ、5,000フィリピンペソを超える部分につき5,000フィリピンペソごとに20フィリピンペソ）を支払う必要がある。

また、mortgageを第三者に対して主張するためには、当該mortgageを登記する必要がある。mortgageを登記するためには、不動産の所在地の登記官に対し、mortgageの設定に係る証書、当該不動産に関する税金申告書および当該不動産の登記証明書に加え、会社の場合には一定の書類（①署名権者およびその権限の範囲を示す会社秘書役発行の証明書または取締役会決議、②定款、③当該定款が登記されていることを証するSEC発行の証明書）を提出する必要がある。

**Q21** 現地における不動産担保執行手続の概要を教えて欲しい。通常、担保執行の開始から完了までどの程度の期間を要するか。

**A** フィリピンにおいて、mortgageの執行手続は、受戻権喪失手続（foreclosure）という方法がとられることになる。受戻権喪失手続には、裁判外の手続（extra-judicial foreclosure）および裁判上の手続（judicial foreclosure）がある。いずれの手続も、担保権の処分は競売の方法による。一般的には、前者の方が、簡便・迅速で、コストも低くて済むため、フィリピンの実務上好まれる傾向があるが、mortgage の設定契約にそれが明記されている場合にのみ利用が可能である。

## 1 裁判外の手続の概要

裁判外の手続の申立ては、裁判所事務官（clerk of court）を通じて、mortgage の目的となる土地の所在地を管轄する土地の執行裁判官（executive judge）に対して行う。売却通知は、mortgage の目的が所在する自治体における3つ以上の公の場所で20日以上掲示しなければならず、物件の価値が400フィリピンペソ超であれば、自治体における一般新聞紙に少なくとも連続する3週間において、週に1回公示する必要がある。

担保実行により mortgage の対象となる不動産が処分された後であっても、一定の期間内に限り、担保権設定者や担保権設定者の債権者等は、当該処分に際して買主が支払った譲渡代金に相当する額を支払ったうえで、当該 mortgage 不動産を取り戻すことができるとされている。このようないわゆる受戻権を行使できる期間は、担保実行による不動産処分に関する売却証明書が登記されてから1年以内である。もっとも、法人が保有する不動産が競売された場合、当該法人が mortgage の対象となる不動産の受戻権を行使できるのは、売却証明書が登記される日と売却から3か月が経過した日のいずれか早い日までである。

裁判外の手続に基づく執行手続が完了するまでに要する期間は、一般的には2か月から3か月程度であるが、個別事情により変動しうる。

## 2 裁判上の手続の概要

裁判上の手続においては、mortgage の対象となる不動産の競売申立を裁判所に対して行う。裁判所は、被担保債権の額（利息や手続費用を含む）を確定するための裁判を行う。その後、裁判所は、90日以上120日以下の期間を定めて、mortgage の設定者に対して被担保債権額を支払うことを命じる決定を発する。mortgage の設定者がかかる期間内に支払を行わなかった場合、不動

産につき競売が行われ、決定で確定された被担保債権の支払に充てられる。競売の実施後、競売を承認する裁判所の最終決定の謄本につき、登記がなされる。

　裁判上の手続に基づく執行手続が完了するまでに要する期間は、特に問題がなければ目安として6か月から1年程度である。もっとも、事案の複雑さや相手方の主張内容次第で容易に手続が遅延し得る。特に担保権設定者による裁判所への異議の提出による手続の長期化はしばしば見られるところであり、執行手続の完了までに長期間を要する場合もある。

　なお、上記のように競売を伴う受戻権喪失手続ではなく、mortgage の権利者と mortgage の設定者が合意した上で担保目的物の売却を行い、その売却代金を債務の返済に充当するという私的売却（private sale）の方法も法律上は可能である。もっとも、フィリピンにおいて債権者は受戻権喪失手続を好むため、実務上、私的売却が用いられることはあまりない。

【図表4−9】　mortgage に関する執行手続のまとめ

| 執行手続 | 裁判所の関与の有無 | 所要期間 | 特　徴 |
|---|---|---|---|
| 裁判外の手続<br>（extra-judicial foreclosure） | ・あり（一定の執行手続をとるが、裁判は不要）<br>・担保物の処分は競売の方法による | 一般的には2か月から3か月程度。個別の事情による場合もある | ・簡便・迅速で、コストも低くて済む<br>・設定契約にそれが明記されている場合にのみ利用が可能 |
| 裁判上の手続<br>（judicial foreclosure） | ・あり（被担保債権の額を確定するための裁判を行う）<br>・担保物の処分は競売の方法による | 特に問題がなければ目安として6か月から1年程度 | ・手続が遅延するなどして、長期間を要する場合もある |
| 私的売却<br>（private sale） | ・なし<br>・担保権者と担保権設定者の合意による売却 | − | 実務上、一般的ではない |

**Q22** 現地の不動産開発・投資プロジェクトにおける不動産担保ローンの概要を教えて欲しい。通常、どのような担保が設定されるか。ノンリコースローンは実務上一般的に行われているか。また、ローン契約に関し、参照されるひな型などはあるのか。

**A** フィリピンの実務上、短期のローンであれば、ボロワーの信用力によっては銀行が無担保でのローンを提供することもあるが、長期のローンでは銀行から担保を要求されることが一般的である。この場合に設定される担保としては、不動産（不動産開発プロジェクトに関連するものに限られない）に対する mortgage、株式等の資産に対する pledge、債権譲渡、預金担保が一般的である。

　また、フィリピンの不動産開発においては、デベロッパーが、資金流動性を確保する観点から、建物竣工前に開発中の物件の売却、賃貸等を行うことも一般的に行われており、これらの代金、賃料等の債権が担保としてレンダーに譲渡されることもある。

　不動産開発において、ノンリコースローンはフィリピンにおいて一般的ではない。ただし、担保価値が借入額を大きく上回っており、かつ、デベロッパーの信用力が高い場合においてはノンリコースローンが行われることもある。

　ローン契約の書式については、現地のあらゆる銀行が使用するような統一されたフォーマットは存在せず、実務上銀行ごとに異なるひな型が用いられているのが実情である。

## Ⅳ　不動産開発・投資スキーム

[不動産開発]

**Q23** フィリピンにおいて一般的な不動産開発のスキームを教えて欲しい。

**A** 外資のデベロッパーがフィリピンにおいて不動産開発を行う場合、土地所有者と共同でジョイント・ベンチャーを組成することが一般的

である。このジョイント・ベンチャーにおいては、土地所有者は土地のみを出資し、建築費、宣伝広告費等その他の不動産開発のコストについては全てデベロッパーが出資することが実務上一般的である。開発後の建物の延床面積や売却・賃貸に伴う利益等は、基本的にジョイント・ベンチャーの持分比率に応じて土地所有者およびデベロッパーに配分される。

ジョイント・ベンチャーの組成にあたっては、新設または既存の会社に対してデベロッパー等が出資を行い、当該会社が開発を進めるという形を採ることが通常であり、（法人を用いない）契約によるジョイント・ベンチャーにより開発を進めることは実務上あまりない。これは、フィリピンでは契約上のジョイント・ベンチャーについても法人を用いるジョイント・ベンチャーと同様に課税され、かつ、管理コストについても契約上のジョイント・ベンチャーにはあまりメリットがないからである。そのため、契約によるジョイント・ベンチャーについては、一部の政府関係のプロジェクトで用いられるのみである。

[不動産ファンド]

## Q24 フィリピンにおいて主に利用される不動産ファンドスキーム・REIT制度の概要を教えて欲しい。

**A** フィリピンでは、不動産の私募ファンドはあまり一般的ではない。大手企業がSPC等の法人を介さずに不動産私募ファンドに類似した仕組みを組成することはあるが、その具体的な条件は個別のケースごとに異なるため、一般的とまで言い得るような確立された不動産ファンドスキームというものは存在しないのが実情である。

一方、上場ファンドとしてはREITスキームが存在し、同制度はフィリピン不動産投資信託法（Philippine Real Estate Investment Trust Act）によって規律されている。フィリピンにおいては、REITは株式会社（stock corporation）の法人形態がとられるため、厳密にはフィリピン法における「信託（trust）」とは異なるが、国際的な用語の使用例と合わせるという観点から「REIT」の名称が用いられている。

REITは、設立時の最低資本金として3億フィリピンペソ（現物出資も許容

される）が必要とされている。また、REITは法令上フィリピン証券取引所に上場しなければならず、50株以上保有している一般株主が1000人以上であり、これらの一般株主が発行済み株式総数の3分の1以上を保有していることが要件とされている。

フィリピンのREITは、オフィス、病院、ホテル、リゾート施設、高速道路、倉庫、商業施設、鉄道等幅広い資産に投資することが可能であり、独立したファンドマネジャーおよびプロパティマネジャーを指名することが義務付けられている。また、前記のとおりREITは株式会社の形態をとるものの、通常の株式会社と異なり、法令上投資対象について以下のような制限が加えられる。

【図表4－10】　REITの投資対象に関する制度

| 投資できる資産の制限 | 不動産、不動産に関連する資産、およびフィリピン政府の発行する証券その他SECが許容する証券以外には投資できない。 |
|---|---|
| 投資割合の制限 | REITに預託された資産の投資割合は、以下の全ての要件を満たさなければならない。<br>・75％以上は収益不動産に投資<br>・35％以上はフィリピン国内の収益不動産に投資<br>・フィリピン国外の収益不動産への投資は40％以下（フィリピン国外の収益不動産への投資にはSECの許可も必要） |

REITによる配当については、配当可能利益の90％以上を毎年投資家に配当しなければならないという規制がある。また、上記のとおり、REITはその発行済株式総数の3分の1以上を一般株主が保有していることが要件とされている関係で、REIT設立時においては、当初の出資者から一般株主に対して、その発行済株式の3分の1以上を譲渡しなければならないが、当該株式譲渡において受領した譲渡価額は、1年以内に全てフィリピン国内での投資に使用しなければならないという規制がある（つまり、REITへの当初出資（不動産の拠出を含む）に対して得られるリターンを、フィリピン国外の投資活動に振り向けることは認められていない）点にも留意が必要である。

なお、REITに資産を移転してその対価としてREITの株式を取得する場合において、当該資産を移転した者がREITの発行済株式総数の51％以上を取得することになるときは、税務上の優遇措置があり、当該移転に関する付加価値税（12％）が免除される。

# 第5章

## インド

第5章　インド

# I　不動産法制

[法体系]

**Q1** その国の法体系に応じて不動産法制の内容にも一定の傾向が見られることがあると聞いた。インドの法体系は、日本と同じ大陸法系（シビルロー）か、それとも英米法系（コモンロー）か。

**A** インドにおける不動産法制は、英国法（コモンロー）を基礎としている。歴史的にみると、1882年財産移転法（Transfer of Property Act, 1882）が制定されるまで、インドには不動産に関する制定法は存在していなかった。同法が制定される以前は、当時のインドの裁判所は、インドの慣習法に基づくルールに加えて、当時インドを統治していた英国の法を採用していたが、英国とインドの社会制度や文化が異なったため、このような法の運用はインドの実情に必ずしも合致しないものであった。そこで、英国において、インドにおける不動産に関する実体法の制定を目的とした委員会が設置され、上記の1882年財産移転法が不動産に関するインド史上初の法令として制定されるに至った。

　なお、インドは連邦制を採用しており、不動産法制については、中央政府と州政府の双方が不動産に関する法令を制定する権限を有している。そのため、中央政府の定めた上記の1882年財産移転法のほかに、州レベルにおいて、住宅、工業用地など土地の種類ごとに賃貸借（tenancy）、所有権、権利の移転に関する様々な法規制がある。もっとも、インドにおける不動産分野は、全国的な規制セクターとなりつつあり、その1つの顕れが居住用および商業用不動産の買主の利益の保護を定めた2016年不動産規制開発法（Real Estate (Regulations and Development) Act, 2016）（以下「RERA」という）である。

[土地に関する権利（所有権または類似する権利）]

**Q2** 土地に関する権利としてどのようなものがあるか。日本における土地の所有権に相当する権利があるか。

**A** 日本における土地の所有権に相当・類似する権利としては、freeholdとleaseholdが存在する。freeholdは、当該土地に対する完全な法的所有権である。freeholdを有する者は、当該土地をあらゆる合法的な目的のために使用することができ、いつでも誰にでも譲渡することができる。

他方、leaseholdは、一定期間賃貸人との間で締結されるリース契約に基づき、排他的に当該土地を占有し使用することができる権利である。リース契約によって定められた一定期間が終了すると、leaseholdは土地の賃貸人の元に戻ることとなる。

leaseholdは政府からも私人からも付与を受けることができる。政府から付与されたleaseholdは、政府の法令の適用を受ける。この政府の法令というのは、各州・各都市レベルで規定されており、各行政単位がその行政単位の範囲内でleaseholdに適用される法令を定めている。他方、私人から付与されたleaseholdの条件は私人間の交渉・合意によって定まる。

また、freeholdとleaseholdとは異なるその他の権利として、州政府や中央政府から法令に基づき土地の占有権を割り当てられる場合もある。

[不動産の概念]

**Q3** 現地で建物リース事業を行うため、土地から切り離して建物のみ購入することを検討している。現地法上、日本と同じように、建物が土地と別個の不動産として認識されるのか（別個の売買取引の対象となるか）。それとも、土地と建物は一体の不動産として認識されるのか。

**A** インド法上、建物は土地とは別個独立の不動産であり、建物と土地は別個の主体による所有が可能である。そして、建物と土地はそれぞれ別個に売買、賃貸借等の取引の対象とすることができ、後記Q8のとおり、建物に係る取引に関する文書も独立して登録の対象となる。

この点、伝統的なコモンローの下では、「土壌に付属するものは土壌と共に」という概念があり、本来、土地と建物は一体の不動産として、別個の主体によ

る所有は観念されない。しかし、インドでは、法体系がコモンローを基礎としているにもかかわらず、裁判所は、上記の概念を受容せず、土地と建物を別個独立の不動産として峻別する考え方を長年にわたって発展させてきた。その背景には、大まかにいえば、他人が所有する土地上で建物を建設するデベロッパーに対してエクイティ上の権利を認めるべきという考え方がある。すなわち、インドにおける不動産に関する慣習やその利用の実態によれば、建物がたまたま土地に付着していたということだけで、建物がその土地の所有者の財産になるということを説明できない。むしろ、インドでは、土地上で建物の開発や建設を行う者は、土地への「不法侵入者」ではなく、善意で適法に土地の占有権限を有し、その土地上に建物を建設する権利を有する者であると捉える。したがって、土地上に建物を開発し、また建築した者は、その建物が土地所有者の利益に資する場合、その建物の価値に相当する対価を得る権利を有するべきであり、したがって建物自体の所有権を取得すると考えるのである。本来、開発契約上、土地の所有者は、デベロッパーに土地の開発や土地上に建物を建設する権利を与えているが、インドにおいては、デベロッパーは、このように、契約の目的に沿って土地へ立ち入るという権利のみならず、それに基づき開発した建物の所有権を有するものと考えられてきた。

## Q4
現地でコンドミニアムの開発を検討している。日本の建物区分所有権に相当する権利があるか。ある場合、区分所有法制の概要を教えて欲しい。

## A
インドの不動産法制上、日本の建物区分所有権に類似する権利として、区分所有権者には、建物の専有部分の区分所有権と共用部分の持分権が認められている。また、区分所有に関する主な適用法令は、RERAとその地域における集合住宅に関する法律であり、たとえば、区分所有権の割合は、原則として、建物の全区分所有権につき支払われた対価の総額に占める当該区分所有権者の支払額の割合で決定される。

### [不動産の取得・利用の主体および外資規制]

**Q5** 現地の民間企業であっても土地を保有することができない国もあると聞いた。現地企業が土地の所有権を取得することができるか。また、現地企業が取引の対象とする主な土地上の権利は何か。

**A** 現地企業が、土地の所有権を取得することについて特段制約はない。通常、インドでは、土地に対する freehold と leasehold が企業間の取引の対象となる。

---

**Q6** 日本企業である当社は、直接、現地の不動産（土地・建物）を取得したいと考えている。外国法人はインドの不動産を直接取得・利用することができるか。それとも、不動産を取得・利用するにあたり現地法人を設立することが必要か。

**A** 外資規制として、1999年外国為替管理法（Foreign Exchange Management Act, 1999）上、非居住者（個人・企業）は、原則として、インド準備銀行（Reserve Bank of India）（以下「RBI」という）から許可を取得しない限り、インド国内の不動産を所有することが禁止されている。もっとも、例外的に、非居住者であっても、インド国内に支店またはプロジェクトオフィス[1]（ただし、駐在員事務所は不可）を有し、その不動産がその活動に必要である場合または付帯するものである場合は、インド国内の不動産の取得が許される。なお、この場合、不動産の取得から90日以内に、RBIに対し、所定の書式を用いて、取得者の氏名、取得する土地の所在地、取得の目的、取得価格等、取得の事実に関する宣誓書を提出して取得の事実を届け出なければならない。非居住者である日本企業が不動産を取得する場合は現地法人を通じて取得することが多いものの、上記のとおり現地法人を設立しなくとも取得可能な

---

[1] プロジェクトオフィスとは、主に建設事業や土木事業といった特定のプロジェクトに関する営利事業活動のみを行うことを許された外国企業の出先機関である。プロジェクト終了後は撤退が予定されている。

場合がある。なお、中国を含む隣接国からの投資については一律に事前許可制を採っているため、これら隣接国からの投資については、その形態（支店、プロジェクトオフィスまたは現地法人）を問わず、RBIの事前許可が必要となる。

**【図表５－１】** 外国法人によるインドの不動産の直接取得・利用の可否

| 原　　則 | 例　　外 |
|---|---|
| インド準備銀行（RBI）から許可を取得しない限り<u>禁止</u> | 以下の場合には可能（隣接国からの投資を除く）。<br>① インド国内に支店またはプロジェクトオフィスを有する場合、かつ、<br>② 不動産が支店またはプロジェクトオフィスの活動に必要である、または付帯する場合 |

**Q7** 現地法人であっても株主に外国企業が入っている場合にはそもそも不動産（土地・建物）を保有することが認められない国もあると聞いた。外資現地法人が不動産を「取得・利用」するにあたって適用される外資規制について教えて欲しい。

**A** インドでは、現地法人であれば、仮に当該現地法人に外国法人が出資していたとしても、規制なく不動産を取得・利用することができる。たとえば、外国法人が100％出資している製造業を営む現地法人が工業用地を取得することは外資規制に抵触しない。もっとも、外資規制上、外国法人が、不動産事業（利益を得ることを期待して不動産を取り扱う事業。具体的な内容は、後記Q13のとおり）を行っている現地法人に出資を行うことは認められない点には留意が必要である。

[不動産登記制度]

**Q8** 不動産登記制度の概要を教えて欲しい。

**A** 　コモンローの国では、登記上の権利者が真正な権利者であることを国が保障するトレンス・システムが採用されていることが多い。この点、上記のとおりインドの不動産法制はコモンローを基礎としているが、現在のところ、インドでは、このトレンス・システムは採用されていない。今日、インドでも、トレンス・システムの採用に向けた動きが進められてはいるが、まだ採用には至っていない。

　インドにおける不動産登録制度[2]は、1908年登録法（The Registration Act, 1908）に定められている。同法では、不動産取引に関する一定の文書（売買契約書や賃貸借契約書）の登録が義務付けられている。具体的には、100インドルピー[3]以上の価値を有する不動産に係る権利の譲渡、発生および消滅、ならびに1年以上の期間の定めを有する不動産賃貸借については、取引に関する一定の文書（売買契約書や賃貸借契約書）の登録が義務付けられている。逆に、100インドルピーの価値に満たない不動産上の権利の譲渡、発生および消滅、ならびに1年を超えない期間の不動産賃貸借については、取引に関する一定の文書（売買契約書や賃貸借契約書）の登録は任意である。また土地とは別に建物全体を購入するような場合、建物に係る取引に関する文書を登録する必要がある。

　インドでは、土地は州レベルで管理されているため、中央政府による不動産の登録システムは存在しない。各州が不動産取引を立証するためのこれらの取引文書の登録に関して独自のシステムを持ち、それに従っている。不動産に関するこれらの登録された取引文書は、各州の当局において閲覧可能である。

　なお、インドでは、上記のとおり一定の取引文書そのものを登録する制度となっており、日本とは異なり、土地または建物ごとに一覧性を持った登記簿が作成されるわけではなく、また不動産の物理的現況および権利関係に関する情報が登記の対象として登記簿に記載されるという制度にはなっていない。不動産の所有関係および担保関係を把握するためには、登録所で取引に関する一

---

[2] インドは、不動産に関する情報を登記するという制度を採用しておらず、一定の取引文書を登録するという制度を採用しているため、「登記」ではなく「登録」という用語を使用している。
[3] なお、2025年2月末日時点において、1ルピーは約1.7円である。

定の文書（売買契約書や賃貸借契約書）を閲覧することができるのみである。また、他の国で見られるような、一定の書式に基づき不動産の所有を証する「権利証書」といった類の書類は存在しない。

インドの裁判所は、これまで固定資産台帳に不動産の所有者として氏名が記載されているだけでは当該不動産の所有権の証拠としては不十分であるとの立場を採ってきた。したがって、インドでは、不動産の所有権の立証は、不動産所有者の氏名の交差立証、すなわち、固定資産台帳に記載された不動産の所有者の氏名とこれらの登録された取引文書上の氏名との照合によって行われてきた。こうした不動産の所有権に関する調査は、後記Q16記載のとおり、当該不動産に係る取引を行おうとする時から30年前まで遡って行われることが一般的である。

【図表5-2】　不動産登録制度の特徴

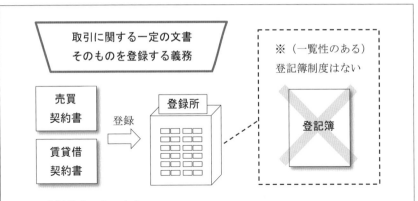

- 登録義務のある文書
  - ✓ 100インドルピー以上の価値を有する不動産上の権利の譲渡・発生・消滅に係る取引の契約書
  - ✓ 1年以上の期間の定めのある不動産賃貸借の契約書
- 登録が任意である文書
  - ✓ 100インドルピーの価値に満たない不動産上の権利の譲渡・発生・消滅に係る取引の契約書
  - ✓ 1年を超えない期間の不動産賃貸借の契約書

## Q9
土地の登記にはどのような効力が認められているか。登記を信頼して取引をした者に対し、登記どおりの権利状態があったのと同様の保護が与えられるか（登記に公信力が認められるか）。

## A
インドでは、前記Q8のとおり、土地または建物ごとに一覧性を持った登記簿が作成されるわけではなく、また不動産の物理的現況および権利関係に関する情報が登記の対象として登記簿に記載されるという制度にはなっていない。代わりに、インドでは、不動産につき取引に関する一定の文書（売買契約書や賃貸借契約書）の登録が義務付けられる制度となっている。取引に関する一定の文書の登録が義務とされている場合、登録は当該取引の効力発生要件であり、登録がなければ、当事者間でも当該取引は無効である。登録されていない取引に関する一定の文書（売買契約書や賃貸借契約書）は、訴訟において証拠として認められず、当該契約は執行できない。なお、1899年印紙税法（The Indian Stamp Act, 1899）およびその他州法により、同法に定められた不動産上の権利を証する一定の文書については印紙貼付義務が課されている。印紙貼付義務が課されている文書につき印紙税が支払われていない場合、やはり、当該文書は訴訟において証拠として認められず、当該契約は執行できないこととされる。

また、前記Q8のとおり、インドでは、トレンス・システム（登記上の権利者が真正な権利者であることを国が保障する制度）は採用されていない。すなわち、インドでは、不動産に関する情報を登記するという制度がなく、そもそも、登記に関しての公信力（登記を信頼して取引をした者に対し、登記どおりの権利状態があったのと同様の保護を与える制度）に関する議論の前提を欠くように思われる。

土地の二重譲渡の場合に、先に登録を行った買主（先行する買主）に対して、後から登録しようとする別の買主（後れる買主）がどのように取り扱われるかについては、インドの裁判例の趨勢として、大要、以下のとおりである。
① 後れる買主が登録を備えない限り、先行する買主に対して自らの権利を主張できない。
② 後れる買主が登録を備えた場合、土地売買証書の日付の先後によって優

劣を決する。すなわち、後れる買主の土地売買証書の日付が、先行する買主のそれに先立つ場合、前者の権利が優先される。

**Q10** 取得を検討している土地の権利関係を調査したい。土地の権利者の協力なく役所の登記簿を見ることができるか。

**A** 登録対象となっている取引に関する一定の文書（売買契約書や賃貸借契約書）は、州・地方レベルの登録所において管理され、公衆の閲覧に供されており、土地の権利者による協力を得ることなく、当該土地の所在地情報のみでアクセスが可能である。もっとも、インドでは一覧性のある登録簿が作成されるわけではない等の理由により、登録された文書のみによって不動産の権利関係を把握することは極めて難しいと言われている（土地の権利関係の調査に関する留意事項については後記Q16参照）。

なお、マハラシュトラ州、アンドラプラデシュ州、カルナタカ州、オリッサ州、西ベンガル州といった一部の州では、取引文書の登録が電磁化されている。

**Q11** 登記手続の概要を教えて欲しい。また、登記の申請から完了までに要する期間の目安を教えて欲しい。

**A** 登録手続については、1908年登録法が規定している。同法上、登録対象となっている取引に関する一定の文書（売買契約書や賃貸借契約書）を登録する義務の履行期限は、当該取引に係る契約締結の日から4か月以内とされている。登録対象となっている取引に関する一定の文書（売買契約書や賃貸借契約書）は、対象となる不動産に関して管轄を有する州・地方レベルの登録所において登録手続を行うことが要求される。登録に際しては、当事者または正当に権限を委任された代理人が実際に登録所に出向いて申請を行わなければならない。

登録に要する期間は、州によって異なるが、申請書類に不備がなく、かつ登録変更費用、印紙税等登録に必要な諸費用が支払われれば、申請から7～10

営業日程度である。

## [土地収用]

**Q12** 土地に関する権利が政府による収用の対象となるのはどのような場合か。

**A** インドにおいて、政府が土地に関する権利を収用の対象とすることができるのは、当該収用が公共の目的を有する場合であり、かつ土地の権利者に対して補償がされる場合に限られる。2013年に改正された1894年土地収用法（The Land Acquisition Act, 1894）（改正後の法令名は、2013年土地収用、再生および再定住における公平補償権と透明性に関する法（The Right to Fair Compensation and Transparency in Land Acquisition, Rehabilitation and Resettlement Act, 2013））によれば、公共の目的に該当するのは、国家の軍隊に関する戦略的目的の場合、インフラ整備計画の場合、農村部・都市部の土地開発計画または農村部・都市部の生活弱者に対する土地提供計画の場合、自然災害の影響を受けた地域の貧困層・土地不所有者への住居提供計画の場合、官民パートナーシップ計画の場合および公共目的を有する私企業のための場合等である。土地の権利者に対する補償は、農村部では市場価格の4倍、都市部では市場価格の2倍とされている。同法は、さらに、収用による社会的影響力の研究、土地の権利者の再生・再定住に係る計画、土地の権利者の同意取得といった収用に伴う詳細な手続についても規定している。

【図表５－３】　「公共の目的」に該当する場合

> - 国家の軍隊に関する戦略的目的の場合
> - インフラ整備計画の場合
> - 農村部・都市部の土地開発計画または農村部・都市部の生活弱者に対する土地提供計画の場合
> - 自然災害の影響を受けた地域の貧困層・土地不所有者への住居提供計画の場合
> - 官民パートナーシップ計画の場合
> - 公共目的を有する私企業のための場合

　現地弁護士へのヒアリングによれば、取得した土地が政府による収用の対象とされ、実際に収用されてしまうリスクが実務上どの程度あるかについて述べることは難しいが、同法に定められた政府の土地収用の権限は極めて強力であるとされる。他方で、同法に定められた土地収用の要件は厳格であり、それゆえ実際に土地収用に要する期間は長期となることが予想され、土地収用者にとっては煩わしい手続でもある。また、同法は土地所有者の利益の保護を強めている。たとえば、土地収用の要件として社会的影響評価という項目を追加したほか、民間のプロジェクトに基づく土地収用の場合は土地所有者の80％の同意が、官民提携のプロジェクトに基づく土地収用の場合は土地所有者の70％の同意が、それぞれ必要とされている。

## Ⅱ　不動産関連事業に関する規制

[不動産関連事業に関する外資規制]

**Q13** 不動産関連事業を行う現地法人を設立したいが、当局の承認やローカル企業の出資が必要になるか知りたい。主な不動産関連「事業」（不動産開発、不動産売買・仲介、不動産賃貸、不動産管理、建設）について、どのような外資規制が適用されるか教えて欲しい。

Ⅱ 不動産関連事業に関する規制 Q13

A　　インドでは、インド政府商工省内の産業国内取引促進局（Department for Promotion of Industry and Internal Trade）がインドの外資規制を体系的にまとめた統合版FDIポリシー（Consolidated FDI Policy）を作成・公表しており、2012年以降は、1年ごとに改訂されていたが、2020年10月15日に公表された統合版FDIポリシー（以下「統合版FDIポリシー」という）以降は改訂がされていない。

　現時点で最新版の統合版FDIポリシーにおいて、不動産事業とは、利益を得ることを目的として不動産を取り扱う事業と定義され、これを外国企業が行うことは禁止されている。たとえば、不動産売買業がこれに含まれる。また、外国企業が不動産事業を行っている現地法人へ出資を行うことも外資規制上認められていない。

　これに対し、不動産仲介サービス業、不動産賃貸業、タウンシップの開発、住宅・商業施設、道路、橋梁、教育機関、レクリエーション施設、都市・地域のインフラおよびタウンシップの建設、ならびに登録REIT（以下「例外分野」と総称する）は、不動産事業には含まれず、外国企業が行うことは禁止されていない。例外分野に含まれる事業を行う現地法人へ外国企業が出資する場合、RBIへの事後の報告のみで足りる自動ルートにより100％まで可能である。実際、統合版FDIポリシー上、建設開発プロジェクトへの外国直接投資は、自動ルートで外資比率100％が可能であるが、ロックイン期間や法令等への適合といった条件を満たす必要がある。

【図表5－4】　不動産関連事業に関する外資規制

・外国企業が自ら行えるか？
・外国企業が現地法人に出資できるか？

【規制分野――全面禁止】
不動産事業（利益を得ることを目的として不動産を取り扱う事業）
・不動産売買業

【例外分野――自動ルートにより可能】
・不動産管理業
・不動産仲介サービス業
・建設開発プロジェクト

### [不動産関連事業に関する許認可]

**Q14** 現地で不動産仲介を行うことを検討している。日本における宅建業規制に相当するような規制があるか。

**A** インドでは、第三者のために、RERAに基づいて登録された不動産の売買を斡旋、代理する不動産仲介業者は、RERAの規定に基づきRERA当局に登録をしなければならない。

**Q15** 現地で建設業を行うことを検討している。建設業を行う場合、どのような許認可を取得する必要があるか。

**A** インドでは、建設業に関しては、各州・各市が、開発に関する法令、建設に関する法令、地方条例や基本計画により規制を行っており、開発・建設に関する規則、容積率、地域社会やコンドミニアムの形態を規律する法令がある。開発許可や計画許可は、各地方の開発に関する法令内で州によって指名された当局によって付与される。

各州において建設業を監督する当局の典型は、市街・地方計画局（Town and Country Planning Department）やMunicipal Corporationである。たとえば、市街・地方計画局は、具体的な都市計画・農村計画に携わる州レベルの機関であり、建設や開発の申請はこの市街・地方計画局に対して行われなければならない。この市街・地方計画局は、生活や労働環境を改善し、居住・ビジネス・産業のために計画され開発された場所を提供するため種々のスキームやプロジェクトを準備する。他方、Municipal Corporationは、建物の開発および建設基準を規制する。このように建物に係る計画は関係する都市当局の承認を得なければならない。

その他、建物の開発および建設については、その開発の内容や地域によっては、消防庁、インド航空局、インド遺跡調査局といった当局からも承認を得ることが必要な場合もある。

都市部に存在する各都市当局は、建物の高さや許容最大床面積を決定する基礎を提供する容積率、その開発の内容や地域によっては遺跡や環境配慮地域か

らの距離のような建設に係る一般的な要件といった建物の開発および建設の様々な側面に係る適用法令の遵守に関する執行権限を有する。資格を有する建築士によって適用法令に従って作成されたレイアウトプランが関連当局によって承認されない限り建設を行うことはできない。なお、必要な許可、承認、ライセンス等は建設される建物の種類（居住用か商業用か産業用か等）、各都市や各州の開発に関する法令の要件、建設に関する法令の要件、地方条例、基本計画によって異なる。

【図表5－5】　建設業を行う場合に必要な許認可

> 建物の開発および建設：Municipal Corporation による許可
> 都市計画・農村計画に係る開発および建設：市街・地方計画局による許可
> その他：各都市当局、消防庁、インド航空局、インド遺跡調査局による許可が必要な場合もあり
> 　※　必要な許可、承認、ライセンス等は、扱う建物の種類、各都市・各州の法令の要件、建設に関する法令の要件、地方条例、基本計画等によって異なる

## Ⅲ　不動産取引

[不動産取引（取得・譲渡、賃貸）]

**Q16** 取得を検討している土地の権利関係を調査したい。どのような点に留意して調査すべきか。

**A** 　一部の州を除き、登録されている取引に関する一定の文書は電磁的方法によって閲覧することができないため、登録所に実際に赴いて謄本を取得する必要がある。文書は各地方固有の言語で作成されている場合があるため、調査に際して当該言語を理解できるローカルの弁護士やコンサルタントを起用する必要がある。さらに、直近の取引が反映されていない場合もあり、かつ、上記Ｑ８のとおりインドでは一覧性のある登録簿が作成されるわけではないため、登録された文書のみによって不動産の権利関係を把握するこ

とは容易ではない。加えて、不動産取引に関する法律・実務が地域によって異なるという特殊性もあり、権利調査には時間がかかることも多い（半年以上を要する場合もある）。

そこで、過去一定期間分の登録の履歴・関連文書の確認を含む、不動産に精通した弁護士によるデュー・ディリジェンスによる不動産の権利関係の調査を実施し、その結果を踏まえた補完的な措置として、売主からの表明保証の取得および新聞公告を通じた売主による対象不動産に関する異議の催告といった方策を併せて採ることも珍しくない。なお、現状、インドにおいて不動産取引に際して土地権原保険を利用することは実務上一般的ではない。

調査の時間的範囲としては、過去30年分の登録された取引文書を調査するのが一般的である。理屈上、土地の権利について確認するには、その土地に関して登録された取引文書の全てを確認しなければならないが、インドでは、1872年証拠法（The Indian Evidence Act, 1872）上、30年以上裁判所が適切と認めた管理下にあった合意書面は有効に成立し、その内容についても正しいものと推定される規定があること等を根拠として、実務上、調査範囲を限定している。

## Q17 不動産の売買・保有に際して生じる課税の概要を教えて欲しい。

**A** 不動産の取得に際して、取引に関する一定の文書の登録につき印紙税および登録税の支払が必要である。その支払は、不動産の取得者が行うことが一般的である。印紙税および登録税は州ごとに金額・料率が異なるうえ、州によっては、地方税、譲渡税等が課される場合もある。

不動産の所有者は、適用される州法に基づき固定資産税その他の州税を支払う必要がある。税率は、居住用不動産か商業用不動産かで異なる。納税義務は、一般的に不動産の権利移転日を境に売主から買主に移転する。

印紙税が未払の場合、当該文書は、原則として裁判において証拠として採用されず、さらに適用される州法に基づき罰則が科されることがある。

## Q18
現地でコンドミニアムの開発を検討している。建物が竣工し、ユニットを顧客に販売した後に当該物件に瑕疵が発見された場合、誰がどのような責任を負うか。

## A
RERAにおいて、居住用建物のユニットを顧客に販売した場合、「プロモーター」は、当該物件を引き渡してから5年間、建物構造上の欠陥等について責任を負うものとされている。「プロモーター」の定義には、不動産プロジェクトを建設するまたは建設させる者（a person "who constructs or causes the construction" of a real estate project）が含まれる。建物構造上の欠陥等が発見され、出訴期間内に顧客がプロモーターに対して通知を行った場合、プロモーターは当該通知受領後30日以内に当該欠陥等を無償で修補する義務を負う。プロモーターが30日以内に当該欠陥等を修補できなかった場合、顧客は、法が定める適正な補償を得る権利を有する。

また、プロモーターは、RERA上、当該不動産の開発がなされる時点に応じて政府が通知する保険に加入する義務も負う。これらの保険は、土地および建物の所有権や計画の構築に関するものである。プロモーターは、保険料や費用を支払わなければならず、ユニットの売買契約が締結された時点で保険はユニット所有者か管理組合に譲渡される。

## Q19
現地で商業施設の開発を検討している。日本の不動産賃借権に相当する権利があるか。借地借家法のような賃借人保護を目的とする特別な法律があるか。

## A
インドでは、土地または建物の賃貸借（リース）が認められている。1882年財産移転法上、「不動産の賃貸借」とは、定期的にまたは特定の時期に金銭等を支払うことの対価として、一定の期間または永久に不動産による利益を享受する権利を譲渡するものをいう。また、賃貸借期間は通常賃貸借契約に明記されるが、契約上記載がない場合は以下のとおりである。

① 農業や製造業を目的とした不動産の賃貸借：年単位の契約とみなされる。賃貸人または賃借人から期間満了6か月前に通知することにより

解約が可能である。
② その他の用途を目的とした不動産の賃貸借：月単位の契約とみなされる。賃貸人または賃借人から期間満了15日前の通知により解約が可能である。

1908年登録法上、1年以上の期間の定めを有する不動産賃貸借については登録が義務付けられているが、それ以外の賃貸借は、任意に登録を行うか、口頭の合意と引渡しによって行うことも可能である。

なお、日本の借地借家法のような法律に基づく特別な賃借権の保護は存在しない。

[不動産担保]

## Q20
不動産に対して設定される担保の種類としてどのようなものがあるか。

### A
インドでは、不動産に設定される担保として、mortgageとchargeが存在する。より一般的に利用されているのはmortgageであり、貸付により交付されるか交付が予定される金員の支払、既存もしくは将来の債務または金銭債権に転化しうる債務の履行を担保する目的で、特定の不動産に関する権利を担保権者に移転するものをいう。これに対し、ある者が保有する不動産が、当事者の行為によりまたは法律の適用上当然に金銭の支払を担保するために提供される場合であって、担保権者へ一定の権利が移転するもののmortgageほど強い権利ではない場合、そのような担保はchargeと呼ばれる。

## Q21
現地における不動産担保執行手続の概要を教えて欲しい。通常、担保執行の開始から完了までどの程度の期間を要するか。

### A
以下では、インドで一般的なmortgageの執行手続について説明する。

## 1 mortgage の執行手続の特色

被担保債権の支払期限が徒過した場合や期限の利益が喪失した場合、mortgage の権利者は、1882年財産移転法に基づいて、mortgage が設定された不動産について、mortgage 設定者の受戻権の喪失または当該不動産の売却に係る各判決を取得するための手続を開始することができる。同法上、mortgage の権利者は、裁判所の関与なく、私的に mortgage の目的物を売却し、また目的物の売却に同意する権限も有する。mortgage の権利者は、その収益を受領する保全管理人を自ら任命し、またはその任命を裁判所に委ねることもできる。

裁判所が関与する場合の担保執行の期間は、個別の事情によるが、およそ1年は要するのが通常である。

## 2 mortgage の執行手続の具体例

mortgage の執行手続の具体的な例として、①1908年民事訴訟法（Code of Civil Procedure, 1908）に基づく手続と、②2002年 SARFAESI 法（Securitisation and Reconstruction of Financial Assets and Enforcement of Security Interest Act, 2002）に基づく手続がある。これらは以下の説明では mortgage を念頭に置くが、charge の担保執行手続についても同様に適用される。

1908年民事訴訟法および同法第34通達に基づく場合、mortgage につき利益を有する者は、受戻権喪失または売却を求めて訴えを提起することができる。

2002年 SARFAESI 法は、同法が定めた金融機関が債権回収を行うにあたり、裁判所の手続を経ず私的に mortgage を実行することを認めている。同法に基づく場面では、借入債務が履行されなかった場合の貸付人による権利執行に際して、以下のような手続が履践される。借入人に債務不履行があった場合、貸付人は、借入人が履行すべき債務額および mortgage の実行を予定している財産の詳細を記載した督促状を借入人に送付する。これに対し、借入人は、督促状を受領した日から60日以内に債務を履行しなければならない。なお、借入人は当該督促に対して反対の意思を表明することができ、その場合、貸付人はその内容を検討し、当該反対に理由が無いと考える場合は当該反対の

意思を受領した日から15日以内にその理由について借入人と協議する（かかる借入人の反対の意思表明は、執行手続を停止させるものではない）。借入人が当該60日の期限内に債務を履行しなかった場合、貸付人は担保対象物に関して以下の措置を採ることができる。

① mortgageの目的である借入人の財産を取得し、それを賃貸、売買またはその他の方法で処分すること
② mortgageの目的である借入人の財産を自ら管理し、またはその管理を行う者を指名すること

かかる措置が採られた場合、借入人は債権回収裁決機関（Debts Recovery Tribunal）に対して、当該措置が2002年SARFAESI法および規則が定める手続に違反し、無効であることを主張することができる。

貸付人は、上記の方法でmortgageを実行できるほか、上記①または②の方法による担保対象物に関する措置を実施することなく、保証人に対して保証債務の履行を求めることができる。また、貸付人は、主任Metropolitan長官（Chief Metropolitan Magistrate）または県長官（District Magistrate）に対して、その権限に基づくmortgageの目的財産の貸付人への移転について、権限を有する者によって適切に承認された宣誓供述書を添付して申請することができる。

## Q22

現地の不動産開発・投資プロジェクトにおける不動産担保ローンの概要を教えて欲しい。通常、どのような担保が設定されるか。ノンリコースローンは実務上一般的に行われているか。また、ローン契約に関し、参照されるひな型などはあるのか。

## A

インドにおけるデットファイナンスは、銀行やノンバンクからのローンまたは投資家に対する非転換社債（Non-Convertible Debenture、以下「NCD」という）の発行により行われる。

### 1　ローン

インド国内の銀行その他の金融機関からローンの借入れを行う場合、伝統的に土地取得のための借入れはあまり見られないものの、建物建設資金の借入れ

を行うことは一般的である。インドの銀行は State Bank of India をはじめとする公営銀行のシェアが大きいため、当該公営銀行が貸付人候補となることが多い。しかし、これらの銀行は一般的に借入人に対して交渉上優位な立場にあり、個別の交渉でそれぞれが保有している独自の契約書書式からの変更・修正に応じないことも多く、また金融市場の変動等の当事者に帰責性のない事象による金利変更を含む各場面において、銀行に広範な裁量を認める内容になることが多いため、留意が必要である。

ドキュメンテーションについては、まず sanction letter ないし letter of arrangement と呼ばれる、いわゆるタームシートが合意される（公営銀行については、ここでも個別の交渉に応じないことが多い）。その後各契約のドラフトに進むが、担保については、①土地に対する mortgage、②保有動産の集合譲渡担保（hypothecation charge）、③プロジェクトから生じる売掛債権への担保（エスクロー）、④株主・スポンサーによる保証、および⑤借入人の株式への share pledge が設定されることが多い。一般的に参照されるひな型というものは特段ない。

## 2 NCD

インドでは銀行による貸出業務が厳格な規制に服するため、不動産関連企業の中には、ノンバンク等の民間企業や外国投資家に対する（未上場の）NCD 発行による資金調達を行う例が増えている。

もっとも、一定の外国投資家（foreign portfolio investor）に対する NCD 発行に際しては、借入期間・資金使途・引受上限額等の制限が定められている。特に、未上場の NCD については統合版 FDI ポリシーが適用され、Q13 のとおり「不動産事業」を含む一定の事業に関する使途制限が課されている。

# Ⅳ 不動産開発・投資スキーム

[不動産開発]

## Q23　インドにおいて一般的な不動産開発のスキームを教えて欲しい。

第5章 インド

A　インドにおける一般的なスキームとして、日本企業がローカルのデベロッパー等と共に合弁会社を設立し、合弁会社が土地の売主から土地を購入の上、レジデンス、オフィス、商業施設、物流施設等の建物を開発し、不動産の利用者（顧客）に販売または賃貸するものが考えられる。

【図表5－6】　インドにおける合弁会社スキームの例

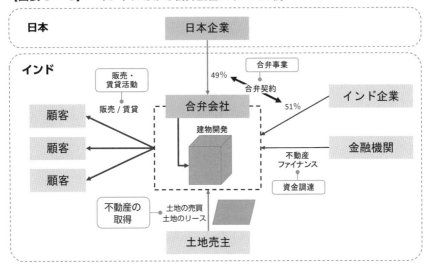

　上記の図は、便宜的に、合弁会社の出資割合が49％：51％という日本企業がマイノリティの事案としている。もっとも、統合版FDIポリシー上、建設開発プロジェクト（上記Q13参照）に該当すれば、外国企業による出資割合に制限はなく（100％まで可能）、出資割合は当事者の取決め次第となる。ただし、ロックイン期間等の一定の条件に服する。株主からの資金調達に関しては、現地の規制により株主ローンを引くことが難しいことが多く、普通株式以外の資金調達手段として、強制転換条項付優先株式（CCPS）、全額強制転換条項付社債（CCD）、非転換社債（NCD）などが見られる。

　なお、インドでは、地主が所有する土地についてデベロッパーが不動産開発を計画する場合、地主から土地の所有権を購入して開発を進める方法に加え、

（土地の所有権を移転せずに）地主と共同で開発を行う方法も一般的である。デベロッパーと地主は、合弁会社を設立するのではなく、共同開発契約（joint development agreement）を締結し、共同で開発を行う。主に分譲住宅の開発の案件で多い。

[不動産ファンド]

## Q24 インドにおいて主に利用される不動産ファンドスキーム・REIT制度の概要を教えて欲しい。

### A　1　不動産ファンドスキーム

　Q6のとおり、インド非居住者がインド国内の不動産を保有するためにはRBIの許可が必要となるのが原則であるため、不動産ファンドの組成にあたっては、不動産を保有するインド法人を設立することが一般的である。

　かかる不動産保有インド法人が発行する株式等（償還権付株式、転換型社債を含む）やNCD等を、①インド非居住者が自ら保有し、または②インドAIF（Alternative Investment Fund）が保有し、当該インドAIFに対してインド非居住者が出資を行うスキームがよく見られる。

　もっとも近年、③GIFT City（Gujarat International Finance Tec-City）と呼ばれる金融経済特区が設置され、当該特区内で設立されたAIFについては税制上の優遇や規制緩和・手続簡素化措置が設けられているため、その利用についても検討されることが多くなっている。

　さらに、④インド非居住者がまずGIFT CityのAIFに出資を行い、当該AIFがインドAIFへの出資を行ったうえで、インドAIFが不動産保有インド法人の持分を取得するスキームも存在する。

　いずれのスキームも長短所があり、採用するスキームの検討にあたっては、税務メリット、投資の目的・性質、規制対応の可否等に応じた個別具体的な事情を勘案することが必要である。

### 2　REIT

第5章　インド

　インドのREITは、インド国内の不動産（農地等やインド国外の不動産は投資対象に含まれない）、不動産保有ビークル、不動産を裏付けとする証券または譲渡可能な開発権（transferable development rights）等を組入資産とする信託型の投資ビークルであり、IN-REITの名称で呼ばれている。

　IN-REITは、通常の契約型投資信託（Unit Trust）と同様、①REITに出資し、その発行するユニットを保有するユニットホルダー、②ユニットホルダーに代わって資産を保有し、REITとしての行為主体となるトラスティ、および③REITの資産運用に係る指示を行うマネジャーが存在する。一般的なIN-REITのストラクチャー図は下図のとおりである。

　IN-REITが投資活動を行うためにはSEBI（Securities and Exchange Board of India）の登録を受ける必要があり、登録後はSEBIの監督に服することになる。2025年3月10日現在、6つのIN-REITが登録されている。

【図表5-7】　一般的なIN-REITのストラクチャー図

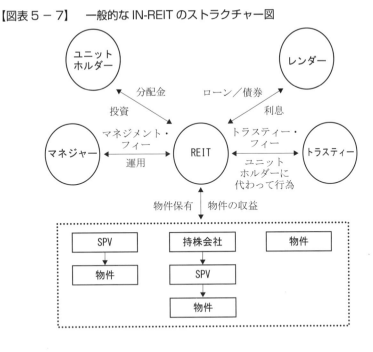

# 第6章

## ミャンマー

# 第6章　ミャンマー

## I　不動産法制

### [法体系]

**Q1**　その国の法体系に応じて不動産法制の内容にも一定の傾向が見られることがあると聞いた。ミャンマーの法体系は、日本と同じ大陸法系（シビルロー）か、それとも英米法系（コモンロー）か。

**A**　ミャンマーにおける法体系は、日本とは異なり、英国法（コモンロー）に由来している。不動産法制も、英国植民地時代に整備された、英国法（コモンロー）由来の不動産関連法制が下地となっている。第二次世界大戦を経て英国からの独立を果たした後も、英国植民地時代の法制度は基本的に引き継がれた。不動産関連法制のうち、土地租税法（Land and Revenue Act）（1876年制定）および下ビルマ町村土地法（Lower Burma Town and Village Lands Act）（1899年制定）などは、現在も有効な法律として残っている。

### [土地に関する権利（所有権または類似する権利）]

**Q2**　土地に関する権利としてどのようなものがあるか。日本における土地の所有権に相当する権利があるか。

**A**　ミャンマーにおける不動産に関する所有権的権利としては、いわゆる所有権であるLandholder's Rightと、厳密には異なるが所有権に類似した権利であるGrantおよびLeaseが存在する。下記に詳述するとおり、ミャンマーにおいて「土地の所有権」として取り扱われているものの大部分は、GrantまたはLeaseであり、Landholder's Rightが取引の対象となることはほとんどないのが実情である。

## 1　Landholder's Right

　ほぼ近代的な所有権と評価できる概念である Landholder's Right は、土地租税法および下ビルマ町村土地法に基づく権利である。すなわち、その保有者は、当該土地を、永続的に自由に使用（right of use）、占有（right of occupancy）および処分（権利の自由な相続および移転）することができるとされている。実態として、ミャンマーにおいてはかかる Landholder's Right に相当する権利はほとんど存在しない。都市部では、ヤンゴンおよびマンダレーのごく一部に、通称 Freehold またはミャンマー語で通称 Bobabaing と呼ばれる所有権と思しき権利を認められた土地が存在するが、これは所定の条件を満たし、Landholder's Right を認められた土地を指していると思われる[1]。

## 2　Grant/Lease

　上記1のとおり、ミャンマーにおいて所有権的権利である Landholder's Right が認められることはほとんどなく、それ以外の大部分の土地は、基本的に政府が所有しているとされている。そして、このような政府所有の土地については、政府から Grant/Lease または License を受けることにより、Grant/Lease 等の保有者による使用が可能となる。Grant/Lease 等の設定は、法的には政府による賃借権の設定であるが、その賃料は、ほぼ無視できるくらい安い価格に設定されることが通常である。また、当該土地の使用可能期間は条件として定められるものの、通常は更新されるとの期待も高いとされている。このため、政府から Grant/Lease 等の設定を受けた場合には、実態としては所有権に近い権利を保有するものとして一般的に観念されている[2]。

---

[1]　現在のミャンマーでは、Bobabaing に加え、もう1種類、Landholder's Right を認められていると思しき土地として、ミャンマー語で、Myay-Baing-Myay と呼ばれている土地が存在する。これは、ヤンゴンにおいて、英国植民地期に、国の所有である State Owned Land だった土地を、都市開発のために民間に払い下げ、Landholder's Right を与えた土地を指すようであるが、これを裏付ける法的根拠は未確認である。

## 第6章　ミャンマー

### [不動産の概念]

**Q3** 現地で建物リース事業を行うことを検討している。現地法上、日本と同じように、建物が土地と別個の不動産として認識されるのか（別個の売買取引の対象となるか）。それとも、土地と建物は一体の不動産として認識されるのか。

**A** ミャンマーでは土地と建物は一体の不動産として認識される（建物は土地の一部と認識される）。ミャンマーにおいては、土地を含む上位概念として「不動産（Immoveable property）」がある。「不動産」に関する（あらゆる法律に横断的に適用されるような）統一的な定義は存在せず、複数の法律においてそれぞれ異なる定義が置かれている状況にある[3]。そのうち、最も詳細な定義を置いていると考えられる証書登録法（Registration of Instruments Law）において定める「不動産」の定義は、以下のとおりである。

**【図表6-1】　証書登録法に定める「不動産」の定義**

- 土地（lands）
- 建物（buildings）
- 土地から生じる収益（benefits created from land）
- 土地の付着物、または土地の付着物に対し永続的に固定されたもの（立木、作物および植物を除く）

このように、ミャンマーでは、日本と異なり、土地と建物は異なる権利の客体とは捉えられておらず、建物は土地の付着物として土地と一体的に把握され

---

2) 本文に記載した通常のGrant/Leaseの他に、通常BOT（Build, Operate and Transfer）と呼ばれるプロジェクトにおいて政府が設定する、別の種類のGrant/Leaseが存在する。BOTプロジェクトにおけるGrant/Leaseは、通常のGrant/Leaseとは異なり、期間満了後の更新が予定されておらず、期間経過後には政府に返還することが前提となっている。そのため、このようなGrant/Leaseは所有権とは観念し得ず、日本でいう賃借権に近いものということになる。現地の取引通念上も、通常のGrant/LeaseとBOTに基づくGrant/Leaseは明確に区別されているものと思われる。

3) その法令の趣旨・目的に応じて「不動産」や「土地」が意味する内容に若干の差異があるため、注意が必要である。

ている。そのことの論理的帰結として、建物は底地の一部を構成するものであり、その所有権は底地の所有者に帰属することになるものと考えられる。したがって、ミャンマーでは、後記Q4におけるコンドミニアム法に基づく区分所有権の例外を除き、建物を土地から独立した不動産として譲渡等の処分をすることができないのが原則である。

---

## Q4

現地でコンドミニアムの開発を検討している。日本の建物区分所有権に相当する権利があるか。ある場合、区分所有法制の概要を教えて欲しい。

**A** 前記Q3のとおり、ミャンマーにおいては、原則として土地と建物が異なる権利の客体として捉えられておらず、その全部または一部を問わず建物を土地から独立した不動産として譲渡等の処分をすることができない。その例外として、2015年に成立、施行されたコンドミニアム法（Condominium Law）に基づく、日本の制度に類似した区分所有権の制度がある。

同法に定める「コンドミニアム」は、同法に基づき共有地として登録された土地上に、コンドミニアムとして建築された6階以上の高層建物を指し、その一部である一室が独立した所有権・取引の客体となることが規定されている。また、かかるコンドミニアムの区分所有権は、一棟全体の40％を超えない範囲において外国人であっても保有することが認められている。後記Q5のとおり、ミャンマーでは、不動産譲渡制限法（Transfer of Immoveable Property Restriction Act）の定めるところにより、外国人による不動産の所有が原則として禁止されているところ、コンドミニアム法は、この点についても例外を定めるものである。

なお、コンドミニアム法は、その施行細則であるコンドミニアム規則（Condominium Rules）が2017年12月7日付で制定され、実際の運用も開始されている。2025年1月末時点までに、10の物件についてコンドミニアム法の適用を受けるための手続が行われ、そのうち、7つの物件について登録が完了している。

## [不動産の取得・利用の主体および外資規制]

**Q5** 現地の民間企業であっても土地を保有することができない国もあると聞いた。現地企業が土地の所有権を取得することができるか。また、現地企業が取引の対象とする主な土地上の権利は何か。

**A** ミャンマーの民間企業による土地の所有権の取得の可否に関する規制として、不動産譲渡制限法の定めに基づく、外資による不動産の所有権（および所有権類似の権利、すなわち、前記Q2に挙げられている、Landholder's Right、GrantまたはLeaseのいずれか）の取得および1年を超える賃貸借の禁止がある。なお、同法の適用を受ける「外資」は、ミャンマー会社法（Myanmar Companies Law）に定める「外資会社（foreign company）」の定義（ミャンマー国民以外の自然人およびミャンマー内資会社以外の法人が35％を超えて持分を保有する会社）とは必ずしもリンクしておらず、「ミャンマー人が会社の支配権または持分の過半数を有していない会社」が適用対象となるとされている。そのため、同法を字義通り解釈すれば、ミャンマーの現地法人について、外資持分が50％未満である限りは、「ミャンマー人が会社の支配権または持分の過半数」を有する会社として不動産譲渡制限法に定める規制の適用を受けないということになるはずである。しかしながら、2025年1月末時点においては、このような不動産譲渡制限法の字義に即した解釈が可能かどうかについて明確にされないまま、実務上、現地法人については、ミャンマー会社法に定める「外資会社」（外資持分が35％超の会社）が不動産譲渡制限法の適用を受けるという運用がほぼ確立している状態にある。そのため、現地の民間企業のうち、外資持分が35％以下のいわゆる「ミャンマー内資会社」に該当する企業については、土地に関する所有権（および所有権類似の権利）のいずれかを保有することについて特段の制約はない。他方、ミャンマー会社法上の「外資会社」は、不動産譲渡制限法の定めるところにより、土地に関する所有権（および所有権類似の権利）を保有することが禁止されている。また、1年を超える期間、土地の賃借を受けることも原則として禁じられている（一定の手続の下、外資会社による1年超の土地の賃借が認められる点については、後記Q6を参照されたい）。

なお、前記Q2に記載のとおり、ミャンマーにおいて、不動産取引の対象とされているのは、GrantかLeaseがほとんどであり、いわゆる所有権であるLandholder's Rightが市場に出回ることはほとんどない。したがって、ミャンマーにおいて、「土地を保有している」ということが意味するのは、通常、GrantまたはLeaseを保有していることを指すのが一般的である。

---

**Q6** 日本企業である当社は、直接、現地の不動産（土地・建物）を取得したいと考えている。外国法人はミャンマーの不動産を直接取得・利用することができるか。それとも、不動産を取得・利用するにあたり現地法人を設立することが必要か。

**A** まず、外国法人によるミャンマーの現地不動産の取得は、外国法人による直接の取得であるか、現地法人を通じた間接的な取得であるかを問わず、2025年1月末時点においては認められない[4]。

外国法人によるミャンマー現地不動産への利用権の設定は、1年を超えない短期の場合には外国法人が直接行うことも可能であると考えられる[5]。他方、1年を超える長期の不動産利用権の設定は、ミャンマーに現地拠点を設立した上で、ミャンマー投資委員会（Myanmar Investment Commission）（以下「MIC」という）によるLand Rights Authorizationを受けた場合にのみ可能である。したがって、現地不動産の1年を超える長期利用に際しては現地拠点として現地法人または支店を設立することが必須となる[6]。

---

[4] 前記Q5のとおり、ミャンマー会社法上の「外資会社」に該当しない限り、不動産譲渡制限法の規制の適用対象外となる取扱いが行われている。そのため、外国法人は、持分比率が35％以下となる現地法人を通じて、間接的にミャンマーの現地不動産を取得することが可能である。また、土地の長期利用に関するMICのLand Rights Authorizationを受けることなく、1年超の賃貸借を受けることも可能である。

[5] このように外国法人が1年を超えない短期の利用権を設定すること自体は可能であると考えられる。しかし、それとは別の問題として、後述のとおりDoing Business規制により現地拠点、すなわち支店（branch）または現地法人の設立が必要となる場合はあり得る。現地拠点の設立が必要かどうかは個別具体的な事実関係によって判断が分かれ得ることに注意が必要である。

## 第6章　ミャンマー

### 1　Doing Business 規制[7]の観点からの現地拠点設立の要否

　不動産の取得・利用に関する外資規制とは別の観点として、ミャンマー会社法上、外国法人は、現地に拠点を設立することなくミャンマー国内において事業を営んではならないという拠点設立義務が定められている（ミャンマー会社法43条(a)）。この点について、ミャンマー会社法は、現地資産を保有することのみをもって、現地拠点の設立が義務付けられる事業を営んでいることにはならないという、いわゆるセーフハーバー・ルールも併せて規定している（ミャンマー会社法43条(b)）。このようなセーフハーバー・ルールの内容を踏まえると、ミャンマーの現地不動産の取得・利用を行うことのみをもって、現地拠点の設立が必要ということにはならないと考えられる。一方で、外国法人による不動産の利用態様やミャンマーでの活動態様によっては現地拠点の設立が必要となる可能性はある。

### 2　外資による不動産の取得・利用に関する規制

#### (1)　不動産取得規制

　不動産譲渡制限法に定める不動産に関する外資規制として、まず、「外資」は、ミャンマー国内の土地に関する権利を保有すること、つまり前記Q2に挙げたLandholder's Right、GrantおよびLeaseのいずれも取得することができないとされている（不動産譲渡制限法4条）。そして、前記Q5のとおり、

---

6) ミャンマーに設立可能な現地拠点としては、現地法人のほか、支店（branch）という形態もあり得るところである。ただし、2025年1月末時点におけるMICの運用上、現地拠点のうち支店に関しては、MICの定める一定の基準を満たすことが投資予備審査（ミャンマー投資法に定めるMICによる事前審査の手続）において確認できた場合にのみ、Land Rights Authorization付与の前提となる投資許可（Permit）や是認（Endorsement）の取得申請手続を行うことができる、という取扱いがなされているとのことである。しかしながら、投資予備審査において具体的にどのような基準が考慮されるのかは明確にされておらず、一般論として支店形態でもLand Rights Authorizationに基づく現地不動産の長期利用が可能と言い得るかは不明である点に注意が必要である。この点の詳細については、Q6の「2(2) 不動産賃貸借規制」の記載を参照されたい。
7) 外国法人がある国において事業を行う場合には、当該国に現地拠点を設立することが義務付けられる旨の規制をいい、日本にも同様の規制が存在する。

2025年1月末時点において同法の適用がある「外資」にはミャンマー会社法に定める「外資会社」、つまり、外資持分が35％を超える現地法人が該当することになる。また、不動産譲渡制限法に定める「外資」には、ミャンマー国外において設立された日本法人を含む外国法人が当然に含まれる。

したがって、外国法人は、外資持分35％以下の現地法人を介した間接的な取得である場合を除き、ミャンマーの現地不動産を取得することはできない。

### (2) 不動産賃貸借規制

他方、不動産賃貸借に関しては、その期間の長短により規制の有無が異なる。不動産譲渡制限法上、1年以内の短期賃貸借については何ら規制が定められていないのに対し、「外資」による1年を超える期間の不動産賃貸借は原則として禁じられている（不動産譲渡制限法5条(b)）。

「外資」による長期の不動産賃貸借禁止の例外として、ミャンマー投資法に基づく、MIC による長期の土地利用権の設定に関する Land Rights Authorization を受けた場合[8]には「外資」であっても、最長50年間（およびその後10年間の更新2回まで）の土地賃貸借を受けることができるとされている（ミャンマー投資法（Myanmar Investment Law）50条(b)(c)およびミャンマー投資規則（Myanmar Investment Rules）116条）。そして、上記 MIC による Land Rights Authorization の取得は、当該土地利用に係る事業について、MIC による投資許可（Permit）または是認（Endorsement）を得ていることが前提とされている[9]。

---

[8] 特別に定められた一定の区域（経済特区）への投資に関しては、経済特区法（Special Economic Zones Law）に基づく投資許可を受けた場合に、ミャンマー投資法と同様、最長50年（およびその後10年間の更新2回まで）の土地賃貸借を受けることができる旨の例外が定められている。一般的な不動産開発案件においては、ミャンマー投資法に基づく、MIC による Land Rights Authorization の取得が問題となることが通常であることから、本文ではミャンマー投資法の例外のみを検討している。

[9] ミャンマー投資法およびその施行規則における規定によれば本文記載のとおりであるが、2025年1月末時点で確認できている MIC の実務として、MIC による投資許可（MIC 許可）の取得に際して申請者である「外資会社」が Land Rights Authorization の取得についても併せて手続を行った場合、外資会社の不動産の長期利用も含んだ形で投資許可が付与される（投資許可に加えて明示的に Land Rights Authorization が別途付与される訳ではないが、ミャンマー投資法の定めに基づく不動産の長期利用が認められる）という運用が採られている。

なお、2025年1月末時点におけるMICの運用上、かかる投資許可または是認は、外国会社が現地拠点として現地法人または支店を有している場合に限り、当該現地拠点に対して付与されるという実務が行われている。そして、現地法人の場合は、全ての現地法人について投資許可または是認の申請を行うことが認められており、申請内容についての実質的な審査の結果、投資許可または是認が付与されないという可能性はあり得るものの、申請自体が不受理となることは基本的にはないとされている。他方で、支店の場合、MICの定める一定の基準を満たすことが投資予備審査において確認された場合に限り、投資許可または是認のための申請を行うことができる、いわば「申請適格」のような要件が求められているとのことである。しかし、かかる「一定の基準」として具体的にどのような要件が求められるかは公表されておらず、当該「基準」の内容についての照会にも応じていないという実態がある（「あくまでMICが判断するための内部的な基準であり、外部に公開するものではない」というのが当局の基本的なスタンスである）。そのため、具体的な案件において実際に支店がLand Rights Authorizationが受けられるかどうかは、その手続を行う前提として、投資予備審査制度を利用してMICに個別に確認しなければならないということになる。結論として、(1)外資会社がミャンマーの現地不動産に長期利用権を設定するためには現地拠点の設立が必須である、(2)かかる現地拠点の形態としては現地法人と支店のいずれもあり得るが、支店についてはその申請の可否について事前にMICの確認を経る必要がある、ということになる。

## Q7

現地法人であっても株主に外国企業が入っている場合にはそもそも不動産（土地・建物）を保有することが認められない国もあると聞いた。外資現地法人が不動産を「取得・利用」するにあたって適用される外資規制について教えて欲しい。

## A

2025年1月末時点における、ミャンマーにおける「外資会社」による土地の保有および1年を超える長期の賃貸借に関する規制は前記Q6のとおりである。すなわち、ミャンマー会社法上の「外資会社」（外資持分が35％を超える会社）は、不動産譲渡制限法の適用を受け、土地の保有は

認められない。また、ミャンマー投資法に基づく Land Rights Authorization による例外を除き、原則として外資会社が１年を超える土地賃貸借を受けることはできないという外資規制が存在する。

[不動産登記制度]

## Q8 不動産登記制度の概要を教えて欲しい。

**A** ミャンマーにおける不動産に関する登記制度には、①証書登録法（Registration of Deeds Law）に基づく登録と、②土地登録簿への登記の２つが存在する。①証書登録法に基づく登録は、不動産の権利に変動があった際、権利変動に関する一定の文書を登録の対象とし、それらの文書自体を官庁にファイルする仕組みである。他方、②土地登録簿への登記は、もともとは土地に関する税金を支払う者を確定するための仕組みとして作られており、土地の地図および土地保有登録台帳が官庁に保管されており、土地保有者に変動があった際、変動原因や変動後の新保有者が記載される仕組みとなっている。

なお、上記①および②のいずれも、網羅的に不動産に関する権利の確定・公示を目的とする制度ではない。そのため、現在のミャンマーにおいて、日本における不動産登記簿のように、この書面を確認すればほぼ確実に当該不動産に関する権利が確認できるというような書面は存在しない。まず、①については、制度の目的・効果としては不動産に関する権利の移転・確定・公示を目的としているものの、国から設定を受けた不動産の権利に関しては証書登録法に基づく登録の対象外となっているなど、全ての権利変動を対象とするものとなっておらず、網羅性に欠けている。実態としても、一般に対して公開されていないため、権利の確定・公示に用いることは困難である。また、②については、土地保有登録台帳はそもそも土地所有者からの徴税を確保することを目的に作成されている書面であり、不動産に関する権利の確認を目的とする制度ではない。加えて、登記手続の手間や登記に際して必要となる税金の支払を嫌い、権利の変動があってもこれらの手続を取らないという例が多く見られるの

が実情である。

　ただ、上記のような制度上および実務上の限界はあるにせよ、②における土地保有登録台帳の記載は、土地の権利に関する高い証拠的価値があるものとして認識されている。そのため、一般的には土地保有登録台帳のいわば現在事項の記載をもって、土地の権利を確認するという実務が行われているところである。

## Q9 土地の登記にはどのような効力が認められているか。登記を信頼して取引をした者に対し、登記どおりの権利状態があったのと同様の保護が与えられるか（登記に公信力が認められるか）。

**A**　ミャンマーにおける不動産の売買や賃貸借に関して規定する財産移転法（Transfer of Property Act）上、100ルピー（チャット）[10]（約7円）以上の価値の不動産の売買および期間が1年を超える不動産の賃貸借は、登録証書によってのみ行うことができるとされている（財産移転法54条、107条）。また、証書登録法では、同法において義務的な登録の対象となる文書（証書登録法16条）や、財産移転法その他の法律において登録が必要な文書については、証書登録法の定めるところにより、所定の登録を行うことを有効要件として規定しており、仮に登録がなされなかった場合には、当該文書に記載された不動産について何らの効力も及ぼさず、いかなる取引の証拠にもならないと定めている（同法49条）。実務上重要な契約としては、期間が1年を超える不動産賃貸借に関する文書（賃貸借契約）は、義務的な登録の対象となる文書として定められている。

　このように、不動産の売買や、期間が1年を超える長期の不動産賃貸借は、証書登録法に基づく登録が有効要件として定められていることに注意が必要である。ただ、法律上の規定は上記のとおりではあるものの、実務上は何ら登録

---

[10]　英国植民地時代の法律であり、当時のミャンマーは英国領インドの一州であったため、金額がインドの通貨であるルピー建てで記載されている。このような規定は他の法律においても見られるが、これらは全て「ルピー」を、現在のミャンマーの公式通貨である「チャット」に読み替える取扱いがなされている。なお、2025年2月末日時点において、100チャットは約7円である。

の手続を経ることなく、不動産の売買や1年超の期間の不動産賃貸借が広く行われているという実態が存在する。また、過去には、外国人による不動産賃貸借に関しては、そもそも当局が登録申請を受理しないという問題点が広く指摘されていた。ミャンマー投資法の下では、不動産賃貸借契約を証書登録法に従って登録することが全ての投資家の義務として明確に定められており（ミャンマー投資法50条(d)）、上記のような当局の運用はヤンゴンやマンダレーといった主要都市では改善されたことが確認されている。

　なお、現地法上、登記の公信力に関する規定は存在しない。そもそも、前記Q8のとおり、ミャンマーの登記制度は全ての不動産を網羅的に記録するものとして作られておらず、そのような運用も行われていない。また、後記Q10のとおり、仮に登記がされていたとしても、その記録は一般に公開されないため、その内容を権利者以外の者が確認することは事実上不可能である。このような現状を踏まえると、そもそも登記の公信力に関する議論の前提を欠いているようにも思われる。筆者らの知る限り、登記の公信力に関してミャンマー国内で何らかの議論が行われているのかどうかといった点について情報を有しておらず、登記を信頼して取引を行った者に対して何らかの保護があるのか、あるとしてどのような保護があるのか、といった点は不明である。

## Q10 取得を検討している土地の権利関係を調査したい。土地の権利者の協力なく役所の登記簿を見ることができるか。

**A**　前記Q8のとおり、ミャンマーでは土地の権利の証明に関しては、土地保有登録台帳の確認が現状有力な手段として考えられているところである。しかしながら、土地保有登録台帳は一般に公開することを目的に作成されているものではなく、現地実務上、土地保有登録台帳の閲覧を行うためには、担当官より権利者の同意書等を提出することを求められるのが通常である。そのため、権利者側の協力なく閲覧することは事実上不可能である。

## Q11 登記手続の概要を教えて欲しい。また、登記の申請から完了までに要する期間の目安を教えて欲しい。

**A** 前記Q8に記載のとおり、ミャンマーにおける土地の登記制度には、証書登録法に基づく登録と土地登録簿への登記の2種類が存在する。証書登録法に基づく登録は本来土地に関する権利の公示を目的としているが、実態としては公示制度として機能していない。また、土地登録簿はそもそも土地に関する権利の公示を目的としていない。しかし、実務上は土地登録簿の記載が、土地の権利に関する相当程度確度の高い証拠として扱われているという実情が存在する。また、当局の運用上、証書登録法に基づく登録が完了した後に土地登録簿の登録が可能になるという関係にある。そのため、不動産の譲渡に際しては双方の手続について対応することが望ましい。以下それぞれの手続に関して概要を解説する。なお、これらの手続は、上記のとおり証書登録法に基づく登録が完了した後に、土地登録簿の登録が可能になるという関係にあるため、全ての手続が完了するまでに実務上半年またはそれ以上の長い期間を要することが通常である。これらの手続の主な流れは**図表6-2**のとおりである。

### 1 証書登録法に基づく登録

前記Q9のとおり、財産移転法上、100ルピー（チャット）以上の価値の不動産の売買は登録証書により行う必要がある。そのため、基本的に全ての不動産の売買に際しては、不動産売買契約書を締結し、それを証書登録法の規定に従って登録することが必要になる。かかる不動産売買契約書の登録は、農業畜産灌漑省（Ministry of Agriculture, Livestock and Irrigation）が管轄する証書登録局（Office of Registration of Deed）（以下「ORD」という）に対して行う。

なお、ORDに対して不動産売買契約書を登録するためには、あらかじめ、内国歳入局（Internal Revenue Department）（以下「IRD」という）の査定に基づき、当該不動産譲渡に関する税金の支払を行っておく必要がある。そして、IRDの査定を受けるに際しては、対象不動産に関するForm 105（土地の地図）およびForm 106（土地保有登録台帳）の提出が求められるため、土地登録簿を

管轄する官庁からこれらの書類の発行を受ける必要がある。

## 2　土地登録簿の登録（記載事項の変更）

上記1の証書登録法に基づく不動産売買契約の登録手続後、新聞で、不動産譲渡を実施する旨と、当該譲渡につき異議がある者は2週間以内に異議を述べられたい旨の告知を行う必要がある。かかる告知手続の法的根拠は明らかではないが、この手続を踏まないと土地登録簿の変更がなされない運用がなされている。

新聞での告知手続に関して2週間以内に異議の申立てがなかった場合には、土地登録簿上の所有者の変更が行われることになる。

【図表6－2】　登記手続までの流れ

| 手続の流れ | 所轄官庁 |
| --- | --- |
| ①　不動産売買契約書の締結 |  |
| ②　Form 105 および Form 106 の入手 | ヤンゴン市開発委員会(Yangon City Development Committee(以下「YCDC」という))または農業畜産灌漑省 |
| ③　税金の支払 | 財務省・IRD |
| ④　売買契約書の登録 | 農業畜産灌漑省下の ORD |
| ⑤　新聞で不動産譲渡について告知 |  |
| ⑥　土地登録簿の変更 | YCDC または農業畜産灌漑省 |

［土地収用］

**Q12**　土地に関する権利が政府による収用の対象となるのはどのような場合か。

第6章　ミャンマー

**A** 　土地の収用について規定する土地収用法（Land Acquisition Act）において、連邦政府は、公共の目的のために必要があると認める場合には、所定の手続に基づき、当該土地の所有者に対して補償を行った上で、土地の収用を行うことができる旨が規定されている。また、ミャンマーにおける投資活動全般に適用があるミャンマー投資法においては、連邦政府は、①公共の利益のための必要性が認められること、②非差別的な方法で実施されること、③法律に定める適正手続が遵守されること、および④公正かつ十分な補償が迅速に支払われること、を条件として、投資事業の国有化を行うことができると規定している（ミャンマー投資法 52 条）。

　これらの関連規定を踏まえると、公共の利益のために必要がある場合には、適正な金額の補償を行った上で、連邦政府が土地を収用することが可能であるということになる。ただ、実際に収用の対象となるかどうかは、当該土地が公共の利益のために必要かどうかにより定まるものである以上、そのリスクの度合いは物件ごとに異なり得る。また、事業開始時点において、将来的に当該土地が収容の対象となるかどうかを確定することも容易ではない。最低限採るべき対応として、当該土地が何らかの公共事業の実施候補地として想定されているようなことがないかどうかという点については、事前のデュー・ディリジェンスにおいて確認しておくことが望ましい。

## II　不動産関連事業に関する規制

[不動産関連事業に関する外資規制]

**Q13** 　不動産関連事業を行う現地法人を設立したいが、当局の承認やローカル企業の出資が必要になるか知りたい。主な不動産関連「事業」（不動産開発、不動産売買・仲介、不動産賃貸、不動産管理、建設）について、どのような外資規制が適用されるか教えて欲しい。

 　居住用アパートおよびコンドミニアムの開発、販売および賃貸についてはミャンマー内資企業との合弁事業が求められる。また、大規模

な都市開発については建設省の承認が必要となる。これ以外の事業、たとえば、ショッピングモール、ホテル、サービスアパートメントおよびオフィスの開発、販売および賃貸等、不動産仲介ならびに建設業については特段の外資規制は存在しない。外資規制という観点からはかなり開放が進んでいる状況にあると言える。

不動産関連事業を含む全ての事業に関して、外資規制を含む投資規制全般をミャンマー投資法が規定している。

## 1 ミャンマー投資法の概要

### (1) MICによる投資許可

ミャンマー投資法においては、ミャンマーにおける投資事業のうち、①国家にとって戦略的に重要な事業、②資本集約的な事業、③環境・社会に深刻な影響を与える事業、④政府の所有する土地・建物を使用する事業、および⑤別途政府の定める事業の実施に関しては、MICによる投資許可を取得しなければならないとの規定が置かれている。これらの事業の具体的な内容は、投資規則において、下記の図表6－3のとおり定められている。なお、2025年1月末時点で「⑤別途政府の定める事業」は規定されていない。

【図表6－3】 MICによる投資許可が必要な事業類型と基準

| MICによる投資許可が必要な事業類型 | 基　　準 |
|---|---|
| ①国家にとって戦略的に重要な事業 | ● 技術（情報、通信、医療、生命工学または類似の技術）、交通インフラ、エネルギーインフラ、都市開発インフラおよび新たな都市建設、地下・天然資源、メディア部門への投資であり、かつ2,000万USD超のもの<br>● 政府によるコンセッション等の契約に基づく投資でありかつ2,000万USD超のもの<br>● 国境地域・紛争地域への外国投資、または、これら地域へのミャンマー内国投資でありかつ100万USD超のもの |

| | |
|---|---|
| | ● 国境をまたぐ外国投資、または、これらの地域へのミャンマー内国投資でありかつ100万USD超のもの<br>● 州または管区にまたがる投資<br>● 主として農業関連目的でなされ、かつ1,000エーカーを超える土地を占有する投資<br>● 非農業目的でなされ、かつ100エーカーを超える土地を占有する投資 |
| ②資本集約的な事業 | 予想される投資価額が1億USDを超える投資 |
| ③環境・社会に深刻な影響を与える事業 | ● 環境影響評価が必要となるまたは必要となる可能性のある事業<br>● 環境保護法（Environmental Conservation Law）その他の法律により保護地域、保全地域若しくは高度生物多様性地域に指定されている地域、または、生態系、文化・自然遺産、文化記念地若しくは手つかずの自然の残る地域を保護するために指定または選定された地域の投資<br>● (i)土地収用等により100人以上の移転または100エーカー以上が収用対象となる、(ii)対象地が100エーカー以上であり、土地利用や天然資源へのアクセスに制限を及ぼす、(iii)対象地が100エーカー以上であり、対象地に関して当該投資と両立しない形で尊重すべき権利者が存在するまたは当該土地に関して権利を主張する者が存在する、または(iv)少なくとも100人以上の土地利用者が当該土地の利用を継続する権利に悪影響を与える場合 |
| ④政府所有の土地・建物を使用する事業 | 政府が保有する土地・建物を使用する場合（政府がGrantを発行しているに過ぎない場合、MIC許可を受けた者からのサブリースを受けて行う投資は含まない） |

## (2) 外資参入に関する規制

　MIC許可の取得が求められる上記(1)の類型の事業のほか、制限業種（restricted investment）として、①連邦政府のみが実施可能な事業、②外資による実施が禁止される事業、③内資会社との合弁形態でのみ外資の実施が可能な事業、および④関係当局の承認を要する事業が定められている。これらの

規制のうち、外資参入の場面でのみ問題となる純粋な外資規制は、上記②および③のみである[11]。これらの制限事業として具体的にどのようなものが該当するのかについては、MIC による制限業種リスト（Notification No. 15/2017「List of Restricted Investment Activities」）（以下「ネガティブリスト」という）に規定されている。ネガティブリストに規定されている事業は 200 種類を超える多数にわたるが、不動産関連事業との関係で問題となり得るものは下記2に記載のとおりである。

## 2 不動産関連事業に関する外資規制

ネガティブリストに定める規制のうち、不動産関連事業に関する外資参入の制限となりうるものは下記の図表6－4のとおりである。

【図表6－4】 不動産関連事業に関する外資規制

| 事業類型 | 規　　制 |
| --- | --- |
| 居住用アパートおよびコンドミニアムの開発、販売および賃貸 | ミャンマー内資企業との合弁での実施が必要（合弁強制事業） |
| 100 エーカーを超える都市開発 | 建設省<br>（Ministry of Construction）<br>の承認が必要 |
| 50,000㎡の床面積を有する居住用アパートおよび工業地区の低価格住宅の建築および販売 | |
| ネピドー、ヤンゴンおよびマンダレー以外の管区および州の中心部における4エーカーを超える都市再開発 | |
| 新都市開発 | |

なお、ネガティブリストに記載のない事業については、金融規制等他の法律に基づき特別に規制されるものを除き、その実施に関して、原則として何

---

11) ①の連邦政府のみが実施可能な事業は、ミャンマー内資会社であっても実施は認められず、内資であるか外資であるかを問わず規制される。また、④の関係当局の承認を要する事業は、条文上は内資・外資を問わずその実施には関係当局の承認を得なければならないとされており、外資のみを規制の対象とするものではない。

らの規制を受けないとされている。したがって、不動産関連事業のうち、**図表6－4**記載の制限業種として規定されていないもの、たとえば、ショッピングモール、ホテル、サービスアパートメントおよびオフィスの開発、販売および賃貸等、不動産仲介ならびに建設業については外資単独での実施も可能とされていることになると考えられる。なお、その場合であっても、投資金額や、土地利用権の設定方法によっては、上記１のいずれかの類型に該当し、別途MICによる投資許可の対象となるなど、不動産関連事業であることとは別の側面からの投資規制の適用を受ける可能性がある点は留意が必要である。

[不動産関連事業に関する許認可]

## Q14
現地で不動産仲介を行うことを検討している。日本における宅建業規制に相当するような規制があるか。

## A
　2025年1月末時点における、ミャンマーでの不動産仲介業に関する許認可に関する規制として、一定のフィーを徴収して不動産の譲渡およびリース等の取引の仲介等を行う「不動産エージェント（Real Estate Agent）」の登録制度が挙げられる。過去には、2018年に不動産サービス法（Real Estate Service Law）のドラフトが公表され、同様の規制を法制化する動きが見られたが、当時は関係各所からの強い反対を受けて廃案となった経緯がある。2022年10月に、OECDの金融作業部会（FATF）により、ミャンマーが高リスク国（ブラックリスト国）に指定されたことを受けて、マネーロンダリング取引に関与する可能性が高い類型の１つである不動産エージェントに関する規制が導入されたものと思われるが、その登録要件として、ミャンマー内資企業との合弁形態をとることが前提とされている等、現地の実態にそぐわない内容となっている。2025年1月末現在、同登録制度の実際の執行状況については公表されていないため明らかではないが、今後の運用次第では外資による不動産エージェント業の実施に影響があり得ることに留意が必要である。

**Q15** 現地で建設業を行うことを検討している。建設業を行う場合、どのような許認可を取得する必要があるか。

**A** 2025年1月末時点において、ミャンマーで建設業を行うに際して取得が必要な許認可は特に定められていない。なお、建設業を営むにあたり必要となる重機・建機および建築資材の輸入については実務上一定の制約があることに注意が必要である。

## Ⅲ 不動産取引

[不動産取引（取得・譲渡、賃貸）]

**Q16** 取得を検討している土地の権利関係を調査したい。どのような点に留意して調査すべきか。

**A** ミャンマーにおける土地の登記制度の概要は前記Q8に記載のとおりである。網羅的かつ統一的な不動産登記制度は存在せず、かつ、登記制度は不動産の権利確定を目的とするものとして設計されていない。このようなミャンマーにおける不動産登記の現状を前提に、不動産の権利を確認する方法としては、運用上一般的に以下の方法が採用されている。

まず、土地の権限者（Landholder's Right または Grant／Lease の保有者をいう）は、現在の土地登録簿の記載について、Form 105（土地の地図）および Form 106（土地保有登録台帳）という形式で、管轄官庁から写しの交付を受けることができる。Form 105 および Form 106 は、いわば土地登録簿の現在事項を記載した書面ということになる。また、ヤンゴンにおいては、土地の権限者が申請すれば、YCDCより、土地保有登録台帳上、誰が権限者として記載されているかを確認する書面の発行を受けることができる。Form 105、Form106 および土地保有登録台帳の英訳は、それぞれ図表6－5、図表6－6および図表6－7のとおりである。

これらの書面（Form105、106 および（ヤンゴンの土地に関する）YCDCの発行する上記確認書面）は、不動産に関する権利についての証明書ではないものの、

それに関する高い証拠的価値を有する書面として扱われている。そのため、通常は、これらの書面をもって、不動産の権利に関する確認が行われている。逆に言えば、不動産の権利に関する確認を行うに際して、これらの書面を上回るような高い証拠的価値を有する書面は現行制度上存在しないということになる。したがって、かかるミャンマーの実情に基づく調査の限界について留意する必要がある。

　なお、上記の方法による土地の現在の権利関係の確認に加え、当該土地の権利の移転経緯を知りたい場合には、現在の土地登録簿の記載だけでなく、過去の記載も含めた土地登録簿全体（ヤンゴンでは Town Land Roll と呼ばれている）を閲覧することが必要となる。ただし、YCDC の担当官の説明によれば、土地登録簿全体については、土地の権限者にも見せておらず、裁判所の判決がある場合にしか閲覧を許さないとのことであった。そのため、合理的に行い得る不動産の権利に関する調査は、上記のとおり Form 105、Form 106 および YCDC による確認書面に関するものが限界ということにならざるを得ないのが現状である。

## 【図表 6 - 5】 Form105 の英訳

Land records Form 105

*State Seal*

Certified/Uncertified  Copy for the year's holding in the current map and register

N ↑

*Court-fee stamp to affix*

Scale    inch: 1 mile

| District |  |
|---|---|
| Township |  |
| Ward/Village Tract |  |
| Kwin/Block No. and Name |  |
| Holding No. |  |

| Holding No. | Name of Assessee/ Tenure/ Grant Holder/ Lease Holder | Status | Kind and Class of Land | Area (acre) | Remarks |
|---|---|---|---|---|---|
|  |  |  |  |  |  |

The purpose of duplicate ……………………………………………..

(Allow to use only for stated purpose)

Name of applicant        …………………………….

Date of submission       …………………………….

Date of issue to applicant  …………………………….

*Office Seal*

This is to certify that the above duplicate map is true and accurate, those entries were copied from Annual Supplementary Survey Registers of the year …………/ …………..

Record keeper /Surveyor's Signature …………………….

Date ………………………………………………….

Verified by myself

Inspector's signature   …………………………………….

Date ………………………………………………….

第6章　ミャンマー

**【図表6－6】　Form106の英訳**

---

Land Record Form 106

## History of a Holding

District .................. Township .................. Land Survey Group .................. Kwin/Block

No. and Name ..................

| Year | Holding | Name of Assesse/ Tenure/ Grant Holder/ Lease Holder | Status | Kind and Class of Land | Area (Acre) | Revenue Demand (including Cess.) (Kyat) | Indication Remark how to transfer |
|------|---------|---------------------------------------------------|--------|------------------------|-------------|-----------------------------------------|-----------------------------------|
| 1    | 2       | 3                                                 | 4      | 5                      | 6           | 7                                       | 8                                 |
|      |         |                                                   |        |                        |             |                                         |                                   |

Name of Applicant – ..................  This is to certify that the above duplicate facts is true and accurate,
Date of Application – ..................  those entries were copied from Annual Supplementary Survey
Date of issue to the Applicant – ..................  Registers of the year ..................
Purpose of duplicate – ..................  Record keeper/Surveyor's signature ..................
(Allow to use only for stated purpose.)  Date ..................
　Verified by
　Inspector's signature ..................
　Date ..................

## III 不動産取引 Q16

**【図表6－7】　土地保有登録台帳の英訳**

| Holding No. 1 | | | | | | Tenure A-Demand K 6'00 – 410 | | | |
|---|---|---|---|---|---|---|---|---|---|
| Person Registered as assesse | Status | Description | Residence and identification particulars | Kind and Class | Area | Details of Transfer | Signature and date | | Remarks |
| | | | | | | | Of parties and surveyor | Of inspecting officer | |
| (1) | (2) | (3) | (4) | (5) | (6) | (7) | (8) | (9) | (10) |
| Maung Pyu-Ma Ma. | O | Ag. | Y wathit .. ... | Y1<br>Y2 | 1 50<br>3 00 | | | | |
| Ma Ma ... | O | Ag. | Widow, Ywathit ... | ... | ... | Death of Maung Pyu, inheritance | Ma Ma, Maung Taik, 1-12-26. | Maung U, 1-12-26. | |
| Maung Me ... | M | Ag. | Bachelor, Y wathit ... | ... | ... | Verbal mortgage ... | Ma Ma, Maung Taik, 2-12-27. | Maung U, 3-3-28. | |
| Maung Nyo ... | M | Ag. | Bachelor, Y wathit ... | ... | ... | Redemption by nephew of Ma ma.. | Maung Me, Maung Taik, 2-1-29 | Maung U, 3-4-29. | |
| | | | | Y1<br>Y2 | 1 30<br>2 50 | Erosion ... ... | Maung Taik, 1-2-31. | Maung U, 1-5-31. | |
| Maung Kala ... | O | N | Ma Hla, Pagan ... | P1<br>P2 | 3 25<br>3 20 | | | | |
| Maung Gyi ... | O | Ag. | Ma Kyu, Y wathit ... | ... | ... | Sale R. N. 1527 of 1927-8 Pagan | Maung Taik, 2-11-28. | Maung U, 3-11-28 | |
| Maung Gale & 6 | O | Ag. | Ywathit ... ... | ... | ... | Inheritance by children | Maung Gale Maung Taik, 1-1-30. | Maung U, 1-2-30. | |
| Maung Saing ... | O | N | Ma Kyin, Pagan ... | ... | ... | Decree Civ. R. 121. of 1940 D. and S.J., Myingyan. | Maung Taik, 1-1-30. | Maung U, 2-3-30. | |
| Holding No. 2. | | | Tenure B- Demand K 15 75 | | | | | | |

*Status*-O=Owner or State tenant.　*Tenure*-G=Gants.　　B=Bobabaing or Landholder's Rights.　*Description*-
　　　　　M=Usufructuary Mortgagee.　　L=Lease.　　C=Landholder's certificate.　　Ag.=Agriculturist.
　　　　　　　　　　　　　　　　　　　H=Licence.　　A=Squatter and other.　　R=Resident Non-Agriculturist.
　　　　　　　　　　　　　　　　　　　　　　　　　　　　　　　　　　　　　　　N=Non-Resident Non-Agriculturist.

## Q17 不動産の売買・保有に際して生じる課税の概要を教えて欲しい。

**A** まず、不動産の売買およびリースに関しては、当該取引に関連して作成される契約書等の課税書面に関して、印紙税法（Burma Stamp Act）に基づく印紙税が課される。印紙税は、印紙税法の別表に課税文書ごとに細かく定められた税率に基づいて印紙税額が算定される。なお、印紙税の税率は大統領府の告示（Notification）により基づき逐次改訂されることや、特別法の存在によりヤンゴン、マンダレーおよびネピドーの三大都市では異なる税率が設定されていることなどに注意が必要である。

また、不動産の保有に関する税金としては、ヤンゴン管区内では、YCDCの定める当該土地の評価額に基づいて算出される、一定の固定資産税の支払が義務づけられている。なお、前記Ｑ６のとおり、外資会社は不動産を保有することが認められていないため、固定資産税の課税対象となることはない。

## Q18 現地でコンドミニアムの開発を検討している。建物が竣工し、ユニットを顧客に販売した後に当該物件に瑕疵が発見された場合、誰がどのような責任を負うか。

**A** 財産移転法においては、不動産の売買における売主の義務として、当事者間で別途の合意がない限り、買主に対して、当該不動産に関する重大な瑕疵（売主が知っており、買主が知り得なかったものに限る）を開示しなければならないとされている（財産移転法55条(1)(a)）。したがって、仮に当該物件に関する瑕疵について、売主が知りながらこれを買主に告げなかった場合には、売主の免責に関して当事者間で特段の合意がない限り、上記義務違反として、買主は売主に対して、これに基づく損害について損害賠償を請求することができる可能性がある。また、不動産売買契約において、売買対象となる物件の状態について瑕疵がない旨の表明保証を行っている場合、当該物件に係る瑕疵は、かかる表明保証違反に該当することになると考えられる。この場合には、売買契約違反として、買主は売主に対して、当該違反に起因する損害賠償

を請求することができる可能性がある。

　なお、ユニットの販売者と、当該コンドミニアムの建設業者やデベロッパーが異なる場合、当該物件の瑕疵について、建設業者またはデベロッパーに対しても責任追及が可能であるかどうかが問題となるが、この点について、2025年1月末時点において、法律上特段の手当はなされておらず、依拠し得る前例も存在しないのが現状である。理論上は、当該瑕疵が建設業者またはデベロッパーの故意または過失に起因するものであり、これにより買主が損害を被った場合には、コモンロー上の不法行為として、建設業者またはデベロッパーに対する損害賠償請求も可能とする余地はあるように思われる。

---

## Q19

現地で商業施設の開発を検討している。日本の不動産賃借権に相当する権利があるか。借地借家法のような賃借人保護を目的とする特別な法律があるか。

**A**　ミャンマーにおいては、財産移転法に不動産賃借権に関する規定が置かれている。同法の関連規定はいわゆる任意規定であり、当事者（賃借人および賃貸人）の間に特段の合意がない場合に適用されるデフォルト・ルールを定めるものである。したがって、当事者間においてこれと異なる合意をした場合には、当該合意の内容が優先することになる。

　なお、賃借人の保護に関する法律としては、都市賃貸借規律法（Urban Rent Control Act）が存在する。同法においては、賃貸人による賃料の変更は一定の範囲内でのみ認められる旨、および賃貸借における保証金は賃料の1か月分を超えてはならない旨が規定として置かれている。ただ、実態としては同法が遵守されているようには見受けられず、現地実務上は同法の定めを超えた賃料の変更や保証金の支払も広く行われているのが実情である[12]。

---

[12] 同法の内容は過度に賃借人を保護する規定を含んでいるとの批判もあり、一部報道によれば改正に向けた動きもあったようであるが、その後改正作業に関する続報はなく、2025年1月現在の進捗状況については不明である。

## 第6章 ミャンマー

[不動産担保]

## Q20　不動産に対して設定される担保の種類としてどのようなものがあるか。

**A**　ミャンマーにおける不動産担保物権として、財産移転法の規定に基づく mortgage および charge が存在する。このうち、mortgage は、原則として担保対象となる不動産（担保物件）の占有を担保権設定者（債務者または担保提供者）の下にとどめたままで、被担保債権に関する債務の履行を確保するため当該不動産の権利を担保権者（債権者）に移転するもの、と規定されている（財産移転法58条(a)）。財産移転法上、その設定方法等に基づき mortgage は図表6-8のとおり6種類に分類されている。そのうち実務上最も利用されているのは、債権者またはその代理人に対して、担保設定を目的として担保物件である不動産の権利証を交付することにより設定される mortgage by deposit of title-deeds と呼ばれる形態のものである。

他方、charge は、債権者に対する金銭支払債務の担保として不動産が提供される場合で、その形態が mortgage に該当しない不動産担保をいうと定められている（同法100条）。なお、実務上、charge が利用されているケースはほとんど見られない。

【図表6-8】　財産移転法に定める mortgage の種類

| mortgage の形態 | 概　　要 |
| --- | --- |
| Simple mortgage | 担保物件の占有は担保権設定者の下にとどめたまま、被担保債権に関して債務不履行があった場合に、債権者が当該担保物件を売却し、売却代金から弁済を受けることができるという基本的な形態の mortgage をいう。 |
| Mortgage by conditional sale | 担保権設定者から担保権者への担保物件の売却の形で行われる形態の mortgage。担保物件の売却は、以下のいずれかの条件を含むものとして行われる。<br>・　被担保債権に関する債務不履行を停止条件とする<br>・　被担保債権に関する債務の履行を解除条件とする |

| | |
|---|---|
| | ・債務の履行がなされた場合には、担保権者は担保物権を担保権設定者に返却する義務を負う |
| Usufructuary mortgage | 担保物件の占有を担保権者に移転し、被担保債権に関する債務の履行がなされるまで担保権者が占有を継続することができ、担保物件からの収益（賃料等）をもって債務の弁済に充当することができる形態のmortgage をいう。日本法でいうところの質権に類似した担保物権である。 |
| English mortgage | 担保物件の所有権を担保権設定者から担保権者にいったん譲渡した上で、被担保債権に関する債務の弁済がなされれば所有権を担保権設定者に再び譲渡する旨の合意に基づいて設定する mortgage をいう。日本法でいうところの譲渡担保に類似した担保物権である。 |
| Mortgage by deposit of title-deeds | 債権者またはその代理人に対して、担保設定を目的として担保物件である不動産の権利証を交付することにより設定される mortgage をいう。 |
| Anomalous mortgage | 上の5つの形態に該当しない mortgage をいう。 |

## Q21 現地における不動産担保執行手続の概要を教えて欲しい。通常、担保執行の開始から完了までどの程度の期間を要するか。

**A** ミャンマーにおける不動産担保権の執行手続としては、裁判所の関与の有無により、裁判所が関与しない私的実行と、裁判所の関与の下で売却手続が進められる公的実行の2種類が存在する。

### 1 私的実行

担保権者が売却を行う権利を有する旨が担保権設定契約に明記されている場合には、担保権者は、裁判所の関与なく私的に担保物件を処分することができる。ただし、財産移転法上、かかる私的実行が認められるのは、①被担保債権の弁済が書面による催告を行った後3か月以上行われていないこと、および②弁済期日を3か月以上徒過している被担保債権の金額が500チャット以上

であること、という要件を満たす必要がある。かかる私的実行の場合の所要期間は、担保物件の売却先との合意にどれくらいの期間を要するかにもよるため、ケースバイケースである。法律上の規定は上記のとおりであるが、実務上は下記に記載のとおり裁判所が一定程度関与する形での担保権実行が多いとの報告も存在する。こうした実務は法律の規定に基づくものというよりも慣習的なものである可能性が高いが、詳細については分かっていないことも多い。

## 2　公的実行

　関連契約に異なる定めが置かれていない限り、被担保債権の弁済期到来後、受戻権の行使または被担保債権の弁済までの期間において、担保権者は、裁判所による決定を得た上で、担保物件を強制的に売却し、当該売却代金より被担保債権の回収を行うことができる。かかる公的実行の手続は、裁判所の関与の下で、完了までに3年から5年もの期間を要するのが通常であるとの報告もなされている。

　なお、法律上の手続は上記のとおりであるものの、裁判所の実務上はこれとは異なる手続が行われている実態が存在するとの情報もある。裁判所がどのような法令上の根拠に基づいて異なる手続を行っているのかは不明である。またそのような手続がどの程度実務上確立しているかも明らかではない。ミャンマーではしばしば見られることではあるが、ルールと実態の間に乖離が見られる一例である。したがって、実際に公的実行を行うにあたっては、裁判実務に即し、上記とは異なる対応が求められる可能性がある点は留意が必要である。

**Q22**　現地の不動産開発・投資プロジェクトにおける不動産担保ローンの概要を教えて欲しい。通常、どのような担保が設定されるか。ノンリコースローンは実務上一般的に行われているか。また、ローン契約に関し、参照されるひな型などはあるのか。

**A**　ミャンマーでの不動産開発・投資プロジェクトにおける資金調達は、親会社からの出資または親子ローンにより行われるケースが一般的であり、不動産担保ローンの活用事例は必ずしも多くないのが実態である。

不動産担保ローンの活用事例では、前記 Q20 のとおり、債権者またはその代理人に対して、担保設定を目的として担保物件である不動産の権利証の交付を行う、Mortgage by deposit of title-deeds の形態の mortgage が設定されることが一般的であるが、Simple Mortgage や English Mortgage が設定された事案もある。ミャンマーではノンリコースローンのアレンジは一般的ではなく、活用された事例は極めて限定的なものにとどまる。なお、ローン契約に関して特に参照されるひな型などは存在しない。

## Ⅳ 不動産開発・投資スキーム

[不動産開発]

**Q23** ミャンマーにおいて一般的な不動産開発のスキームを教えて欲しい。

**A** ミャンマーにおける不動産開発案件で採られるスキームは、物件の開発および開発後の運用を担う現地法人を設立し、当該現地法人において事業用地の土地利用権を確保した上で開発プロジェクトを実施するというシンプルなものが一般的である。その意味では不動産開発のための特別なスキームは特段検討されておらず、他の一般的な現地進出の事案と比べて大きな差異はない。

上記 Q13 のとおり、「居住用アパートおよびコンドミニアムの開発、販売および賃貸」に該当する開発案件を除き、ミャンマー内資企業との合弁形態をとることは法律上必須ではなく、不動産開発のために外資100％の現地法人を設立しプロジェクトを実施することも可能ではあるが、関係する許認可の取得等についての現地規制当局とのコミュニケーションの便宜や土地利用権の確保といった観点から、ミャンマーの現地パートナーとの合弁形態をとることが通常である。なお、現地パートナーとの合弁形態をとる場合、当該現地パートナーからは、その保有する土地利用権が合弁会社に現物出資されることが多い（他方、日本側はプロジェクト実施のための資金を出資することが通常である）。

第 6 章　ミャンマー

[不動産ファンド]

**Q24** ミャンマーにおいて主に利用される不動産ファンドスキーム・REIT 制度の概要を教えて欲しい。

**A** 2025 年 1 月末現在、ミャンマーでは、REIT を含む不動産ファンドは活用されておらず、現地法制を踏まえたスキームの構築等に関する議論も特に行われていない状況にある。

# 第7章

## マレーシア

第 7 章　マレーシア

# I　不動産法制

[法体系]

**Q1**　その国の法体系に応じて不動産法制の内容にも一定の傾向が見られることがあると聞いた。マレーシアの法体系は、日本と同じ大陸法系（シビルロー）か、それとも英米法系（コモンロー）か。

**A**　マレーシアは、1824 年から 1957 年までの間、第二次世界大戦期の一定の期間を除き、英国の植民地としてその統治下にあった。このような歴史的な背景から、マレーシアの法体系、特に商事法に関しては、英国のコモンローを継受している[1]。そして、従前からマレーシアにおいて適用されていた不動産に関する英国の伝統的なルールは、国家土地法（National Land Code）その他の制定法において形を変えて引き継がれている[2]。

なお、マレーシアは、イスラム教徒が全人口の 6 割強を占め、憲法上、イスラム教が国教とされるムスリム国家である。イスラム教徒には特別法であるイスラム法（シャリア法）が適用されるが、その適用場面は、結婚、離婚、相続その他身分法に限定されると解されており、不動産法制に適用されることは想定されない。

また、マレーシアは 13 の州と 3 つの連邦直轄領により構成される連邦国家であり、成文法として、連邦法および州法が存在する。憲法上、土地に関する

---

[1]　このような英国コモンローの継受は、マレーシア民法（Civil Law Act 1956）において明記されており、成文法による別段の定めがないかぎり、英国コモンローおよび衡平法（rules of equity）が適用される旨規定されている（同法 3 条 1 項、5 条）。この点、同法において、半島マレーシアにおいて適用される英国コモンローおよび衡平法は、1956 年 4 月 7 日時点におけるものに限定されている。もっとも、それ以降の英国コモンローおよび衡平法も、実務上は斟酌され、裁判において適用されるケースも多いといわれている。
[2]　マレーシア民法上、不動産に関する権利については、英国法の適用はないとされ（マレーシア民法 6 条）、それらは国家土地法をはじめとする国内法によって規律される建前となっている。もっとも、不動産に関する法的問題に関して、国家土地法その他の成文法が完全かつ網羅的ではない場合には、英国コモンローおよび衡平法の適用の余地があると実務上解されており、このような立場を示す裁判例も多くあるようである。

事項については、各州政府が立法権限を有するものの、連邦政府も、法の調和の観点から連邦法を定める権限を有するものとされる（国家土地法はかかる連邦法の代表例である）。州の中でもサバ州およびサラワク州については、歴史的な経緯から広範な自治裁量権が認められ、不動産法制についても連邦法である国家土地法の適用はなく、慣習的な土着の土地制度に基づく独自の州法[3]により規律される。本章においては、紙面の都合上、不動産関連事業が特に活発な首都クアラルンプール、第二の都市ジョホールバルなどが属する半島マレーシア（西マレーシア）を対象とする。

### [土地に関する権利（所有権または類似する権利）]

**Q2** 土地に関する権利としてどのようなものがあるか。日本における土地の所有権に相当する権利があるか。

**A** マレーシアでは、土地の所有権は究極的には州政府に帰属するものとされており（国家土地法40条）、私人の土地に関する権利は州政府から譲与（alienation）を受けることにより生じ、取引の対象となる。権利の種類としては、土地に関するfreeholdとleaseholdの2種類がある。いずれも、政府から割り当てられた土地に対する排他的な支配権・使用権をいい、地代の支払義務、譲渡に関する制限、土地の用途といった条件が付されることが多い。両者の違いとしては、前者は期限の定めがない権利である一方、後者は99年以下の期間が設定される権利であることである（国家土地法76条、221条参照）。この点、前者のみならず、後者も（日本の一般的な賃貸借と異なり）物権的権利として扱われ、土地の占有を侵害する第三者に対する妨害排除請求権が認められる[4]。

以下、本章において「土地」の取得、譲渡、賃借その他の取引に関する記載

---

[3] サバ州においてはサバ土地条例（Sabah Land Ordinance）が、サラワク州においてはサラワク土地法（Sarawak Land Code）がそれぞれ制定されている。
[4] マレーシアにおけるleaseholdは、州政府から直接割譲され、独立した土地権原として設定されるのが特徴である。そのため、日本の賃貸借契約に相当する利用権を意味するleaseとは区別され、州政府との間でlease契約が締結されるわけではない。

は、土地に関する freehold または leasehold の取引を念頭に置く。

なお、マレーシアでは、不動産開発の実務において、土地の開発権や受益権の譲渡を伴う取引がよく見られる。これについては Q23 において説明する。

[不動産の概念]

**Q3** 現地で建物リース事業を行うため、土地から切り離して建物のみ購入することを検討している。現地法上、日本と同じように、建物が土地と別個の不動産として認識されるのか（別個の売買取引の対象となるか）。それとも、土地と建物は一体の不動産として認識されるのか。

**A** マレーシアでは、国家土地法上、土地は土壌に付属（attach）した、または、土壌への附属物に恒久的に固定された全てのものを含むと定義され（同法5条）、建物は土地の一部を構成すると考えられていることから、独立した売買取引の対象とはならない。

**Q4** 現地でコンドミニアムの開発を検討している。日本の建物区分所有権に相当する権利があるか。ある場合、区分所有法制の概要を教えて欲しい。

**A** マレーシアには、日本の制度に類似した区分所有権（strata title）の制度が存在しており、オフィスやコンドミニアムの一室などの建物の一部を独立の所有権の目的とすることが認められている。関連法令としては、1985年区分所有権法（Strata Titles Act 1985、以下「区分所有権法」という）および2013年区分管理法（Strata Management Act 2013、以下「区分管理法」という）がある。前者は、区分所有権の定義や登記方法等について定める法律であり、後者は、区分所有権の処分等について規制する仕組み[5]を定める法律である。

---

5) 主に、開発業者、共同管理体、管理法人等を通じて規制する仕組みがとられている。

区分所有権法によると、土地上に建築された2階建て以上の建物および同土地、または、土地上に建築された2つ以上の建物および同土地は、それぞれ区分所有権に基づき所有される複数の区画（parcel、専有部分に相当する）に分割することが可能とされており、区分所有建物は、かかる専有部分と共用部分（common property）から構成される。この点、専有部分とは、構造上区分された部分であり、所有者にその区分所有権が発行される。専有部分は、駐車場や倉庫といった附属物であって、特定の専有部分に紐づいて区分所有者によって排他的に利用されるもの（accessory parcel）を含む。他方、共用部分とは、専有部分（accessory parcelを含む）以外の部分であり、その所有権は管理法人（management corporation）に属する一方、区分所有者は共有さながらに利用する権利を有する。同法は、所有権者が建物を区分所有物件として分割する場合における登記の申請の手続、期間等について定めており、同法に基づき作成された登記簿（strata register）は登記官が管理をする。

　区分所有権の登記手続を行うためには、全ての区分所有者（登記申請時点で区画が未確定な場合はその暫定的な所有権者）から構成される管理法人を設立する必要がある。この管理法人は、共用部分の所有権者として、当該共用部分に関わる権利の行使や権利証（issue document of title）の管理といった役割を担う。管理法人においては、各区画の所有割合により、区分所有者間における議決権行使の割合や区分管理法に基づく積立金の負担割合が決定される。日本の区分所有権法における管理組合に類似する組織であるといえる。

　区分管理法によると、開発業者は、当該建物および土地の全ての区画の構成割合等を記した一覧表が建物監督官（Commissioner of Buildings）に登録された後でないと、その区分所有権（当該時点では未確定な区画を含む）を売却することができない[6]。そして、同法の下では、区分所有権について開発業者が顧客と停止条件付きの売買契約を締結した場合においても、契約締結時点において当該所有権を売却したとみなされ上記の規制違反を構成することとなるので注意が必要である。なお、同法は強行法規であり、契約当事者の合意によっ

---

[6] これに違反した場合、50万リンギット以下の罰金もしくは5年以下の懲役またはその両方を科されうる。なお、2025年2月末日時点において1リンギットは約33.6円である。

てもその適用を排除することはできない。

また、区分管理法の下では、区分所有権に関連する紛争を解決するための区分管理裁判所（Strata Management Tribunal）が定められている。同裁判所には、法的解釈が問題となる場合、通常の裁判所に照会をする権限が与えられている。

### [不動産の取得・利用の主体および外資規制]

**Q5** 現地の民間企業であっても土地を保有することができない国もあると聞いた。現地企業が土地の所有権を取得することができるか。また、現地企業が取引の対象とする主な土地上の権利は何か。

**A** マレーシアでは、現地の民間企業による土地保有を制限する一般的な規制は特にない。ただし、各州におけるいわゆるマレー人保留地法（Malay Reservation Enactment）（国家土地法4条2項(b)参照）により指定されたマレー人保留地については、マレー人にのみ権利保有が認められ、現地民間企業であっても各州法において定義される「マレー人」に該当しない場合には、土地保有が認められない。

また、現地企業が取引の対象とする主な土地上の権利は、上記Q2のとおり、freeholdおよびleaseholdである。

**Q6** 日本企業である当社は、直接、現地の不動産（土地・建物）を取得したいと考えている。外国法人はマレーシアの不動産を直接取得・利用することができるか。それとも、不動産を取得・利用するにあたり現地法人を設立することが必要か。

**A** 経済省（Ministry of Economy、以下「MOE」という）が発行した不動産取得に関するガイドライン（Guideline on the Acquisition of Properties、以下「MOEガイドライン」という）によれば、同ガイドラインが適用されるのは図表7－1の3ケースとされ（MOEガイドライン2項）、このうち①および②のケースにおける不動産の取得に際しては現地法人を通じ行われ

なければならないとされている（MOE ガイドライン 3 項・4 項）。

**【図表 7 − 1】　MOE ガイドラインに記載されている取引類型の概要**

| ① | (i) 2,000 万リンギット以上の不動産（ただし、居住用ユニット<sup>(注1)</sup>を含まない）を直接取得する場合であって、当該取得の結果、当該不動産に係るブミプトラ<sup>(注2)</sup>または政府機関の持分が減少する場合、または<br>(ii) 不動産（ただし、2,000 万リンギット超のものにかぎり、また、居住用ユニットを含まない）を主な保有資産とする会社<sup>(注3)</sup>の株式を取得することで当該不動産を間接取得する場合であって、当該取得の結果、当該不動産に係るブミプトラまたは政府機関の支配権<sup>(注4)</sup>に変更が生じる場合 |
|---|---|
| ② | 外資<sup>(注5)</sup>による以下の不動産取得<br>(i) 100 万リンギット以上の商業ユニットの取得<br>(ii) 100 万リンギット以上または 5 エーカー以上の農業用地の取得であって、以下のいずれかの目的による取得<br>　(a) 近代的高度技術を用いた商業規模による農業活動<br>　(b) アグリツーリズム<br>　(c) 輸出品生産のための農業または農業を基盤とした産業活動<br>(iii) 100 万リンギット以上の工業用地の取得 |
| ③ | 外資による 100 万リンギット以上の居住用ユニットの取得 |

(注 1) MOE ガイドライン上、居住用ユニット（residential unit）とは居住用の土地（area）、敷地または建物と定義される。
(注 2) ブミプトラとは、マレーシア人の中でもマレー民族その他原住民を指す。
(注 3) 当該会社の総資本に対し保有不動産の価値が占める割合が 50％超の会社を指す。
(注 4) 支配権とは、50％超の持分を有していることまたは事業もしくは管理上の決定権限を有することを指す。
(注 5) MOE ガイドライン上、外資（foreign interest）とは、(ア)マレーシア市民以外の個人、(イ)永住資格者、(ウ)外国設立会社その他団体、または(エ)現地設立会社その他団体であって(ア)ないし(ウ)の者による保有議決権比率が 50％超であるものと定義される。

　よって、日本企業による不動産取得が**図表 7 − 1 の①または②のケースに該当する場合**、MOE ガイドライン上、現地法人を設立してかかる現地法人を通じて不動産の取得を行う必要がある。

　他方、図表 7 − 1 の①または②のケースのいずれにも該当しない場合には、同ガイドライン上は、現地法人を通じて行う必要はない[7]。ただし、下記 Q 7 のとおり、外資による不動産の取得に際しては州政府の承認が必要と

なり、州政府は承認の条件を課すことができるとされており、かかる条件として、現地法人を通じて行う旨の条件が課せられる可能性もある点に留意されたい。

---

**Q7** 現地法人であっても株主に外国企業が入っている場合にはそもそも不動産（土地・建物）を保有することが認められない国もあると聞いた。外資現地法人が不動産を「取得・利用」するにあたって適用される外資規制について教えて欲しい。

 マレーシアにおける不動産取得に関する外資規制は大きく２つある。

## 1　MOEガイドライン

まず、上記Ｑ６のとおり、MOEガイドラインが一定の外資規制を課している。

上記Ｑ６のMOEガイドラインが適用されるケースのうち、まず①のケースにおいては、現地法人を通じて取得しなければならないという要件に加えて、MOEの事前承認が必要とされる（MOEガイドライン2.1項）。さらにこのケースにおいては、取得者は、ブミプトラ資本が最低30％以上であり（同3.1項）、かつ、最低払込資本金25万リンギット以上を有する現地会社（同3.3項）でなければならないという要件を満たさなければならない。MOEガイドラインに基づくMOEの承認取得には、通常１か月から２か月を要するといわれている。

---

7）　なお、マレーシアの会社法上、外国会社が、マレーシアにおいて「事業を継続して行う」（"carrying on business"）場合には、マレーシアにおいて現地法人の設立または支店の登録を行わなければならない。会社法上、「事業を継続して行う」については詳細には定義されていないものの、広く事業を構成する活動の反復または一連の活動を指すと解釈されており、具体的にはケースバイケースの判断となる。なお、会社法上、一種のセーフハーバーとして、それのみでは「事業を継続して行う」とはみなされない行為類型として、たとえば、訴訟・仲裁等の当事者となること、取締役会・株主総会への参加、金銭の投資、不動産の保有、31日以内に完了する単独の取引（isolated transaction）および陳列・展示・実演・サンプルなどのために一時的に物品を輸入する行為などが挙げられている。

次に②のケースにおいては、上記のMOEの事前承認取得要件、ブミプトラ資本要件、最低資本金要件は課されないものの、上記Ｑ６のとおり、現地法人を通じて取得しなければならないという要件が課される。

③のケースにおいては、MOEの事前承認取得要件、ブミプトラ資本要件、最低資本金要件だけでなく、現地法人の設立義務も課されない[8]。

また上記にかかわらず一般的に、MOEガイドラインでは、以下の不動産については、外資企業による取得が禁止されている。
(ⅰ) 100万リンギット未満の不動産
(ⅱ) 州政府が定める低コストおよび低～中コストに区分される居住用ユニット
(ⅲ) マレー人保留地（上記Ｑ５参照）
(ⅳ) 州政府が定める不動産開発におけるブミプトラへ割り当てられる不動産

なお、MOEガイドラインが適用される不動産取得とは譲受けのみをいい、賃借（lease）は含まないと解されている。したがって、賃借の方法で土地に関する権利を確保する場合には、上記のMOEガイドライン上の各条件は適用されない。

**【図表７－２】　各取引類型に適用される規制**

| 取引類型（図表７－１参照） | MOEガイドライン上、適用される規制 |
| --- | --- |
| ①のケース | (ⅰ) MOEの事前承認が必要<br>(ⅱ) ブミプトラ資本要件：30％以上<br>(ⅲ) 最低払込資本金：25万リンギット<br>(ⅳ) 現地法人を通じて取得しなければならない |
| ②のケース | 現地法人を通じて取得しなければならない |
| ③のケース | 特になし |
| 低価格その他一定の特別なケース | 一般的に外資による取得禁止 |

[8] ただし、この場合においても、下記の外資による一定の不動産の取得禁止の規制は受ける。また、この場合にも、外資による不動産取得についての州政府の承認が必要となる。

## 2　国家土地法433B条

　また、国家土地法上、非マレーシア市民・外国会社[9]が土地に関する権利を取得するには州政府の承認が必要とされる（同法433B条1項）[10]。また、州政府は、かかる承認に際して、税金（levy）の支払その他条件を課すことができるとされる（同条2項）。この国家土地法上の承認要件は、土地に関する権利取得の方法が土地の譲受けか賃借かを問わず適用される。州政府の承認を取得するための所要期間としては、州や対象土地によって異なるが、通常数か月を要する。

　なお、上記のMOEガイドラインまたは国家土地法433B条に基づく承認以外にも、土地の取得に関して許認可が必要となる場合がある。たとえば、登記簿の記載に基づく土地の用途・利用条件の変更や権利の譲渡に関する州政府の承認・同意がそれである。

　上記に述べた各許認可については、それぞれの要件を満たせば、全ての許認可の取得が必要となるケースもありうる。そのような場合、手続の先後としては、基本的に、MOEガイドラインに基づく承認、国家土地法433B条に基づく承認、その他の承認という流れとなり、州によっては同時並行で手続を進められない点に留意が必要である。

　また、実務上、土地局（land office）に登記の申請を行うには必要な許認可の取得が条件となるため、登記の申請に先立ち、必要な許認可を取得する手続をとらなければならない。したがって、契約締結から登記完了までのトータルの所要期間としては、登記手続の所要期間のみならず、許認可の取得に要する期間も見ておく必要がある。

---

[9] 国家土地法上の外国会社（foreign company）とは、外国法に基づき設立された会社、または、それが非マレーシア市民と合わせて直接・間接的に50％以上の議決権を有する内国法人をいう（国家土地法433A条）。

[10] 従前は、工業用不動産（industrial land）は、例外的に州政府の承認が不要とされているが、2016年の改正により、かかる例外は撤廃された。

[不動産登記制度]

## Q8 不動産登記制度の概要を教えて欲しい。

**A** 国家土地法はいわゆるトレンス・システム（Torrens system）を採用しており、不動産に関する権利の得喪は、詐欺・偽造等の例外的な場合を除いて、登記によって終局的に確定される[11]。具体的には、土地の譲渡、3年超の賃貸借[12]、担保権の一種であるchargeおよび地役権（easement）の設定は登記によって初めて効力を生ずる（国家土地法206条1項、227条1項、243条、286条1項）。すなわち、登記は不動産に関する権利の効力発生要件である。登記簿はそこに記載された者に権利が帰属することを示す終局的な証拠であり、取引の相手方はそれに依拠することができる。なお、登記がなされたことを証する土地権利証のサンプル（参考英訳）は**図表7－3**のとおりである。

---

[11] トレンス・システムとは、当初オーストラリアで採用された近代的な土地登記制度であり、一般に、登記上の権利者が真正な権利者であることを国が保障する制度といわれ、過去の権利移転の全てを確認しなくとも現在の所有者を確認できる点に特色を持つ。前近代における土地の権利を記録・管理する制度においては、土地売買契約といった取引文書が登記所に提出・編綴される仕組みがとられ、土地を取得しようとする者が売主が真正な権利者であることを確認するには、全ての権利移転の連鎖を確認する必要があり、労力、時間と費用がかかる点が問題視されていた。トレンス・システムは、このような問題を解消するために考案されたといわれている。Barlow Burke, REAL ESTATE TRANSACTIONS, 217～218頁、Tang Hang Wu & Kelvin F.K. Low,Tan Sook Yee's Principles of Singapore Land Law Fourth Edition（LexisNexis,2019）263～265頁参照。

[12] 3年超の賃貸借はリース（lease）と呼ばれ、登記の対象となる。これに対して、3年以下の賃貸借は、テナンシー（tenancy）と呼ばれ、登記の対象とはならない。本章で「賃借」・「賃貸借」と述べる場合は、断りのないかぎり前者を指すものとする。

第 7 章　マレーシア

【図表 7 − 3】　土地権利証のサンプル（参考英訳）

National Land Code
Form 11AK
*(Fourteenth Schedule)*

**(Qualified Title Corresponding to Registry Title)**

| H.S.(D) No: ▆▆ | Annual Rent: RM▆▆ |
|---|---|

State　　　　　　　　　　　：　Selangor
District　　　　　　　　　 ：　Sepang
Town/Village/Mukim:　　：　▆▆▆▆▆▆▆▆▆▆▆▆▆▆

PT No.　　　　　　　　　　：
Provisional Area　　　　　：　　　　　Square Meters ▆▆ Acres)
Category of Land Use　　：　None
Standard Sheet No.　　　：　▆▆
RS No.　　　　　　　　　　：
File No.　　　　　　　　　 ：　▆▆▆▆▆

　　　　Grant in perpetuity.

　　　　Registered on **11 June 1999**

　　　　　　　　　　　　　　　　　　　　　　　L.S.　…………………
　　　　　　　　　　　　　　　　　　　　　　　　　　Registrar

Issue document of title issued on **11 June 1999**

　　　　　　　　　　　　　　　　　　　　　　　L.S.　…………………
　　　　　　　　　　　　　　　　　　　　　　　　　　Registrar

The plan of the land, for the purpose of identification, is attached to Form B2.

**SPECIAL CONDITIONS OF QUALIFIED TITLE**

1. This title is subject to the provisions of the National Land Code and to the following express conditions and restrictions-

**EXPRESS CONDITIONS**

None

**RESTRICTIONS IN INTEREST**

None

　　　　　　　　　　Title ID　　　　：
　　　　　　　　　　Date　　　　　 ：
　　　　　　　　　　Version No.　　：
　　　　　　　　　　Copy No.　　　 ：
　　　　　　　　　　Page　　　　　 ：

2. In the plan of the land attached to Form B2, the boundaries shown in red, not having been established by survey, are provisional only.

*To be completed when the title is issued in continuation*

Date of first alienation :
No. original title (final or qualified) :
No. of immediately preceding title
*(if different from the above)* :

### RECORD OF PROPRIETORSHIP

1/1 share

### RECORD OF DEALINGS

Presentation No. ■■■ Lease of Whole Land
to ■■■ Company No. ■■■
for a tenure of 25 years
commencing on 12 February 2009 and expiring on 11 February 2034
registered on 3 September 2009 at 09:38:50 am

Presentation No. ■■■ Sub-Lease of Part of the Land
to ■■■ Company No. ■■■
Area ■■■ square meters
for a tenure of 20 years 1 month and 23 days
commencing on 20 December 2013 and expiring on 11 February 2034
registered on 29 January 2014 at 10:24:27 am

Consent letter :
 :

### OTHER MATTERS AFFECTING TITLE

Quit rent is amended from RM ■■■ to RM ■■■
pursuant to Section 101 of the National Land Code from 1 January 2006
as per Government's Gazette No. ■■■

Title ID :
Date :
Version No. :
Copy No. :
Page :

第７章　マレーシア

*National Land Code*
**Form B2**
*(Fourteenth Schedule)*

**PLAN OF THE LAND**
*(Qualified Title)*

I certify that the plan below is a true copy of the certified plan of the land. The particulars of the title are as follows:

| | | |
|---|---|---|
| *H.S.(D)/H.S.(M) No. | : | HSD |
| State | : | Selangor |
| District | : | Sepang |
| Town/Village/Mukim | : | |
| Sheet No. | : | |
| Lot No. | : | |
| Provisional Area | : | Square Meters ( ) Acres) |

2. In the plan below, the boundaries shown in red, not having been established by survey, are provisional only.

PLAN

Dated

L.S. .....................
Registrar

**Q9** 土地の登記にはどのような効力が認められているか。登記を信頼して取引をした者に対し、登記どおりの権利状態があったのと同様の保護が与えられるか（登記に公信力が認められるか）。

**A** 上記のとおり、登記は、土地に関する権利の効力発生要件である。そして、登記により定められた権利には、登記された権利を有する者は登記を有さない者によってその権利を脅かされることはないという権原の確定的効力（indefeasible title）が定められている（国家土地法340条1項）。

ただし、この権原の確定的効力には例外がある。すなわち、詐欺、不実表示、文書偽造、要件を満たさない証書、無効の証書、違法な権利の取得の場合、それによって取得された権原は取り消されうる（同条2項）。ただし、この場合であっても、当該権原の取消しは、善意の有償取得者の権原を侵害することはできない（deferred indefeasibility）（同条3項2文）。このような意味において、土地に関する登記には一定の公信力が認められているものと評価できる。

また、権原の確定的効力に関して留意すべき点として、買主が登記を具備していない状態でも、土地に関しエクイティ上の権利[13]が認められる場合があることが挙げられる。すなわち、本来、登記が権利移転の効力発生要件であることの帰結として、土地の買主は、登記を具備しないかぎり、コモンロー上の権利（legal ownership）は取得できず、コモンロー上は売主や第三者に対してかかる権利を主張することはできないはずである。しかし、過去の裁判例として、土地の買主が売主に対して代金全額を支払った場合、登記を具備する前であっても、当該土地についてエクイティ上の権利が認められ、当該土地の実質的所有者（beneficial owner）であるとみなされるとしたものがある。この場合、買主は、対世的に土地に関する権利を主張できるとされる。

---

[13] エクイティ上の権利とは、英米法上の概念であり、一般に、コモンロー上では救済が与えられない事件において、正義と衡平の見地から救済が与えられるべき場合に認められる権利をいう。

## Q10
取得を検討している土地の権利関係を調査したい。土地の権利者の協力なく役所の登記簿を見ることができるか。

## A
登記簿は土地局において公衆の閲覧に供されているが、閲覧する対象を特定するために権利証番号または区画番号が必要となることから、権利者の協力が必要となるケースが多い。しかし、これらの番号は、当該土地または区画の税査定評価書（assessment tax bill）に記載されていることがあり、これは各地方自治体において当該土地または区画の住所を伝えれば第三者でも入手することができる。ただし、税査定評価書に記載されているこれらの番号には誤記や記入漏れがあるおそれがあることに注意が必要である。なお、登記簿はマレー語である。

## Q11
登記手続の概要を教えて欲しい。また、登記の申請から完了までに要する期間の目安を教えて欲しい。

## A
登記の申請にあたっては、法定の様式の譲渡証書を作成し、認証を受け、印紙税の支払手続を行った後に、それを登記料の支払証その他の必要書類とともに土地局（land office）に提出する（国家土地法292条2項）。登記申請手続が完了すると、書類受理日が遡って登記の効力日として記載されることになるため（同条同項）、この点は土地の二重売買が行われた場合等の他の権利者に対する優先権を確保するという観点で重要である。そして、申請書類の審査についてはいわゆる形式的審査主義がとられていると考えられており、登記官は、法律上、明白な誤記や書類の不備を除き、国家土地法が定める条件を満たすかぎりは、登記を完了する義務を負う。したがって、必要書類とともに適式な内容で登記を申請するかぎりは、登記官の裁量によって申請が却下されるということは現実的に想定し難いといわれている。

登記手続の前に印紙税局（stamp office）における印紙税（stamp duty）の税額査定手続（adjudication）を済ませる必要があり、通常2～3週間を要する。

その後、土地局において登記申請を行うことになるが、登記完了までの所要期間については、売買か賃貸かを問わず、地域によって異なり、1～2週間で

済む場合もあれば数か月を要する場合もあるとされる。各地域で登記の電子化が進んでいる場合もあるため、現地の土地局や弁護士に都度確認するのが適切である。ただし、祝祭日シーズン、繁忙状況その他想定外の事情によって通常の日数より遅れることも多い。遅延が許されないスケジュールの場合、申請後の手続の進捗を登記担当官に定期的に確認することが望ましい。

　また、登記が完了する前に売主が土地の二重譲渡を行うような場合、買主は土地の権利を失う可能性もある。そこで、このような事態を防止するため、マレーシアの実務上、買主がその土地の登記簿に私的予告（private caveat）をすることも多い。私的予告とは、登記可能な土地に関する権利がいまだ登記されていない場合に、それを可及的に保全するための制度であり、一定の利害関係人が土地局に申請することによって登記簿に一定の記載がなされる（国家土地法323条、324条）[14]。私的予告が適法になされると、その後その土地に関する取引が禁止され、登記官は登記の申請があっても却下することになる（国家土地法322条3項）。ただし、私的予告がなされた場合でも、利害関係人は土地に関する法的な権利を取得するのではなく、当該土地に利害関係人がいることが対世的に周知されるにすぎない。

[土地収用]

## Q12 土地に関する権利が政府による収用の対象となるのはどのような場合か。

**A** 1960年土地収用法（Land Acquisition Act 1960）[15]においては、土地収用が行われる場合として、①社会一般の利益となる公共の用に供することを目的として行われる場合、②土地収用の目的がマレーシアの社

---

[14] 国家土地法上、私的予告を行うことができるのは、登記された土地に対する何らかの権利または登記できる利益を有する者、登記された土地に対して受益権を有する者が挙げられている。

[15] その他にも、特定の目的のために土地収用が定められた法律としては、先住民が所有してきた土地を保護するための1954年先住民法（Aboriginal Peoples Act 1954）、プトラジャヤの土地を保護するための1995年ペルバダナン・プトラジャヤ法（Perbadanan Putrajaya Act 1995）、1990年電力供給法（The Electricity Supply Act 1990）等が挙げられる。

会一般の経済的発展に資すると当局が判断した場合、③鉱業、農業、商業、工業、居住、娯楽を目的として行われる場合の3類型が定められている（同法3条1項）。土地収用が行われた場合、その土地の市場価格や土地収用により所有権者に生じた利益および損害等が考慮された上で、土地行政官（Land Administrator）より適正な額の補償金が支払われる（同法12条1項）。

土地収用手続の流れは以下のとおりである。

【図表7－4】土地収用手続の流れ

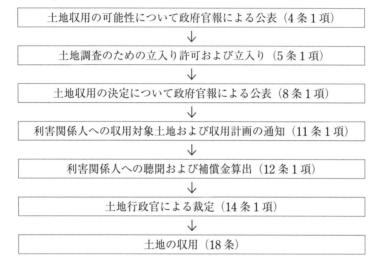

## Ⅱ　不動産関連事業に関する規制

[不動産関連事業に関する外資規制]

**Q13**　不動産関連事業を行う現地法人を設立したいが、当局の承認やローカル企業の出資が必要になるか知りたい。主な不動産関連「事業」（不動産開発、不動産売買・仲介、不動産賃貸、不動産管理、建設）について、どのような外資規制が適用されるか教えて欲しい。

**A** マレーシアにおける不動産関連事業に属する各種業務について適用のある外資規制は以下のとおりである。なお、不動産の取得に関する外資規制については、上記Ｑ７のとおりである。

## 1　不動産評価・鑑定業

評価人、鑑定士、不動産仲介業者および不動産管理業者法（Valuers, Appraisers, Estate Agents and Property Managers Act 1981、以下「VAEAPM 法」という）上、以下の業務については、評価人、鑑定士、不動産仲介業者および不動産管理業者委員会（Board of Valuers, Appraisers, Estate Agents and Property Managers、以下「VAEAPM 委員会」という）に、登録評価人（registered valuer）または登録鑑定士（registered appraiser）として登録し、免許を得た者のみが行うことができるとされる（同法 19 条）[16]。

① 土地・建物およびそれに関する一切の利益（什器備品、流通在庫、工場・機械設備等を含む）の評価

② 土地・建物およびそれに関する一切の利益に関する、フィージビリティスタディ、プロジェクト管理、訴訟手続、仲裁その他の目的の評価

企業[17]が上記の登録評価人または登録鑑定士に認められる不動産評価・鑑定業務を行うためには、当該企業が VAEAPM 委員会に登録しなければならない（同法 23 条 1 項）。そして、法人がかかる VAEAPM 委員会への登録を行う要件として、その株式の 51％以上を登録評価人または登録鑑定士が保有し、かつ、その取締役会構成について最低 2 名かつ過半数の取締役が登録評価人または登録鑑定士でなければならないとされる（同法 23 条 2 項、VAEAPM 委員会の 2020 年 8 月 3 日付通達）。

したがって、外資企業が不動産評価・鑑定業を行うためには、登録評価人または登録鑑定士が、その企業の 51％以上の株式を保有し、かつ取締役の過半数（ただし 2 名以上）に就任しなければならない。

---

16) なお、VAEAPM 法は、旧法が改正され、施行日である 2018 年 1 月 2 日から「登録不動産管理業者」が新設され、国籍・永住権資格要件が撤廃された。

17) VAEAPM 法上、企業（firm）とは、法人、パートナーシップまたは個人事業主（sole proprietorship）を指すと定義される（同法 2 条）。

## 2　不動産仲介業

　不動産仲介業も、VAEAPM 法によって規律されており、VAEAPM 委員会に登録し、免許を得た不動産仲介業者のみが不動産仲介業を行うことができるとされる（同法 22B 条 1 項）。同法上、不動産仲介業（estate agent）とは、大要、有償で一定の事項に関し仲介者として活動し、またはそのように振る舞うこととされ、一定の事項とは、土地建物の売却・購入・賃貸借、それらに関する広告および（賃料の徴収、諸経費の支払い、小規模修繕の手配、不動産の引渡しを含む）賃貸管理事務を指す（同法 22B 条 1 A 項）。このように規制対象となる行為の範囲が広範であり、たとえば、合弁会社に対して株主がリーシング業務を提供する場合、これに該当する可能性がある。

　企業が不動産仲介業を行うためには、当該企業が VAEAPM 委員会に登録しなければならず（同法 23 条 1 項）、法人がかかる VAEAPM 委員会への登録を行う要件として、その株式の 51％以上を登録不動産仲介業者が保有し、かつ、その取締役会構成について最低 2 名かつ過半数の取締役が登録不動産仲介業者でなければならない（同法 23 条 2 項、VAEAPM 委員会の 2020 年 8 月 3 日付通達）点も不動産評価・鑑定業と同様である。

　よって、外資企業が不動産仲介業を行うためには、登録不動産仲介業者が、その企業の 51％以上の株式を保有し、かつ取締役の過半数（ただし 2 名以上）に就任しなければならない。

## 3　不動産管理業

　「不動産管理」（property management）とは、大要、ホテルやゴルフ場など不動産を活用した事業（property-based business）の運営を除き、所有者のため、手数料を得て、不動産を管理・運営する業務を指し、(i)不動産の賃貸その他の契約の条件の適用・執行、(ii)不動産に関する予算の作成・財務記録の保持、(iii)不動産支出のモニタリング、不動産収入からの支払、(iv)不動産の売買・賃貸、保険に関する助言、(v)不動産の開発・投資機会、改修、権利の統合（merging of interests）の要否に関する助言、(vi)物・付属設備の維持管理、(vii)家具、什器備品、在庫、工場、機械、その他物品の棚卸資産のリストの作成ま

たは確認を含む（同法2条および22Ⅰ条2項）。このように規制対象となる行為の範囲が広範であり、たとえば、不動産を保有する合弁会社に対して、株主が建物管理業務を提供する場合、これに該当する可能性がある。

不動産管理業を行うには、VAEAPM委員会に登録し、免許を得る必要がある点は、不動産評価・鑑定業、不動産仲介業と同様である（同法22Ⅰ条1項）。また、企業が不動産管理業を行う場合の要件についても、不動産評価・鑑定業、不動産仲介業の記載と同様である。すなわち、当該企業がVAEAPM委員会に登録しなければならず（同法23条1項）、法人がかかるVAEAPM委員会への登録を行う要件として、その株式の51％以上を登録不動産管理業者が保有し、かつ、その取締役会構成について最低2名かつ過半数の取締役が登録不動産管理業者でなければならない。

## 4 建設業

建設業については、建設業開発庁法（Construction Industry Development Board Act 1994）によって規律され、外資企業（Foreign Contractor）が同法により建設工事プロジェクトの入札に参加するためには、マレーシア建設業開発庁（The Construction Industry Development Board Malaysia：CIDB）に登録する必要がある（同法25条）。また、外資企業は、プロジェクト落札後にも、プロジェクト単位での登録証明をCIDBから取得する必要がある。なお、ガイドライン上、外資企業（Foreign Contractor）とは、外国で設立された会社または外資が30％以上を保有する国内会社を指す。もっとも、30％という閾値は一般的な閾値であり、特定の国との取決めによって、異なる閾値が用いられる場合がある点に留意が必要である。

なお、政府調達工事に関しては、個別事案によっては現地資本・ブミプトラ資本による一定の出資割合を条件とするライセンスを取得する必要があるようである。

**[不動産関連事業に関する許認可]**

**Q14** 現地で不動産仲介を行うことを検討している。日本における宅建業規制に相当するような規制があるか。

**A** 上記Q13のとおり、不動産仲介業については、VAEAPM法に基づくestate agentとしてのライセンスが必要である。また、VAEAPM法およびその下位規則では、ライセンス要件以外にも、不動産仲介業者の顧客情報の守秘義務、利益の保護など日本の宅建業法と類似の規制を課している。

**Q15** 現地で建設業を行うことを検討している。建設業を行う場合、どのような許認可を取得する必要があるか。

**A** 建設業を行う全ての事業者は、マレーシア建設業開発庁から免許を得る必要がある。また、建築士やエンジニアはそれぞれの業者協会における登録が求められている[18]。

## Ⅲ 不動産取引

[不動産取引（取得・譲渡、賃貸）]

**Q16** 取得を検討している土地の権利関係を調査したい。どのような点に留意して調査すべきか。

**A** 土地の権利関係の調査において留意すべき点としては、登記簿上の土地の用途・利用条件が、想定している事業と整合しているかを確認することであり、もしその変更が必要となる場合には州政府の承認が必要となる。また、登記簿上、権利の譲渡に関して州政府の同意が要求されていることがある。さらに、合筆・分筆が必要となる場合には、その手続の完了までは権利を移転することができない。これらは、いずれもスケジュールに影響することになる。また、たとえば、leaseholdを取得する場合には、登記簿上のleaseholdの残存期間を見て、プロジェクトに必要な期間として十分であるか

---

[18] 建築士法（Architects Act 1967）およびエンジニア登録法（Registration of Engineers Act 1967）。

を確認する必要がある。

　土地上に既存の建物がある場合には、建物の使用許可（certificate of completion and compliance）および消防局の認可書（bomba approval）を確認する。

　その他に留意すべき項目としては、権利の主体、権利の種類（freehold か、leasehold か）、特別な制限の有無、マレー人保留地か、ブミプトラ保有地か、賃借権の有無、差止請求の有無、土地収用の可能性、二重譲渡の可能性が考えられる。

## Q17　不動産の売買・保有に際して生じる課税の概要を教えて欲しい。

**A**　不動産の売主は、不動産売買を通じて譲渡益が生じた場合、不動産譲渡益税（real property gains tax）を支払う義務を負う。譲渡益税の税率は、売主の法人・個人の別、国籍、および不動産保有期間によって異なり、2025年1月末現在では最大30％である。日系企業が不動産投資を通じて譲渡益を得た場合、下記の図表7－5の最右列のとおり、不動産の購入から売却までの期間が5年以内であるならば2025年1月末現在で30％の譲渡益税が課されることになる。

**【図表7－5】　不動産譲渡益税の税率**

| 購入から売却までの期間 | マレーシア市民（永住資格者を含む） | 国内法人・国内団体等 | 外国人・外国法人 |
| --- | --- | --- | --- |
| 3年以内 | 30％ | 30％ | 30％ |
| 4年以内 | 20％ | 20％ | 30％ |
| 5年以内 | 15％ | 15％ | 30％ |
| 5年より後 | 0％ | 10％ | 10％ |

　これは、売主が外国の個人または法人である場合にも課される義務である。
　この場合、売買契約で別途定めた場合を除き、買主は当該売買契約の約因として不動産の対価となる物全て（金銭か否かを問わない）の総額の3％に相当す

る金銭か、当該売買契約の約因として支払われるべき金銭の全ての、いずれか少ない方についての支払を源泉徴収して、それを売主に代わってマレーシアの内国税収入局に支払う義務を負う。なお、上記の不動産譲渡益税の支払義務およびそれに関連する義務は、売主が開発業者の場合等、不動産売買を業として行っている場合には生じない。この場合、不動産売却益は所得として計上され、それに対して所得税が課されることになる。

さらに、マレーシアにおいては売買契約書において印紙税（stamp duty）がかかるのが通常であり、これは印紙税法の下では買主が負担することとなっている[19]。

なお、上記の税金以外に、地方税として、土地の所有者に一定の納税義務が課される場合がある。

## Q18

現地でコンドミニアムの開発を検討している。建物が竣工し、ユニットを顧客に販売した後に当該物件に瑕疵が発見された場合、誰がどのような責任を負うか。

## A

マレーシアにおいては、物件に設計、工事または材料に関する瑕疵が発見された場合のデベロッパーが顧客に対して負う責任については、（日本の民法のように）売買の目的物の種類、数量品質に関して契約内容との間に相違があった場合の契約不適合責任を特別に定めた制定法は存在せず、デベロッパーと顧客の間の販売契約に記載される契約条件に従う。また、デベロッパーだけでなく、建築士、エンジニア、および建築請負人も不法行為に基づき責任を負う場合があり、コモンロー上の注意義務違反があったと認められるかが問題となる。

外形上明らかな瑕疵や合理的な注意を尽くせば発見が可能な瑕疵（patent defect）については、通常、瑕疵責任期間（defect liability period）として建設

---

[19] 印紙税は、売買契約の譲渡金額のうち10万リンギット以内の部分についてはその1％の割合で、10万リンギットを超えて50万リンギット以内の部分についてはその2％の割合で、50万リンギットを超えて100万リンギット以内の部分についてはその3％の割合で、100万リンギットを超える部分についてはその4％の割合で課されることになる。

契約上に規定が置かれる。具体的には、そのような瑕疵が見つかった場合、発注者は、工事業者へ通知するものとされ、工事業者は、瑕疵責任期間内であれば瑕疵修補義務があり、その義務の履行を怠った場合、発注者はその工事業者の費用負担で他の工事業者に瑕疵の修補をさせることができる。瑕疵責任期間満了後に、瑕疵修補の完了についての証明書（certificate of making good defects）が発行された時点で、工事業者は、工事の検収時に明らかな瑕疵に関する責任から解放される。顧客との販売契約にもかかる瑕疵責任を前提とした規定が置かれる。

これに対して、売買の目的物に隠れた瑕疵が存在する場合、その性質上、瑕疵責任期間満了後に判明することも多く、消滅時効が争点となる。契約責任および不法行為責任に基づく損害賠償請求権の消滅時効の期間は、一般的に6年間とされている。もっとも、隠れた瑕疵に関する責任の消滅時効期間については、2019年9月1日に施行された時効法（Limitation Act）の改正により、仮に上記の消滅時効の期間が経過していたとしても、当該瑕疵が合理的に発見されたものである場合には、その発見の日から3年以内であれば損害賠償請求訴訟を起こすことが認められている。なお、この場合であっても、原因事実発生時点から15年を超えることは認められていない点に留意が必要である。

## Q19

現地で商業施設の開発を検討している。日本の不動産賃借権に相当する権利があるか。借地借家法のような賃借人保護を目的とする特別な法律があるか。

### A

上記Q8のとおり、マレーシアにおいても不動産賃借権に相当する権利は存在する。

マレーシアでは、プロジェクト用の土地を賃借によって確保する場合がある。すなわち、土地の権利者（freeholdまたはleaseholdの保有者）は、国家土地法の規定に従って、土地をリースすることができる。同法上、土地のリースの期間の下限は3年超であるが、上限については、リースの対象が土地の全部であれば99年、土地の一部であれば30年とされている（国家土地法221条2項・3項）。土地のリースは登記が可能な権利であり、登記が効力発生要件で

ある（同法227条）。登記の申請にあたっては所定のフォーマットで証書を作成する必要がある（同法221条4項）。

　土地のリースに関する賃貸人（lessor）および賃借人（lessee）の権利義務は、基本的には契約自由の原則が妥当する分野であり、当事者間の交渉と合意により定められる。もっとも、当事者が明確な取扱いを定めなかった場合のために、国家土地法は一定の黙示的契約条件（implied terms）を規定しており、これは大要2種類に分かれる。1つは、賃貸人が州政府に対する地代（rent、固定資産税に相当する）を支払う一方で、賃借人が所定の賃料を支払い、また土地が制約に服する全ての条件を履行するという、当事者が当然に負担する義務に関する規定である（同法230条1項・2項）。もう1つは、反対の特約がない場合に適用される、賃借人および賃貸人それぞれの義務に関する規定である。賃借人側については、（州政府に対する地代を除く）土地に関する税金その他の諸経費の支払義務、（下記の賃貸人による修繕義務の対象を除く）物件の修繕義務、賃貸人による立入りを許容する義務などがある（同法231条）。賃貸人側については、賃借人による平穏かつ排他的な占有を許容する義務、（建物に関しての）外壁・屋根・配管・共用部分の修繕義務、物件の全部または一部が使用収益に適さなくなった場合の賃料減額義務などがある（同法232条）。賃借人は、賃貸人の同意なくリースについて譲渡、担保設定その他の処分をすることはできないが、賃貸人は不合理に同意を留保してはならないとされている（同法231条1項(d)）。

　また、リースではなく、3年以下の期間を定める賃借であるテナンシーを用いる場合もあるが、国家土地法上、登記の対象とはならず、口頭または書面の合意のみにより成立する（同法223条1項・2項、213条1項・2項）。オフィスやコンドミニアムといった建物の一区画が賃貸される場合には、このテナンシーが用いられることが多い。

　なお、マレーシアにおいては、賃借人保護を目的とする特別な法律は存在しない。

[不動産担保]

## Q20
不動産に対して設定される担保の種類としてどのようなものがあるか。

### A
マレーシアにおける主な不動産担保権としては、国家土地法に基づく charge および lien、エクイティ上の assignment が挙げられる。

charge は、土地の所有権または賃借権に設定することができ、担保権者と担保権設定者が証書を作成・締結する（国家土地法242条）。土地を目的とする charge は、所有権が担保権者へ移転せず、また占有も担保権設定者に残る点において、日本の抵当権に類似する。上記Q８のとおり、charge は、登記によって初めて効力を生じるものとされ、登記手続に要する期間は売買・賃貸の場合とほぼ同様である。

lien は、債務者が土地の所有権または賃借権についての権原に関する証書（issue document of title or duplicate lease）を債権者に委託し、債権者がこれを用いて lien 所持者の予告の登記手続を行うことにより設定される担保権である（国家土地法281条）。charge よりも簡易な手続で設定される担保権で、必要な費用も安価である。

assignment は、判例上認められた担保権であり、分筆中の土地や区分所有権が発行される前の土地等、独立した権利がいまだ生じていない、いわば生成中の土地上の権利に担保権を設定する方法として用いられる。具体的には、土地の買主が土地購入資金に係る貸付人金融機関に対して、当該土地の売買契約上の権利を譲渡することによって設定される。

## Q21
現地における不動産担保執行手続の概要を教えて欲しい。通常、担保執行の開始から完了までどの程度の期間を要するか。

### A
charge の実行方法には、①競売および②占有取得の２つがある。
競売については、債務者によるデフォルトが生じた場合、担保権者は、法定のフォーマットで債務不履行通知を債務者に対して送付し、１か月以内に治癒されなければ、裁判所に対して売却命令を申し立てる（国家土地法

254条、256条）。裁判所が売却命令を下す場合、競売が行われ、この手続は、通常1年以内には終了する。他方、占有取得は、物理的に担保不動産を占有するか、賃貸不動産の場合には賃料を受領する方法により実行する（国家土地法271条1項）。

　lienおよびassignmentは、担保権者が裁判所に対して土地の競売を求めることによって実行される。

　担保執行に対して異議を申し立てるためには、担保権者が当該執行を行うための要件を充足していないことを示す書類（cause to the contrary）を担保権設定者が宣誓供述書という形で裁判所に対して提出する必要がある（国家土地法256条3項）。当該書類は、土地の所有権に争いがあるという限定的な場合にしか提出できないと定められている。実際、マレーシアの実務上、不動産担保執行手続において上記の異議申立てがなされることは少ない。

---

**Q22** マレーシアの不動産開発・投資プロジェクトにおける不動産担保ローンの概要を教えて欲しい。通常、どのような担保が設定されるか。ノンリコースローンは実務上一般的に行われているか。また、ローン契約に関し、参照されるひな型などはあるのか。

**A**　マレーシアにおける不動産担保ローンの概要としては、①銀行業または貸金業に関する規制、および、②現地法人による借入に関する外国為替管理規制を挙げることができる。

　上記①については、マレーシアで貸付けを行う金融機関はマレーシアの財務省の認可又は中央銀行の承認が必要となる。認可を取得した国内の商業銀行がマレーシアにおける不動産ファイナンスの主な担い手であり、担保として土地に関するchargeを取得するのが常套である（上記Q20参照）。

　また、金融機関でない場合でも、マレーシアの貸金業者法（Moneylenders Act 1951）によれば、貸金業を行うには貸金業ライセンスを取得しなければならない（同法5条1項）。これに違反した場合、25万リンギット以上100万リンギットもしくは5年以下の禁錮またはその両方を科されうる（同条2項）。もっとも、無利息の貸付および親子会社間での貸付は、規制の対象外とされて

いる。このようなケースに該当しない場合には、貸金業ライセンスの要否について慎重な検討が必要であろう。

　上記②については、法律上、現地法人による外貨建ての借入および非居住者からのリンギット建ての借入については、原則としてマレーシア中央銀行の事前承認が必要となり、一般的にこのような事前承認を取得することは必ずしも容易ではないといわれている。もっとも、一定の場合には例外が認められており、リンギット建てか外貨建てかによってその扱いが異なる。たとえば、リンギット建ての借入については、非居住者である直接株主その他のグループ会社からの借入であって、それがマレーシア国内の実需に基づいた事業活動（activities in the real sector）のための資金であるという条件を満たすかぎりにおいて、金額制限なく借入が可能である[20]。ここでいう「実需に基づいた事業活動」には、居住用または商業用不動産の建設または購入が含まれている（ただし、土地の購入のみの場合は除かれている）ことから、日系企業の現地法人による不動産案件のための借入についてはこの例外を用いることができることがある。これに対して、外貨建ての借入については、リンギット建ての借入よりも規制は緩い。たとえば、借入先が(i)国内の認可銀行か、または(ii)居住・非居住かを問わず、その直接株主その他のグループ会社の場合には金額制限はない。また借入先がそれ以外の非居住者の場合でも、親子関係にある居住法人との合計で1億リンギットを上限として借入が可能である[21]。

　不動産担保ローンの文脈において、いわゆるノンリコースローンは一般的ではなく、オーナー保証や親会社保証による信用補完が一般的である。

　ローン契約の書式については、APLMA（Asia Pacific Loan Market Asociation）のひな型が参照されることが多いが、銀行が自らのひな型を用いることもある。

---

[20] このほか、同じグループに属するマレーシア非居住の法人または個人（ただし、非居住金融機関を除く）からの借入であって、マレーシア国内で使用するためのものであれば、親子関係にある居住法人との合計で100万リンギットを上限としてリンギット建ての借入が可能である。
[21] 外国為替管理規制については、金融情勢に応じて随時変更される可能性があるため、都度、現地の弁護士に確認することが望ましいと思われる。

# Ⅳ　不動産開発・投資スキーム

[不動産開発]

## Q23　マレーシアにおいて一般的な不動産開発のスキームを教えて欲しい。

**A**　マレーシアの不動産開発の実務において、案件によってストラクチャーや内容は様々であるが、複数の事業者による共同開発では、大まかにいうと、合弁会社を用いて土地（freehold・leasehold）を取得・保有し建物の開発を行う取引が主流であるといえる。共同事業者が新設の合弁会社で土地を取得して開発を行うケースもあれば、後から参画する投資家が、土地を保有する既存のビークルから持分を取得するケースもある。土地の長期リース（lease契約に基づく賃貸借）が不動産開発に用いられることは一般的ではないと言われている。

また住宅開発の分野では特に、土地の開発権（development right）や受益権（beneficial interest）の譲渡を伴う取引がよく見られる。開発権とは、ある土地を開発しようとする開発業者が、その土地の保有者から付与される、土地を開発する権利をいう。通常、地主とデベロッパーの間で共同開発と収益・コストの分担に関する合意を定める共同開発契約（joint development agreement）が締結され、土地の開発に関する一切の法律行為を地主に代わって行う権限を付与する委任状（power of attorney）がデベロッパーに発行される。委託される主な項目としては、土地を担保とした借入、許認可の取得手続、建設工事等の手配、完成物件の販売およびその代金の受領などである。

他方、受益権は、土地の開発にあたって、土地の所有者が自らを受託者とする信託宣言を行い、当該土地を信託財産とする信託を組成することにより発行されるものであり、それが開発業者に対して譲渡される。その結果、土地の名義は当初の所有者のままであるが、土地に関する実質的な権利は開発業者に帰属することになる。

開発権や受益権の譲渡という方法がとられる背景には、同じ土地に関して開

発業者への移転の段階と最終購入者への移転の段階で、二重に登記費用と税金がかかるのを避けることができる、既存の開発許認可をそのまま活用できるというメリットがある。もっとも、開発権については、土地の名義は地主に残り、リングフェンシング（法人格による資産の隔離）がないこと、受益権についても事案によって色々な論点が出てくるため、デベロッパーの立場からは投資の保全を慎重に検討する必要がある。

[不動産ファンド]

## Q24 マレーシアにおいてにおいて主に利用される不動産ファンドスキーム・REIT制度の概要を教えて欲しい。

## A　1　私募ファンド

　マレーシアでは、私募ファンドによる不動産投資も行われている。外国投資家がマレーシアの不動産に投資する場合、大別して、①現地法人（company limited by shares）を通じて不動産を取得する方法と②マレーシア証券委員会（Securities Commission Malaysia、以下「SC」という）の承認を得てABS（asset-backed securities）を発行するSPV（会社または信託）を通じて不動産を取得する方法がありうる（下記図表7−6を参照のこと）。

【図表7−6】 私募ファンドストラクチャーの例

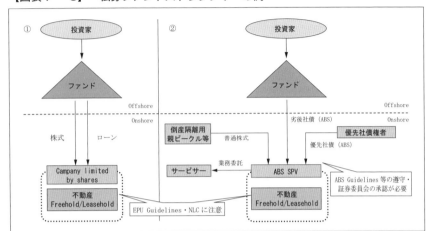

上記②の概要を簡単に説明すると、まず外国投資家がマレーシアの不動産を取得することを目的として倒産隔離ビークル（以下「ABS SPV」という）を設立する。次にABS SPVは、不動産を取得するための資金を調達するため、当該不動産を裏付けとして、外国投資家に対しては実質エクイティ持分としての劣後社債を発行し、また他のファイナンサーに対しては優先社債を発行する（ただし、ABS SPVは借入を行うことはできない）。この仕組みの主なメリットとして、ABS SPVによる不動産の取得に関して印紙税と不動産譲渡益課税が免除される。また、ABSの譲渡については不動産の取得に関する外資規制は及ばないことから、外国投資家は劣後社債を取得することにより、かかる外資規制の枠外で実質的に当該不動産を取得することができる。このような仕組みによって、外国投資家は、劣後社債の利子という形で不動産からの収益を受け取り、あたかも不動産を直接取得するのと同じ経済的利益を享受する。

## 2　マレーシアのM-REIT

### (1)　M-REIT市場

マレーシアでは、2025年2月末日現在、19のリートがマレーシア証券取引所（Bursa Malaysia Securities Berhad）に上場している。マレーシアの上場

リートは M-REIT の名称で呼ばれ、マレーシア国内の不動産のみならず、海外不動産も投資対象となる。M-REIT の中には、日本の不動産を組み入れたものもあり、今後も M-REIT による日本の不動産への投資、および日系企業による M-REIT を通じたマレーシア不動産への投資が期待される。

なお、M-REIT の大きな特徴として、イスラムリート（Islamic REIT）が多く上場している[22]。イスラムリートは、SC が発行するイスラムリートガイドライン（Guidelines on Islamic Capital Market Products and Services）を遵守することが求められている。

(2) M-REIT の概要

M-REIT は、信託型かつ外部運用型の投資ビークルであり、組入資産の 75% 以上を不動産（不動産保有 SPC を含む）とする。リートは公募により一般市場から資金調達を行うことができ、その投資持分であるユニット（unit）（J-REIT における投資口に相当する）を取引所に上場させる。上場したユニットは取引所で流通取引され、取引所の監督に服する。M-REIT は SC の監督に服し、SC の発行するリートガイドライン（Guidelines on Real Estate Investment Trusts）を遵守することが求められている。

M-REIT のストラクチャーを表すと図表７－７のとおりとなる。

---

[22] 2025 年 2 月末日現在、5 つのイスラムリートが上場している。

【図表7−7】　M-REITのストラクチャー図

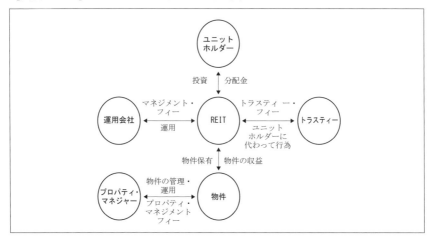

　M-REITには、他の（契約型）投資信託（unit trust）に通常見られるのと同様、トラスティー（trustee）（受託者）と運用会社（management company）という2つの主体が関与する。トラスティーは、ユニットホルダー（unitholder）（J-REITにおける投資主に相当する）に代わって資産を保有し、M-REITとしての行為を行う主体となる。運用会社はM-REITの資産運用を行う主体であり、トラスティーに対して個々の行為の指示を出す。運用会社はファンド運用のライセンスを取得する必要がある。運用会社およびトラスティーの辞任、解任、交替はM-REITの信託証書（trust deed）の規定に従う。

　M-REITの資金調達の方法はエクイティとデットの両方が可能である。エクイティの場合ユニットを発行する。公募により一般市場から調達すること（ライツイシュー（rights issue）と呼ばれる）も日本の第三者割当増資のように特定の第三者に割り当ててその者から資金を注入してもらうこともできる。デットの場合、借入れによることも債券を発行することも可能である。ただし、デットの額は総資産の50％以下に限定されている。なお、M-REITは、収益の90％以上を分配することによって分配額を損金算入できる導管課税の制度がとられている。

# 第8章

## シンガポール

第8章　シンガポール

# I　不動産法制

## [法体系]

**Q1** その国の法体系に応じて不動産法制の内容にも一定の傾向が見られることがあると聞いた。シンガポールの法体系は、日本と同じ大陸法系（シビルロー）か、それとも英米法系（コモンロー）か。

**A** シンガポールは、英米法系（コモンロー）の国である。

歴史的な背景としては、1826年11月26日、英国領インドの一部たるペナン統治のため制定されていた第1次裁判所憲章（First Charter of Justice）の延長として、シンガポールおよびマラッカの統治を目的とした第2次裁判所憲章（Second Charter of Justice）が採用され[1]、これにより、同日時点におけるイギリス成文法ならびにイギリスのコモンローおよびエクイティ[2]が継受された[3]。1826年以後の不動産に関するイギリス成文法は継受していない[4]が、1878年以降、独自の土地法制を構築し始め、それらの法令は、一部法令を除いて同時期のイギリス法をベースに作られたものであり、今日でもその本質的な部分においてはほぼ全て効力を有している[5]。

また、1993年には、イングランド法適用法（Application of English Law Act）が制定され、イギリスのコモンローおよびエクイティが引き続きシンガポール法体系の一部を形成することとされた[6]。

なお、土地行政は、2001年以降、国土庁（Singapore Land Authority）（以下「SLA」という）が監督しており、SLAは土地権原法（Land Titles Act）等に基

---

1) WJM Ricquier. LAND LAW 5 (4th ed., 2010).
2) エクイティとは、コモンローに並ぶ1つの独立した英米法体系であり、歴史的には、コモンローを形式的に適用することによって法的救済が得られない場合において、正義および衡平の見地からこれに対して救済を与えることによって発展した法体系である。
3) アジア不動産法制研究会編『アジアの不動産法制1』（財団法人日本住宅総合センター、1994）45頁。
4) WJM・前掲注1）7頁。
5) WJM・前掲注1）8頁。

づく登記業務や、強制収用、居住用不動産法（Residential Property Act）における政府代理人（agent）業務を所管している。

[土地に関する権利（所有権または類似する権利）]

## Q2
土地に関する権利としてどのようなものがあるか。日本における土地の所有権に相当する権利があるか。

## A
シンガポールにおいては、土地（land）に関する権利として以下のようなものがある[7]。

① 完全所有権（estate in fee simple）
② リースホールド（leasehold）
③ 永久不動産権（estate in perpetuity）

### 1 完全所有権

完全所有権は、コモンローに由来する、土地に対する自由保有権（freehold）の一種である[8]。当該権利は、土地に対する無期限・無制限の絶対的権利であり、いわゆる私有地として分類されるため、日本の土地所有権に相当する概念といえる。当該権利を付与された者だけでなくその相続人も享受できる権利であり、権利者の相続人が存在する限り、半永久的に存続する。

近代以前は、国家が私人に対して、その所有する土地を自由に使用することができる権利、すなわち完全所有権を付与していた。しかし、1903年の完全所有権に関する王領地令（Crown Lands（Grants in Fee Simple）Ordinance）により、一部の例外（国有地法（State Lands Act）14条ないし18条）を除いて、

---

[6] シンガポールの全ての土地は、当初、東インド会社に、引き続いてイギリス国王により保有されていた。その後、シンガポール共和国憲法（Constitution of the Republic of Singapore）160条により、イギリス国王の保有していた全ての土地は国家に帰属することとなった（WJM・前掲注1）12頁）。このような歴史的経緯から、シンガポールにおいては、原則として全ての土地は国家に帰属するものとされている。

[7] Tang Hang Wu & Kelvin F.K. Low,Tan Sook Yee's Principles of Singapore Land Law Fourth Edition（LexisNexis,2019）, §3.

[8] Tanほか・前掲注7）§3.10-15。

新たな完全所有権の付与はされないこととなった[9]。現在、国によって付与されるのは、下記のleaseholdや永久不動産権である。

## 2　リースホールド (leasehold) [10]

leaseholdは、一定の期間[11]、賃料を受け取る代わりに土地の排他的な利用と占有[12]を移転することを内容とする、期限付きの土地に対する排他的支配権・使用権をいう。leaseholdはいわゆる国有地として分類される。leaseholdは、契約に基づく権利という点で日本の賃借権に類似するが、他方で、妨害排除請求権など物権的性格が認められ、また慣習的に（完全所有権と同様）ownershipと呼ばれる（実務上、公的機関等からのleaseholdは、それを有する売主と買主の間で「売買」の対象として取引されるが、法的意味で厳密には、売主は公的機関等からのlesseeであり、買主はその地位を承継する、またはあらためて公的機関等から権利の発行を受けるものと考えられる）。

リース期間については、かつて999年と設定される場合もあったが、現在では、工業用地では30年、商業・住宅用地では99年とされるのが通常である[13]。こうした長期のleaseholdは、国から一定の公的機関に一度払い下げ

---

9) Tanほか・前掲注7) §4.6。
10) leaseholdと似ているが、あくまで一時利用を目的とする点でleaseholdと区別される土地の利用権として、一時利用賃貸借契約（tenancy agreement）と一時占有許可（temporary occupation licence）がある。これらは、国（具体的には、徴収官（Collector of Land Revenue））から設定される利用権であり、その期間は3年を超えることができない（ただし3年を超えない範囲で更新が可能であり、更新回数も制限されていない）。両者の違いは、一時利用賃貸借契約では排他的支配権が認められるが、一時占有許可においては土地に対する排他的支配権は認められないことにある。徴収官はいつでもこれらの権利の設定を解除することができる。
11) 始期および最大存続期間は賃貸借（lease）の必要不可欠な要素であり、賃貸借が効力を有する前に明確に定められていなければならない。たとえばイングランドの判例（Lace vs. Chantler [1944] KB 368）は、「戦争が継続している間」との定めは不明確であるとして無効としている。他方で、死亡するまで（lease for life）との定めについては、理論上有効と解されている（WJM・前掲注1) 211頁）。
12) 排他的占有（exclusive possession）は、賃貸借と許可（licence）との区別のために重要な要素であるとされているが、他方、排他的占有は賃貸借の唯一の要件というわけではない。両者の区別には当事者の意思が最も重要であるが、その法的性質は法によって決定され、契約に付された題目等によっては左右されないものとされている（WJM・前掲注1) 208〜209頁）。
13) Tanほか・前掲注7) §4.13

られた上で、そこから民間に再譲渡またはリースがなされる。ここでいう公的機関は、都市再開発庁（Urban Redevelopment Authority、以下「URA」という）、住宅開発局（Housing & Development Board、以下「HDB」という）およびJTCコーポレーション（JTC Corporation、以下「JTC」という）を含む。上述のとおり、完全所有権の付与がされなくなったことに伴い、leaseholdが最も一般的な土地の付与形態となっている[14]。

## 3　永久不動産権

永久不動産権は、王領地令により新たに作られた、コモンローに由来しない権利である[15]。現在は国有地法に基づいて国により付与される、期間の定めのない、相続も可能な権利である[16]。

かかる意味で、この権利は完全所有権と同様の性質を有しているが、完全所有権との違いは、永久不動産権が、完全所有権にはない様々な条件等（conditions and covenants）に服するという点である（国有地法11条、13条、14条）[17][18]。こうした条件等は、たとえば、採掘権、行政官の通行・立入権、地代の支払、修復義務、埋葬の禁止等に関するものである。

[不動産の概念]

**Q3**　現地で建物リース事業を行うため、土地から切り離して建物のみ購入することを検討している。現地法上、日本と同じように、建物が土地と別個の不動産として認識されるのか（別個の売買取引の対象となるか）。それとも、土地と建物は一体の不動産として認識されるのか。

---

14) アジア不動産法制研究会編・前掲注3）51頁、WJM・前掲注1）12頁。
15) WJM・前掲注1）13頁。
16) Tanほか・前掲注7）§4.12。
17) WJM・前掲注1）13頁。
18) この違いは植民地時代の歴史に由来する。すなわち、当初は完全所有権のみが存在していたところ、歳入を増加させるために、完全所有権に係る権限（grant）に対して様々な条件等を付与するようになり、こうした権限が新たな不動産権（estate）として現れるに至ったと説明される。

## 第8章　シンガポール

**A** コモンローにおいては、土地上の建物も土地と一体として扱われるため、「土地（land）」の定義は、地表と、それと一体となった建物・鉱物・樹木およびそれより上位の空間を含むとされており、シンガポールもかかるコモンロー上の考え方を受け継いでいる[19]。たとえば、不動産譲渡法（Conveyancing and Law of Property Act）2条における土地の定義には明示的にその上の建物を含むものとされており、同法6条は更に、土地の譲渡がなされた場合にはその上の建物も譲渡されたものとみなすと規定する。また、土地権原法4条1項の土地の定義においても、土地に付着（affix）した構造物（structure）を含むものとされている。

したがって、シンガポールにおいては、土地と建物は、原則として一体の不動産として認識され、別個の売買取引の対象とはならない。

なお、建物の全体またはその一部についてそのオーナーがテナントに対して賃貸することは、可能である。

**Q4** 現地でコンドミニアムの開発を検討している。日本の建物区分所有権に相当する権利があるか。ある場合、区分所有法制の概要を教えて欲しい。

**A** シンガポールにおける区分所有権は、①区分所有に関する土地権原法（Land Titles (Strata) Act）（以下「区分所有法」という）および②建物維持および区分管理法（Building Maintenance and Strata Management Act）（以下「区分管理法」という）によって規律されている。前者は不動産の各専有部分への分割およびその譲渡ならびに区分所有者の権利義務を定め、後者は区分化された建物の管理等に関する事項を定める。

これらの法律に従い、建物はその中の特定の区画ごとに区分化され、当該区画は専有部分（strata lots）と呼ばれる。各専有部分の所有者、すなわち区分所有者は、その専有部分に応じた割合で、建物内の共用部分（common

---

[19] アジア不動産法制研究会編・前掲注3）47頁、田中英夫編集代表『BASIC英米法辞典』（東京大学出版会、1993）105頁。

property)（緑地、エレベーター、廊下、およびプール等）の共有持分を有する。また、日本法上の管理組合に相当する管理法人（management corporation）の設立が必要であり、全区分所有者により構成される。区分所有者の有する議決権数、共用部分における区分所有者の持分および管理法人から徴求される支払（共用部分を維持するための管理報酬、維持管理費用、保険料、修繕積立金等）に関する各負担分等は、各専有部分の価格に応じて決定される（区分所有法30条2項）。そして、共用部分の維持は、上記管理法人の役割であり、管理法人はその業務執行のため理事会を組成しなければならない。

　各区分所有者は、互いの利益のため、日照、防護、通路または上下水のための用益物権（easement）を負担する。これらの用益物権は登記なくして効力を有する。

　シンガポールでも他の東南アジア諸国と同様、着工前から専有部分の販売が行われるが、法令上、専有部分の販売は、居住用・商業用を問わず、建築許可（building plan approval）の取得その他の要件を満たして初めて行うことができる。販売に関する契約のフォームは法令に規定されており、当該フォームの内容を変更するには、住宅開発業者規則（Housing Developers Rules）、または商業不動産販売規則（Sale of Commercial Properties Rules）に基づく当局の事前承認が必要とされる。

　区分所有形態が終了する典型的なケースは、共同売却（collective sale）が進められる場合である。これは、区分所有局（Strata Title Boards：区分所有権に関する紛争等を取り扱う紛争解決機関）または高等裁判所から、区分所有者全てを拘束する形で許可を取得する必要がある。共同売却の申立ての要件や手続の詳細は区分所有法に定めがあるが、申立てにあたって必要な区分所有者による賛成比率は、最新の一時占有許可の日または最新の工事完了証明の日から10年に満たない期間は、専有部分の総価値（share value）の90％以上、かつ、専有部分の総面積（付属部（accessory lot）の面積を除く）の90％以上である。ただし、上記基準日から10年経過時以降の期間は、上記の比率はいずれも80％に緩和される。

　また、区分所有建物の取壊しおよび建物の新築を行う場合にも、一旦、区分所有形態を終了する必要がある。この場合、管理法人は区分所有者の全会

一致で区分所有形態の終了を決議しなければならない。区分所有形態が終了すると、区分所有者は専有部分の価値に比例した割合で土地の共有者（tenant in common）となる。

[不動産の取得・利用の主体および外資規制]

**Q5** 現地の民間企業であっても土地を保有することができない国もあると聞いた。現地企業が土地の所有権を取得することができるか。また、現地企業が取引の対象とする主な土地上の権利は何か。

**A** 現地の民間企業が土地を保有することに特段の制約はない。すなわち、シンガポールにおいては、一定の例外を除いて、会社法（Companies Act）に基づき登記された会社は、自己の名前で土地を自ら取得することができ、不動産譲渡法39条においても、法人は自然人と同様に不動産を取得できるとされている。なお、シンガポールでは外国人および外国法人等による不動産の取得は一部制限されている。詳細は下記Ｑ７を参照されたい。

また、現地企業が取引の対象とする土地上の権利は（上記のとおり完全所有権の新たな付与は行われていないことから）、leaseholdが一般的であるが、freeholdを対象とする取引も存する。

**Q6** 日本企業である当社は、直接、現地の不動産（土地・建物）を取得したいと考えている。外国法人はシンガポールの不動産を直接取得・利用することができるか。それとも、不動産を取得・利用するにあたり現地法人を設立することが必要か。

**A** 外国法人は、下記Ｑ７で記載する規制を除き、自らまたは現地法人を設立した上で不動産を取得・利用することに基本的に制限はなく、たとえば、オフィスやショッピングモールのような商業不動産、ホテル法（Hotels Act）により登録されたホテル、または工業不動産などの取得・利用は可能である[20]。

もっとも、法的には外国法人として日本企業が直接不動産を取得することが

できるとしても、外国投資家は、一般的に、シンガポール国内で設立された完全子会社またはジョイントベンチャーを通じて取得しており、近時ではプライベートリートも活用されている[21]。その目的としては、よりよい税効率の志向や、不動産を保有・利用することにより負う可能性のある第三者への責任や義務または債務を現地法人に対する出資持分を限度とする有限責任性を享受することが挙げられている。

## Q7

現地法人であっても株主に外国企業が入っている場合にはそもそも不動産(土地・建物)を保有することが認められない国もあると聞いた。外資系現地法人が不動産を「取得・利用」するにあたって適用される外資規制について教えて欲しい。

## A

シンガポールにおいては、基本的に外資系現地法人が不動産を取得・利用するにあたって適用される外資規制は存しない。ただし、居住用不動産や公団住宅(HDB 物件)[22]については、以下のような規制がある。

## 1 居住用不動産の取得に対する規制

シンガポールにおいては、居住用不動産法上、一定の例外を除き、外国人および外国法人等は居住用不動産を取得することができず、短期の leasehold を設定しない限り、居住用不動産を利用することができない[23]。居住用不動産

---

[20] 会社法上、シンガポールにおいて「事業拠点(place of business)を設置しようとする場合」または「事業を開始しようとする場合」には、外国会社は現地法人を設立し、または支店を登録する必要がある。

[21] Dorothy Marie Ng ET AL, *Singapore*, in REAL ESTATE Singapore chapter. 2013 163, §10, 164 (Getting the Deal Through 6th ed., 2012).

[22] HDB により開発された分譲物件をいう。

[23] このため、シンガポール法人が居住用不動産を取得するためには、当該法人の株主および役員各自の国籍が記載されたリストを、居住用不動産管理官(Controller of Residential Property)に提出しなければならない。当該法人が実際にシンガポール法人であると確認されると、管理官は当該法人が居住用不動産を譲り受けることができることを示す証明書を発行することができる(居住用不動産法 10 条)。

法に反する取引は私法上無効であり、また、居住用不動産法に違反して居住用不動産を取得した者は、刑事上の処罰（当該外国人等が当該居住用不動産から得た利益の没収）を科される。

### (1) 規制の対象となる外国人および外国法人等

居住用不動産法上、外国人（個人）とは、シンガポール市民（憲法上 citizen of Singapore の身分を有する者）以外の者をいう。他方、外国法人等とは、シンガポール法人、シンガポール LLP（Limited Liability Partnership）またはシンガポールの団体（society）（法人格のない団体、協会、労働組合、協同組合など）以外の者をいう[24]。大まかにいえば、現地で設立された法人であっても、その取締役または株主の少なくとも1人が外国人または外国法人等である場合には、居住用不動産法上外国法人等として扱われるため、居住用不動産は取得できないことになる。

なお、居住用不動産法上、外国法人等に該当する住宅デベロッパーが再開発のために居住用不動産を取得しようとする場合、原則として、事前に居住用不動産法に基づく許可証（qualifying certificate）を取得する必要があるが、シンガポール証券取引所において上場している住宅デベロッパーは、その免除を当局に申請することができ、その適格性について審査される。

### (2) 規制の対象となる居住用不動産

居住用不動産とは、更地もしくは法令に反して建築物が存在する土地、適法に居住用家屋として使用され得るもしくはされている建物、または政府が作成するマスタープラン（master plan）において居住用と定められている土地をいう。典型的には、住宅用の開発用地や土地付きの戸建住宅をいう。もっとも、マスタープランにおいて商業・工業地と定められている土地、商業・工業用としての使用のみが認められている土地・建物、またはホテル法上登録されたホ

---

[24] なお、シンガポール LLP とは、シンガポールで登記され、かつ、そのパートナーが全てシンガポール市民である LLP をいい、シンガポールの団体とは、シンガポールで結成（および登記）され、かつ、その構成員が全てシンガポール市民である団体をいう。

テルは、上記にかかわらず居住用不動産には該当しない。

　なお、2023年7月20日以降、マスタープランにおいて住宅・商業地と定められている土地についても、規制の対象となる「居住用不動産」に含まれることとなった。この規制内容の変更時点で住宅・商業地内に不動産を保有している居住用不動産法上の外国人・外国法人は、当局から特段の許可を得ずに不動産を保有し続けることができるが、当該不動産の再開発を行う場合には許可が必要となる。

### (3)　規制の対象となる取引

　居住用不動産法上、規制の対象となる取引は、移転（transfer）であり、譲渡（convey、sell、assign）、財産承継（settle）、信託宣言による信託（create by declaration of trust）、同意（assent）その他の方法による居住用不動産の処分が含まれる。このため、外国人および外国法人等による居住用不動産に関するあらゆる権利の購入・取得や、居住用不動産に関する信託の受益者となること、外国人または外国法人等ではない名義人を通じた取得も、禁止される。

　ただし、mortgage や charge の担保権の設定および実行については、下記Q21を参照されたい。

### (4)　例外的に許容される取引

　居住用不動産法上、例外的に外国人または外国法人等が行うことができる取引が定められている。たとえば以下の取引である。

① 　居住目的の使用が認められているアパート、認可付コンドミニアム、高級コンドミニアムの住戸（flat、unit）の取得（ただし、全住戸の一括取得は不可）（同法4条）
② 　契約上7年を超えない期間の使用権の取得（期間更新オプションも可）（同法4条7項）
③ 　土地取引承認局（Land Dealings Approval Unit）の承認の下での社宅目的での取得（同法25条）
④ 　外国法人のデベロッパーが法務大臣の承認を得た上で行う物件の開発・分譲（同法31条）[25]

⑤ URAその他の公的機関から入札等の手続に基づく住宅開発用地等の購入・取得（同法33条(e)）

## 2　公団住宅（HDB物件）[26]の購入に対する規制

住宅開発庁が販売する住戸の買主となるには、一定の要件を満たす必要がある。たとえば、新築の居室を購入する場合、2人以上のシンガポール市民、またはシンガポール市民とシンガポール永住者が、それぞれ1人以上必要とされている。なお、住宅開発庁の電子サービス[27]により、新築・中古の居室にかかる取得要件を満たしているかどうか、確認することができる。

> **コラム：分譲住宅を購入したシンガポール人たちの間で高まる定年退職後の不安**
>
> シンガポールには、選択的一括再開発スキーム（Selective En-bloc Redevelopment Scheme. 以下「SERS」という）という曰くつきの制度があり、老朽化により政府から随時指定された公団住宅（HDB物件）については、その全所有者に対して、近隣に建設される新築分譲物件（99年leaseholdが新たに設定される）を補助金付で購入できるという破格の権利が付与される。
>
> ある日刊紙の現地報道によれば、2017年3月にシンガポール国家開発相により次のようなコメントがなされた。「HDB物件は、時間が経てば最終的にリース期間が切れて、住宅開発庁、そして国に返還されることになる。特に

---

[25] 居住用不動産法に基づく許可書（qualifying certificate）の申請が必要であり、かかる許可書において工事期間や専有部分の販売、および銀行の保証等の条件が付されることになる。また、当局の承認がある場合を除き、株主等の変更をすることはできない。さらに、保証金の納付が必要であり、一定期間内に開発・分譲が完了しない場合その他課された条件を満たせなかった場合に没収される。竣工（一時占有許可（temporary occupation permit）の取得）時から2年以内に販売・分譲を行うことという条件が付される。

[26] 日本で公団住宅というと、いまだ、高度成長期時代に建設された画一的な集合住宅を想像する読者もいるかもしれないが、シンガポールにおけるHDB物件は、デザインや仕様において民間の分譲マンションと遜色のないものが多い。シンガポール統計省の2023年の調査結果によれば、シンガポールの住宅のうち所有者自らが居住しているものの割合は89.7%であり、全住宅の77.8%がHDB、17.2%が民間の分譲住宅、4.8%が（土地付き）戸建住宅である（割合の数字はママ）。

[27] https://services2.hdb.gov.sg/webapp/FI10AWESVCLIST/FI10SEServiceList

リース期間終盤において、残存期間が少なくなるほど、物件価格は相応に低くなる」というもので、SERSを当てにして古い公団住宅の購入に不相当に高い売買代金を支払うことに警鐘を鳴らす趣旨であった。しかし、これをきっかけに、HDB物件や底地をleaseholdとする民間の分譲住宅を購入したシンガポール人の間で定年退職後の不安が高まっているという(注1)。

　なぜなら、そもそもSERSの指定は政府による権限と裁量によるものであって、HDBの所有者は何ら働きかける手段を持たない。また、HDB物件は、99年のleaseholdを底地として開発されたものであり、その期間が満了した場合、最終的に土地・建物を国に返還する義務を負担している。とりわけシンガポールの60歳前後の定年退職済みまたは定年予備軍の世代には、年金暮らしの残りの人生において、HDB物件をいつ売却すれば手持ちの現金を最大化できるかということを真剣に考えなければならない状況にあることに気付かされたという。

　上記のHDBに関する不安は、底地がleaseholdの民間の分譲住宅の購入者にもあてはまる。民間の分譲住宅の所有者は、leaseholdの期間が満了すれば、同様に、土地を建物ごと国に返還しなければならない（本章Q2参照）。この点、HDB物件の所有者と異なり、民間のコンドミニアムの区分所有者は、①共同売却権（本章Q4参照）を行使するか、または②leasehold期間の延長を国に申請することができる。もっとも、上記①は、同じ建物の区分所有者の大多数の賛成が必要であるうえ(注2)、デベロッパーに対する売却の成約率もかなり低い（同記事によれば20％程度）。成約率が低い一因は、デベロッパーが再開発を行う場合に国に対して支払わなければならない権利金であると見られている。すなわち、シンガポールでは、新築物件の再開発にあたって、leasehold期間を延長したり、容積率を上げようとする場合、それぞれデベロッパーは国に対して、その差分に応じて権利金（differential premium）を国に対して支払う必要がある。これが再開発コストの3割を占める例もあるといわれ、デベロッパーを慎重にさせている。コストを下げるための代替策として、デベロッパーがリース期間を延長せずに再開発するということも考えられるが、そうすると今度は、leaseholdの残存期間が短いままとなるため、シンガポール国民の主な資金調達先であるCPF（年金基金）の貸出要件上、不利に取り扱われ、住宅

の買手側の借入額に制約が生じるという痛し痒しの状況にある。また、上記②は、国の承認が必要であるところ、国は建物の容積率を上げる場合しか承認を付与しないと言われている。

　「そうはいっても、民間の分譲住宅は、今後は共同売却の成約率も上がる可能性もあるし、売却価格にはある程度のプレミアムも期待できる、また、HDB物件は、価値がゼロでも住み続ける分には当面問題ないはず」という不動産業者のコメントが上記記事のオチとなっているが、本当にそうなるかは今後も注視が必要であろう。

(注1) 2017年4月26日付 THE EDGE FINANCIAL DAILY。
(注2) 築10年以上の物件で90％、10年未満の物件で80％（本章Q4参照）。

[不動産登記制度]

## Q8　不動産登記制度の概要を教えて欲しい。

**A**　シンガポールにおいては、不動産取引において作成された捺印証書（deed）を登記する英国式のコモンローの制度が用いられ、1956年に制定された土地権原令（Land Title Ordinance、土地権原法の前身）により、トレンス・システム（Torrens System）が導入された[28]。現在では旧制度から新制度への移行が進み、不動産の大部分がトレンス・システムに基づいて登記されている[29]。

---

28) トレンス・システムとは、当初オーストラリアで採用された近代的な土地登記制度であり、一般に、登記上の権利者が真正な権利者であることを国が保障する制度といわれ、過去の権利移転の全てを確認しなくとも現在の所有者を確認できる点に特色を持つ。前近代における土地の権利を記録・管理する制度においては、土地売買契約といった取引文書が登記所に提出・編綴される仕組みがとられ、土地を取得しようとする者が売主が真正な権利者であることを確認するには、全ての権利移転の連鎖を確認する必要があり、労力、時間と費用がかかる点が問題視されていた。トレンス・システムは、このような労力、時間と費用を解消するために考案されたといわれている。Barlow Burke, REAL ESTATE TRANSATIONS, 217～218頁、Tanほか・前掲注7) 263～265頁参照。

トレンス・システムにおいて登記の対象となる権利は、土地権原法によれば、原則として完全所有権、永久不動産権、leasehold、mortgage、charge および用益物権（easement）である（以下Q11まで、これらの権利を「不動産権」という）。

　トレンス・システムにおける登記の概要は、以下のとおりである。

　まず国が設定する完全所有権、永久不動産権およびleaseholdは、土地権原法に基づいて登記されなければならない（土地権原法8条1項）。なお、同法9条において、各権利の放棄（surrender）も認められている。また、未登記不動産（unregistered land）について権利を有する者は、土地権原法の適用を受けるために、当該不動産権を登記することができる（土地権原法20条）。

　なお、登記は、①フォリオ（folio）、②土地権原法に基づき登記された取引、および③土地権原法に基づいて登記または公示される、承認されたフォームによる書面により構成される（土地権原法28条2項）。フォリオは、トレンス・システムに基づいて権利ごとに作成される、不動産登記の主要部分であり、当該土地に関連する情報が記載される紙葉を意味する。すなわち、土地それ自体およびフォリオが作成される目的となった不動産権等（estate and interest）、当該不動産権の権利者および特に登記官が当該不動産に影響するものと認めた不動産権等、ならびに、その他当該土地に関連する情報についての記載により構成されている。かかる権利証のサンプルは図表8－1のとおりである。

　シンガポールでは、SLAのウェブサイト（Integrated Land Information Service）（以下「INLIS」という）[30]により、土地に対する権利関係、すなわち、登記された権利者、土地の範囲、土地の所有関係（tenure）および土地に対する登記された権利（interest）について把握することができる。

---

29) Dorothy ほか・前掲注21) 163頁。なお、現在では99％の不動産が登記されている（WJM・前掲注1) 122頁)。

30) https://app.sla.gov.sg/inlis/#/home

第 8 章　シンガポール

【図表 8 − 1】　権利証のサンプル

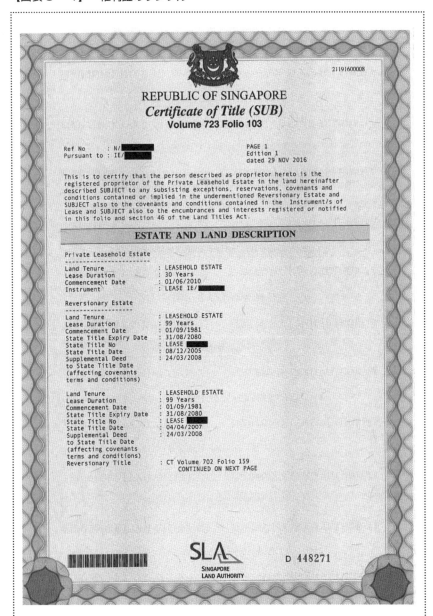

I 不動産法制 Q8

21191600008

## Certificate of Title (SUB)
### Volume 723 Folio 103

Ref No     : N/
Pursuant to : IE/

PAGE 2
Edition 1
dated 29 NOV 2016

### ESTATE AND LAND DESCRIPTION (CONTINUED)

```
Lot No                              Area(Sq M)    *Certified
                                                  Plan No        Area Type
                                    11437.7       CP             --
*Plan filed in Chief Surveyor's Office
```

### PARTICULARS OF PROPRIETOR AND ADDRESS

```
Capacity        : IN TRUST
ID No           :
Name            :
Address         :

Citizen of /    : SINGAPORE
Place Incorpd
Instrument      : LEASE IE/          Registered on 29/11/2016
```

### MEMORIAL

Nil

267

第 8 章 シンガポール

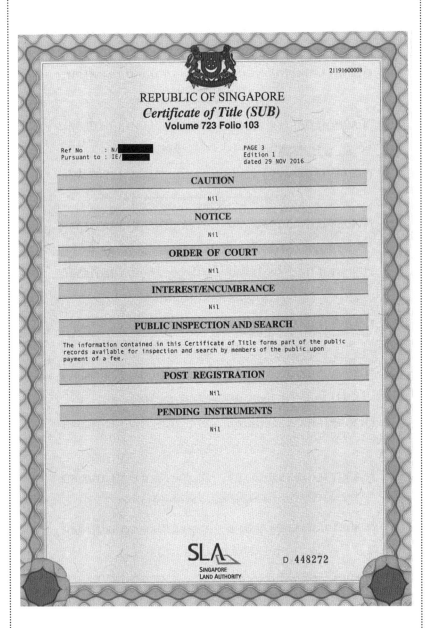

I 不動産法制 Q8

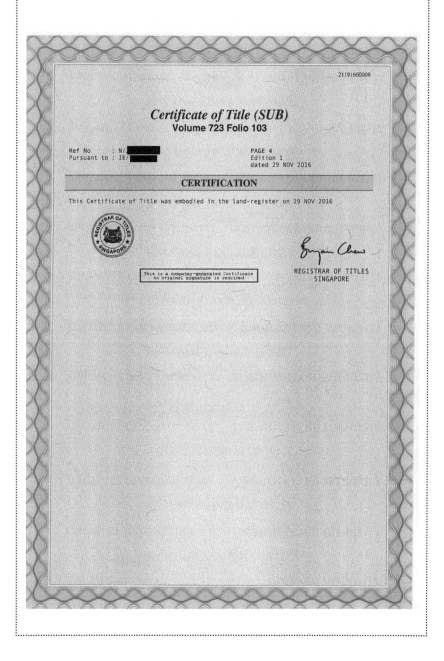

## Q9
土地の登記にはどのような効力が認められているか。登記を信頼して取引をした者に対し、登記どおりの権利状態があったのと同様の保護が与えられるか（登記に公信力が認められるか）。

## A
トレンス・システムの下では、土地またはその権利の移転は、登記をしなければ効力を生じない。その意味では登記は権利移転の効力発生要件である。売買代金を支払った場合でも法的な権利は移転しない。そして、トレンス・システムにおける最も特徴的な点は、一旦登記されれば、登記された権利はその後（ごくわずかな例外を除いて）覆されることはないという点にある（確定的効力（indefeasibility））[31]。かかる効力を担保するため、国内の全ての裁判所において、登記官が発行する権利証（certificates of title）（土地権原法 34 条 1 項）は、その内容として記載されている各事項およびそれらに係る権利移転等が土地権原法に基づき適法に行われたことに関する証拠として取り扱われる（同法 36 条 1 項(a)）。さらに、権利証は、そこに示された権利者が現在、または一定の時期において真の権利者であったことについての確定証拠（conclusive evidence）[32]として扱われる（同項(b)）。このような確定的効力の例外としては、たとえば（登記上の）権利者（proprietor）もしくはその代理人（agent）が詐欺取引の当事者であった場合、またはそれらの者が詐欺取引の共謀をしていた場合などが挙げられる（同法 46 条 2 項）[33][34]。なお、同じ土地に対する権利が複数登記されている場合の優先順位は、各権利の発生や当

---

[31] ただし、国の権利、公的機関による権利（権限）、法定地役権および土地占有者の権利（7 年を超えない借用期間の場合は更新権も含む）等の優先的権利（これらは土地登記において登記または公示されない）は負担しなければならない。

[32] その証拠をもって一定の事実を認めることができ、当事者はこれを争うことができない証拠をいう。

[33] ここでの「詐欺」の定義は、Assets Co. Ltd. vs. Mere Roihi [1905] AC 176 (PC, New Zealand) によれば、「実際の」詐欺、すなわちある種の不正直なものである必要があり、それに該当しない法定詐欺（当事者が不公平な取引により不公平に利益を得ている場合に法律上詐欺とみなされているもの）やエクイティ上の詐欺（当事者間の関係に照らしてみて一方に対して不当であるもの（Beaman vs. A.R.T.S. Ltd., [1949] 1 All E.R. 465））は含まれないとされている（WJM・前掲注 1）137 頁）。

[34] なお、土地権原法 160 条によれば、裁判所は、登記が詐欺、遺漏（omission）または誤謬によってなされたものであると認めるときは、当該土地登記の修正を命じることができるとされる。

該権利を証する書面の作成の順番にかかわらず、当該権利の登記または公示（notification）の順番による。

なお、登記がされていないからといって、契約の効力が妨げられるものではない（同法46条3項）。すなわち、コモンロー上の救済を求めることはできないものの、エクイティ上の権利として契約の相手方に対する損害賠償請求は妨げられない。

このように、シンガポールにおいて、取引に入る者は、一定の例外はあるものの、基本的に登記の内容に依拠して取引することが制度として担保されており、実質的に登記に公信力が認められているといえる。

なお上記のとおり、土地の権利の移転はその登記がなされるまで効力を生じないため、売買契約を締結していても、それから土地の権利移転の登記がなされるまでは、買主は土地の権利を取得することはできない。そのため、たとえば、二重譲渡により土地を購入しようとする別の第三者が現れるような事態もありうる。そこで、買主としては、このような事態を防ぐため、登記情報に予告（caveat）を記載することを申し立てることができる。この予告の制度は、申立人（caveator）の関与なしにその後の取引に基づく登記がなされないようにすることで、申立人の権利を保全する機能を有する。予告が申し立てられた場合、登記官は当該土地に関する登記の該当欄に記載するとともに、当該土地のフォリオに入力する。その後、当該土地に関して別途の登記の申請があったときは、登記官は申立人に対して通知を行うものとされている。

## Q10
取得を検討している土地の権利関係を調査したい。土地の権利者の協力なく役所の登記簿を見ることができるか。

**A** 特定の土地についての情報を取得したいと思う者（買主候補、買主、銀行および中央積立基金局（Central Provident Fund Board）等の関係者の弁護士[35]ならびに貸付を検討している金融機関等）は、登記情報をINLISにて

---

35) 土地取引の売主も買主も、弁護士が全ての法的処理業務を行うことが一般的であり、そのため登記の実務者は弁護士となる。

有料で確認することができる（前記Ｑ８参照）[36]。そのため、登記所等に赴く必要はない。また、これらの情報を入手する際には登記上の権利者の同意は不要であり、これらの情報を入手したことを権利者に知られることもない。

## Q11 登記手続の概要を教えて欲しい。また、登記の申請から完了までに要する期間の目安を教えて欲しい。

**A** まず、不動産権の譲渡、設定等の登記申請は、登記官に承認された形式（approved form）に基づいた書面（instrument）（定義は土地権原法４条１項参照）で行われなければならない（土地権原法63条）。当該フォームは法令上定められている[37]。

登記申請は、許可を受けた者に限り、電子申請により行うことができる（土地権原法51Ａ条１項・２項）[38]。そして、登記に際して、上記の書面は捺印証書とみなされる（同法61条１項）。

上記書面を提出すると、数週間後に登記手続が完了し、取引を行った不動産に関する新たな権利証が発行される。当該権利証が土地に対する権利を証する書面となる。なお、オンラインの自動登記システムに基づく即時登記手続を用いる場合、早ければ申請した当日中に登記が完了する。

［土地収用］

## Q12 土地に関する権利が政府による収用の対象となるのはどのような場合か。

**A** 1 土地収用の要件および効果

---

[36] INLISのHPについては、前掲注30）参照。
[37] 当該フォームは、以下のURLから入手することができる。https://www.sla.gov.sg/regulatory/property-ownership/forms
[38] シンガポール自動登記システム（STARS）による電子申請は、平日（月曜日から金曜日まで）午前８時30分から午後１時までの間にすることができる。

大統領（president）は、以下のいずれかの目的において必要と認めるときは、その旨の告示を官報（*Gazette*）に掲載することにより、かかる告示に記載された特定の目的のために、当該土地を収用することができる（土地収用法（Land Acquisition Act）5条1項）[39]。

① 何らかの公共目的のため
② 自然人（person）、法人または法令により設置された機関（statutory board）により実施される、公共の利益（public benefit、public utility、public interest）に適うものとして大臣（minister）が認める事業等（any work or an undertaking）のため
③ 何らかの住居、商業または工業目的のため

以上の告示がなされると、大臣は徴収官をして、土地収用手続を進行させることになる。

## 2　土地収用に係るリスク

シンガポールにおいて土地収用の手続は日本よりも一般的に行われており、多くの場合公共の目的／使用のために土地収用が行われる。土地収用の決定が官報において公表されると、その土地が公表された目的のために必要であることの確定証拠（conclusive evidence）となり、かかる目的の有無を争うことによって、政府による収用それ自体に対して異議を申し立てることはできない[40]。このように、シンガポールでは、保有する土地が収用の対象となる可能性があり、また政府の決定がなされた場合にはそれを実質的に争うことができないため、事業上の現実的なリスクとして土地収用のリスクは否定できない。

---

[39] 日本では、政府と土地所有者との間で任意に払下げの契約を締結して土地を政府に譲渡することが行われることが多く、正式な土地収用の手続はかかる任意の手続が成就しなかった場合に行われる。それとは異なりシンガポールでは、政府と土地の権利者との間で任意に土地の譲渡に関する契約が締結されることはなく、もっぱら土地収用の手続に基づき政府による土地の取得が行われる。

[40] 過去に土地収用の適法性が争われたケースもあるものの、裁判例（Galstaun and Anor v Attorney General I〔1980-81〕SLR345）事件において「政府が一定の目的について、それが公共の目的であると宣言したときは、政府をして当該宣言をさせるに足りるだけの事情を政府が有していることが推認される」ものと判示されているように、政府による土地収用宣言を争うことは、必ずしも現実的ではない。

ただし、土地の被収用者は補償金を受け取ることができる。そして、補償金の額に関して徴収官がする裁定（award、土地収用法10条）[41]に対しては異議委員会（Appeals Boards、同法19条）に異議を申し立てることができ（同法23条）、一定の場合には控訴裁判所（Court of Appeal）に上訴することもできる。収用対象土地の占有者にとどまる者も、実務上一時金を受け取ることがある。ただし、一時金の支払は法律上の義務ではなく、占有者もその支払を請求することはできない。

## II 不動産関連事業に関する規制

[不動産関連事業に関する外資規制]

**Q13** 不動産関連事業を行う現地法人を設立したいが、当局の承認やローカル企業の出資が必要になるか知りたい。主な不動産関連「事業」（不動産開発、不動産売買・仲介、不動産賃貸、不動産管理、建設）について、どのような外資規制が適用されるか教えて欲しい。

**A** 不動産関連事業を行う現地法人を設立するにあたって適用される外資規制は特に見当たらない。

[不動産関連事業に関する許認可]

**Q14** 現地で不動産仲介を行うことを検討している。日本における宅建業規制に相当するような規制があるか。

**A** シンガポールでは、許可なくして、不動産仲介業者として不動産仲介業を営むこと等は禁止されている（不動産仲介業法（Estate Agents Act）28条1項）。ここで「不動産仲介業（estate agency work）」とは、大要、

---

41) 補償金の額は、市場価格、対象土地の保有者に生じる利益・損害・費用等を考慮して決定される（土地収用法33条）。

顧客のために事業として行われる、または（事業として行われるか否かを問わず）報酬を期待して行われる、以下の業務をいうものと定義されている（同法3条）。

① 不動産の取得もしくは処分を望む第三者を顧客に紹介すること、もしくは、顧客による不動産の取得もしくは処分について交渉することに関連して行われる業務、または、

② 上記のような紹介もしくは交渉の後に行われる、顧客による不動産の取得もしくは処分に関連して行われる業務

さらに、許可を受けた不動産仲介業者の販売員（salesperson）は、不動産仲介業法に基づく登録を受けなければ、不動産仲介業者のために販売員として活動すること (act as a salesperson for any licensed estate agent) も、自ら販売員として振る舞うこと（holding himself out to the public as being a salesperson）もできないものとされている（同法29条(1)(a)）。

かかる許可および登録は、不動産仲介業者評議会（Council for Estate Agencies）（以下「CEA」という）が管轄している。不動産仲介業者として許可を受ける要件として、(i)同法に定める要件を満たす重要役員（key executive officer）を選任すること、(ii)貸金業者でないこと、等が定められているほか、CEAが適切と認める者でなければならないとされている（同法31条）。

また、販売員として登録されるための要件として、(a)一定の資格や経験を要すること、(b)貸金業者でないこと、等が定められているほか、CEAが適切と認める者でなければならないとされている（同法32条）。そして、原則としてCEAは、販売員としてシンガポール市民またはシンガポール永住者（Singapore permanent resident）のみ登録する。また、CEAの定める基準として、シンガポール法ならびに不動産仲介業および不動産に関する基礎的な知識を確認するための不動産販売員試験に合格することも含まれる。例外的に不動産仲介業者が販売員として外国人を雇用しようとする場合には、必要な書類を提出した上で、CEAに当該外国人の販売員としての登録を求めることができるが、認められる事例は限定的と理解している。

## Q15 現地で建設業を行うことを検討している。建設業を行う場合、どのような許認可を取得する必要があるか。

**A** 建設業を営むにあたっては、建設業の免許（builder's licence）を取得する必要がある。ここで「建設業（building works）」とは、一部の例外[42]を除く、建物の建築、増改築、取壊、修繕等を含む建築工事をいい、それに関連する土地の造成工事を含むものとされている（建築管理法（Building Control Act）2条、4条）。

建設業に係る免許については、①クラス1一般建築免許（Class 1 general builder's licence）、②クラス2一般建築免許（Class 2 general builder's licence）、および③専門建築免許（specialist builder's licence）の3種類がある（同法29C条1項）。各免許の相違については、まず、クラス2一般建築免許は予定総工費（estimated final price）がS$600万[43]以下の工事までしか行うことができない一方、クラス1一般建築免許にはそのような制限はない。また、一般建築免許は総合的な建築工事を対象としているのに対して、専門建築免許は、(i)杭打ち工事（piling works）、(ii)地盤支持・安定化工事（ground support and stabilisation works）、(iii)計測調査工事（instrumentation and monitoring work）、(iv)鉄骨構造物工事（structural steelwork）、(v)プレキャストコンクリート工事（pre-cast concrete work）[44]、および(vi)現場緊張（ポストテンション）工事（in-situ post-tensioning work）[45]を対象とした免許である。

---

[42] 仮設建物の建設、外装の改装、規則に定める簡易な建築工事等（建築管理法4条）。
[43] なお、2025年2月末日時点において、1シンガポールドル（S$）は約111円である。
[44] 工場などであらかじめ製造した部材を建設現場で組み立てる工事を意味する。
[45] 打設したコンクリートが固まった後に工事現場において当該コンクリート部材に圧縮力を付与する工事を意味する。

## Ⅲ 不動産取引

### [不動産取引（取得・譲渡、賃貸）]

**Q16** 取得を検討している土地の権利関係を調査したい。どのような点に留意して調査すべきか。

**A** 　土地取引の関係当事者は、土地登記局において登記された土地の権利関係を調査することができ、売買取引の場合、買主はその過程で当該調査を行う46)。その際、当該調査は多くの場合法律家によって行われ、とりわけ登記上の所有者、土地の保有（tenure）および面積、ならびに一定の負担（たとえばmortgageや不法占拠（encroachment））がないかどうかについて留意しながら調査が行われる。

　なお、実質的に登記に公信力が認められ、取引の安全が大きく保証されていることから、米国で土地の取引を行う際に一般的な権原保険（title insurance）の付保や、土地の権原についてのリーガルオピニオンの取得は、シンガポールにおいては必ずしも土地取引における一般的な慣行とはなっていない47)。

**Q17** 不動産の売買・保有に際して生じる課税の概要を教えて欲しい。

**A** 　シンガポールにおける不動産の売買・保有に際して生じる課税関係は、大要以下の**図表８－２**のとおりである。

---

46) トレンス・システムの適用がなされていないコモンローの旧制度が提供される土地については、少なくとも15年遡って権利関係を調査すべきとされる。これは、コモンローの制度の下での捺印証書の登記は必ずしも権利移転の有効要件とはされていないことから、当該登記をそのまま信頼することはできず、慎重な調査が必要となるからである。
47) Dorothyほか・前掲注21) 165頁。

## 【図表8-2】 不動産の売買・保有に関する課税

- 買主印紙税（Buyer's Stamp Duty）

| 課税標準 | 不動産譲渡（transfer）における、取引価格または市場価額のいずれか高い方 |
|---|---|
| 税率 | （下表参照） |

| | 住宅用不動産 | 住宅以外の不動産 |
|---|---|---|
| 最初のS$180,000の部分 | 1% | 1% |
| 次のS$180,000の部分 | 2% | 2% |
| 次のS$640,000の部分 | 3% | 3% |
| 次のS$500,000の部分 | 4% | 4% |
| 次のS$1,500,000の部分 | 5% | 5% |
| 上記を超える部分 | 6% | 5% |

- 加算買主印紙税（Additional Buyer's Stamp Duty）

| 課税標準 | 居住用不動産の譲渡における、取引価格または市場価額のいずれか高い方 |
|---|---|
| 税率 | ・外国人：60%<br>・自然人以外：65%<br>・住宅デベロッパー：35%および5%の付加税<br>・永住権保持者：5～35%（過去に購入した住宅の軒数による）<br>・2軒以上住宅を購入するシンガポール国民：20～30%（過去に購入した住宅の軒数による）<br>・生前信託：65%（一定の要件を満たした場合には還付あり） |

- 居住用不動産売主印紙税（Residential Seller's Stamp Duty）

| 課税標準 | 居住用不動産の譲渡における、取引価格または市場価額のいずれか高い方 |
|---|---|
| 税率 | 0～16%（取得時期および保有期間による） |

- 工業用不動産売主印紙税 (Industrial Seller's Stamp Duty)

| 課税標準 | 工業用不動産の譲渡における、取引価格または市場価額のいずれか高い方 |
|---|---|
| 税率 | 0〜15%(保有期間による) |

- 付加譲渡税 (Additional Conveyance Duties)

| 課税標準 | 国内において主に居住用不動産を所有することを目的とする法人等 (property-holding entities) の株式等の譲渡(生前信託への譲渡を含む)を行った場合における、当該株式等の譲渡価格または当該株式等の純資産価額のいずれか高い方 |
|---|---|
| 税率 | 対買主:1〜6%の累進課税と65%の固定税率の合計<br>対売主:12% |

- 物品サービス税 (Goods and Services Tax)

| 課税標準 | 非居住用不動産の販売価格(または独立当事者間取引(arm's length)でない場合には市場価額(時価)) |
|---|---|
| 税率 | 9% |

- キャピタルゲイン課税

| 課税標準 | 非課税(ただし国内源泉、または国内で受領した所得の性質を有する利益については課税対象となる(注)) |
|---|---|
| 税率 | ― |

(注) 資本または投資対象として保有されている資産の処分による利益については非課税であるが、売主により実施された取引、事業または職業に由来する所得による利益とみなされる資産の処分に対しては、そのような利益がシンガポールに由来する場合、またはシンガポールにおいて受領された場合(およびそうみなされる場合)には、課税対象となる。

- 固定資産税 (Property Tax)

| 課税標準 | 国内における土地および不動産 (immovable property) の価額 |
|---|---|
| 税率 | ・居住用不動産(累進課税)<br>　所有者自身による占有の場合:0〜32%<br>　所有者以外の者による占有の場合:12〜36%<br>・居住用不動産以外:10% |

## 第 8 章　シンガポール

**Q18** 現地でコンドミニアムの開発を検討している。建物が竣工し、ユニットを顧客に販売した後に当該物件に瑕疵が発見された場合、誰がどのような責任を負うか。

**A** コンドミニアムの開発および専有部分の販売における瑕疵担保責任の発生根拠としては、契約に基づく責任と、コモンローに基づく責任とがある。

　まず契約に基づく責任については、5戸以上の専有部分を有する居住用不動産を開発する開発許可を取得した者が利用を義務付けられている販売契約書のフォーム（当該契約書のフォームは、上記Q4参照）において、買主たる顧客は、即時入居可能な住戸（vacant possession）の引渡日または買主が当該住戸の入居許可（Temporary Occupation Permit：TOP）等を受領してから15日目の日のいずれか早い日から12か月間[48]、開発業者に対して、当該住戸において明らかな欠陥[49]について修補請求することができ、開発業者はそのような欠陥について開発業者の負担において修補する義務を負う。開発業者が当該修補を実施しない場合には、買主は自ら当該修補を実施し、当該費用を開発業者に求償することができる。

　他方、コモンロー上、開発業者は、制限法（Limitation Act）による消滅時効が成立するまでは、物件の瑕疵に対する責任を負うものとされている。かかる消滅時効の期間は、通常、請求の原因が生じた日から6年であるが、隠れた瑕疵に基づく請求に関する時効期間については、権利者保護の観点から、一定の場合につき時効起算点が後ろ倒しにされている[50]。

---

48) なお、店舗およびオフィスの販売契約のフォームにおいては、即時入居可能な住戸の引渡から12か月間とされている。
49) 具体的には、住戸販売契約のフォームにおいて、「欠陥」とは、「①作業もしくは材料に欠陥があること、または②建物が仕様に従って建設されていないことのいずれかによる建物の不具合」と定義されている。かかる広範な定義によれば、構造上の瑕疵や用いられた材料または作業に関する通常の瑕疵も「欠陥」に含まれると考えられる。

## Q19
現地で商業施設の開発を検討している。日本の不動産賃借権に相当する権利があるか。借地借家法のような賃借人保護を目的とする特別な法律があるか。

## A
シンガポールにおいても日本における賃貸借契約に相当する契約類型（lease）（以下「賃貸借契約」という）が存在しており、日本の不動産賃借権に相当する権利がある。賃貸借契約に別段の定めがない場合、貸主（landlord）は、①借主による土地利用を妨害しない[51]、②貸主の付与した権利を侵害しない、③貸し渡す時点において人の居住に適している状態にする（非居住用不動産は除く）、各義務を負う[52]。他方、借主は、(i)存続期間中、目的物の利用、占有に対して合理的な賃料を支払う、(ii)貸主が責任を負わない料金および税金を支払う、(iii)貸主に修繕義務がある場合、貸主による目的物への立入等を甘受する義務を負う[53]。

　所有者は、通常、当事者間で商業的に相互合意された条件で、テナントと賃貸借契約を締結する。そして、賃貸借契約の内容については契約自由の原則が妥当する。もっとも、小売・サービス店舗用不動産（以下「小売店舗等不動産」という）について賃貸人および賃借人間で公正かつ公平な条件での契約交渉ができるようにすることを目的として、2024年2月、小売店舗不動産賃貸借契約法（Lease Agreements for Retail Premises Act）が施行された。同法により、賃貸人および賃借人は、2024年2月1日以降に締結される所定の小売店舗等不動産の賃貸借契約で契約期間が1年以上のものについては、小売店舗不動産の賃貸借に関する行動規範（Code of Conduct for Leasing of Retail Premises

---

50) 当該時効期間を排除・短縮する旨の特約を住戸販売契約に加えることは、当該契約のフォームを変更することになるため居住用不動産管理官の承認が必要であるが、当該承認が得られれば法的には可能である。ただし、不当契約条件法（Unfair Contract Terms Act）上無効となる可能性がある点には、留意が必要である（たとえば、過失に起因する死亡・傷害に関する責任を減免することはできず、またその他の損失・損害についても「合理的」であると認められる場合を除いて責任を減免することはできない）。
51) 他方、かかる義務に貸主の目的物の修補義務は含まない（WJM・前掲注1）225頁）。
52) WJM・前掲注1）225〜226頁。
53) WJM・前掲注1）226頁。

in Singapore）を遵守しなければならない。同行動規範のうち所定の項目については、賃貸人と賃借人は行動規範とは異なる内容を賃貸借契約で合意することができ、公正な入居のための業界委員会（Fair Tenancy Industry Committee）に対し共同で届出をしなければならない。

賃貸期間が7年（更新条項に基づき延長され得る期間を含む）を超える場合、当該賃貸借は、承認されたフォーム[54]による書面を用いて、土地登記局に登記することができる[55]。ただし、登記の欠缺は当該賃貸借契約の有効性を妨げない。

[不動産担保]

## Q20 不動産に対して設定される担保の種類としてどのようなものがあるか。

 シンガポールにおいて利用される不動産担保は、主にmortgageおよびchargeであるので、以下それぞれについて説明する[56]。

### 1 mortgage

不動産への担保設定は実務上もっぱらmortgageが利用される。

シンガポールでは、土地権原法上登記されたmortgageの場合、mortgageの設定はその対象土地に係る権利の移転（transfer）ではなく、単に担保とし

---

54) 当該フォームは以下のURLから入手することができる（Form 38参照）。https://www.sla.gov.sg/regulatory/property-ownership/forms
55) 7年以内の賃貸借であっても予告により公示することはできる。もっとも、当該賃貸借に基づく賃借人は、土地（および建物）の所有者が変更されたとしても、当該新所有者が登記を行う時に当該土地（および建物）を占有していれば、当該新所有者に賃貸借を対抗することができる（土地権原法46条1項(h)）。そのため、シンガポールでは、実務上、テナントが単独で建物の大部分を借りていて長期間の契約となるような場合を除いて、賃貸借の登記は通常なされない。
56) なお、不動産そのものに対して設定される担保権ではないが、通常不動産に設定される担保権と共に設定される不動産に関連する担保権として、たとえば、賃料債権の譲渡担保（assignment）や、保険金請求権の譲渡担保等がある。いずれも第三債務者への通知が対抗要件とされている。また、mortgageやchargeと同様、担保権設定者たる会社は、会社法に基づくシンガポール会計企業規制庁（Accounting and Corporate Regulatory Authority of Singapore, 通称ACRA）への登記が必要となる。

ての効力しか生じないものとされ(同法68条3項)、日本における抵当権に近い担保権であるといえる。また、mortgageの担保権者として登記された者は、受戻権喪失手続(foreclosure)を実行する権利を有する。

トレンス・システムにおいて登記された不動産に対するmortgageは、土地登記局で登記しなければならず、登記官により登記された当該mortgageは、金銭債務(debt)の弁済を担保することができるとされている(同法68条)[57]。登記された土地に対するmortgageは、特に明示されなくとも、mortgageが設定された時点およびその後mortgageが存続する間に土地上にある建物および当該土地に定着した全ての設備をも担保の対象に含むが、土地に定着するに至らない施設や機械設備についても担保の対象に含めようとする場合、貸付人は下記のとおりchargeを設定することが必要となる。

登記された担保権(mortgageに限らずcharge等も含む)の優劣関係は、登記の日付の先後による。未登記の担保権(エクイティ上の担保権等)は、予告を行うことで、当該登記日のタイミングでの優先権を確保できる。

なお、上記の土地登記局における登記とは別に、会社法上、国内会社またはシンガポールにおいて登記された外国会社がmortgageの設定者であるときは、mortgage設定後一定期間内にACRAに登録しなければならない(会社法131条)[58]。かかる登録をしなくても、mortgageの設定者である会社に対してはmortgageを対抗できるが、清算人(liquidator)や設定者の他の債権者に対抗することはできず、これらの者との関係では無効となる(同法131条1項)[59]。

## 2 charge

chargeとは、コモンロー上「担保権設定者がその財産を譲渡せずに担保としてその財産を保有することを引き受けることによって成立する」[60]も

---

[57] 被担保債務は(定額)金銭債務(debt)に限られている(土地権原法68条1項)。
[58] 同条はchargeの設定についての条文であるが、会社法上chargeの定義にmortgageも含まれるため(会社法4条)、mortgageも同条に従って取り扱われる。
[59] Dorothyほか・前掲注21) 166頁。
[60] 田中編代・前掲注19) 28〜29頁。

のとされている。mortgage 同様、担保不動産の占有は設定者の下にとどまる。土地権原法上では、その被担保債務は定期的に支払義務を負う金銭債務（periodical sum）等で（定額）金銭債務（debt）以外のものに限られている（同法68条2項）。charge についても mortgage と同様、トレンス・システムにおいて登記された不動産に対する charge は土地登記局に登記をする必要があり、charge の担保権者として登記された者は、当該設定者の債務不履行時に対象不動産を売却する権利や対象不動産の占有を取得する権利等を有する。また、土地登記局への登記とは別に、会社法上の登録を要する点も mortgage と同様である。

**Q21** 現地における不動産担保執行手続の概要を教えて欲しい。通常、担保執行の開始から完了までどの程度の期間を要するか。

**A**

## 1 担保執行方法の種類

主な担保執行方法として以下の4種類の方法が挙げられる。

① 担保不動産を売却し代金を被担保債務に充当する方法（不動産譲渡法24条1項(a)）[61][62]

② 財産保全管理人を選任し、担保不動産からの収益の保全その他の管理等を委託する方法（以上、土地権原法69条1項、不動産譲渡法24条1項(c)、25条、29条）

③ 1か月前の通知により、担保権者が担保不動産の占有を取得して担保不

---

[61] WJM・前掲注1) 301頁。
[62] 次のいずれかの要件を満たすことで、売却権を行使することができる（不動産譲渡法25条）。
　① 支払督促（notice requiring payment）が設定者（のうちの一部）に送られ、かつ、その後3か月間、債務不履行の状態（default）にあるとき。
　② mortgage における利息の支払が複数回遅れ、かつ、（元本の）弁済期到来から1か月不払であるとき（この場合、支払督促は不要である（Tye ong choon vs Mohamed Ismail (1949) 15 MLJ 62））。
　③ 被担保債務およびその利息の支払に関する規定以外の、設定者（共同して設定した者を含む）が遵守すべき、捺印証書または土地権原法の準用する不動産譲渡法による規定に対する違反があったとき。

動産の管理等を行う方法（土地権原法 75 条）

④　受戻権喪失手続（土地権原法 76 条）

①から③は mortgage と charge のいずれについても可能な執行方法であるが、④は mortgage についてのみ可能な執行方法である。

また、①から③については、担保設定書面に担保権者が自力で執行することが可能な方法として規定されれば裁判所の関与なく当該執行手続を行うことができるが[63]、④については必ず裁判上の手続が必要となる。

なお、①から③の方法については、担保権者は各権利の全てまたは一部を同時に行使することができる[64]。

【図表8-3】　不動産担保執行手続の種類

| | 主な執行方法 | 利用できる担保権 | 裁判所関与の要否 |
|---|---|---|---|
| ① | 担保不動産の売却 | mortgage, chrarge | 原則不要（担保設定者が同意しない場合に裁判手続を経る） |
| ② | 財産保全管理人による管理 | | |
| ③ | 担保権者による担保不動産管理 | | |
| ④ | 受戻権喪失手続 | mortgage のみ | 必要 |

## 2　担保執行手続の概要

実務上、担保不動産上の mortgage や charge を執行しようとする場合、占有を排した状態で担保不動産を任意に売却する図表8-3①の方法が通常利用される。かかる権利は、上述のとおり担保権設定書面において担保権者の権利として認められているのが通常であり、当該担保権設定書面上の規定に基

---

[63]　もっとも、担保権者が当該手続に基づき執行を行うときに設定者がそれに同意しない場合、担保権者は裁判所に当該担保権執行を申し立てることになる。

[64]　WJM・前掲注1) 309 頁。

づき行われるもので、裁判所の命令を取得する必要はない。この方法は、担保権者により、受戻権の行使期間が経過したのちに、行使されることになる。しかしながら、仮に設定者が任意売却（占有移転）に応じない場合、裁判で担保不動産の占有取得手続を経た後に、これを売却することになる[65]。裁判手続により売却を行う際には2〜3か月ほどの時間を要することになるが、裁判外での売却であればそれより短い期間で足りる。なお、②や③の方法による執行は、必ずしも一般的に担保権者の権利として担保設定書面に規定されているものではなく、それらの方法が利用されるケースは多くない。

【図表8−4】　担保権設定書面に基づく不動産担保執行手続の流れ

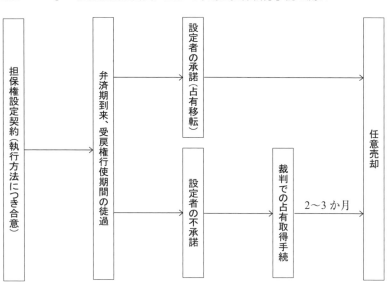

④の方法は、mortgageの担保権者が、コモンロー上のみならずエクイティ上も担保不動産の権利を取得する手続である[66]。受戻権喪失手続はmortgageおよび受戻権を消滅させる手続であり、債権者の執る最後の手段で

---

[65]　本段落につき、WJM・前掲注1) 301頁。
[66]　田中編代・前掲注19) 77頁。

あるとされており、かかる手続がとられることは極めてまれである[67]。

## 3 担保権者の義務

売却手続を行う担保権者は、自己のために売却を行うが、コモンロー上、設定者に対して一定の義務を負っている。たとえば、Cuckmere Brick Co Ltd vs. Mutual Finance Ltd 事件［1971］Ch 949 において、担保権者は、設定者に対し、売却権行使における信義誠実義務および売却価格に関する相当な注意義務を負うものとされた（たとえば、換価金額の最大化のため競売手続を行う等）。また、担保権者は売却権行使に際して、担保権者自身、受託者またはその代理人を買受人とすることができないとされている[68]。これに関連して、Tse Kwong Lam vs. Wong Chit Sen 事件［1993］1 WLR 1349 では、担保権者が利害関係を有する会社に対して担保不動産を売却した事案において、担保権者は、当該会社に対する売却が誠実に行われ、最も合理的な価格で売却されるよう十分注意が払われたことを証明しなければならないとされた。

---

**Q22** 現地の不動産開発・投資プロジェクトにおける不動産担保ローンの概要を教えて欲しい。通常、どのような担保が設定されるか。ノンリコースローンは実務上一般的に行われているか。また、ローン契約に関し、参照されるひな型などはあるのか。

**A** シンガポールの不動産開発・投資プロジェクトにおいて、不動産担保ローンが利用されることは極めて一般的である。シンガポール国内の不動産に担保を設定する場合は、mortgage または charge の形式が取られる（上記 Q20 参照）。

もっとも、一定の制限下にある居住用不動産（居住用不動産法により定義されているもの）に対する担保権を実行する場合、居住用不動産法上の要件を満たす必要があるため、レンダーが外国会社の場合、実務上一定の制約がある。す

---

67) WJM・前掲注1）301 頁。
68) WJM・前掲注1）306 頁。

なわち、居住用不動産法は、外国会社が同法の制限下にある居住用不動産の担保権を取得することを制限していないが、mortgageの担保権者であり、設定者に対して受戻権喪失手続を実行する外国会社は、法務大臣による売却期限の延長が承認されない限り、受戻権喪失手続開始から3年以内に、シンガポール市民または許可を受けた買主に対して当該居住用不動産を売却しなければならないものとされている。上記期限内に売却が行われない場合、居住用不動産管理官が当該外国法人に代わって当該不動産を売却することができるものとされる（上記Q5参照）。

ノンリコースローンについては、資産価値が大きくなる大規模な不動産開発では行われることもある。

ローン契約の書式については、Asia Pacific Loan Market Asociation（APLMA）のひな型が用いられることが多いが、銀行が自らのひな型を用いることもある。

# Ⅳ　不動産開発・投資スキーム

[不動産開発]

## Q23　シンガポールにおいて一般的な不動産開発のスキームを教えて欲しい。

**A**　シンガポールでは、特に大規模な案件や日系企業が関わるような案件については、複数のデベロッパーや不動産投資ファンドがジョイント・ベンチャーを組成して開発を進めることが多い。ジョイント・ベンチャーの組成にあたっては、各デベロッパーが、新設または既存の会社に対して出資を行い、当該会社が用地を取得し開発の主体となるという方式を採ることが多い。また、信託や有限責任組合を組成し当該信託・組合が開発の主体となるというケースもある。

用地の調達については、通常の相対取引により土地を取得する場合、ジョイント・ベンチャーの当事者となるデベロッパーが所有する土地を活用する場合、政府が払い下げる土地を入札により取得する場合等があるが、シンガ

ポールでは狭い国土を有効活用するという観点から国土の大部分が国有地であり、不動産開発にあたっては leasehold の譲渡という形式で底地を取得することが多い。leasehold の土地については、国から JTC 等の公的機関に一度払い下げられた上で、そこから民間に再譲渡またはリースがなされるという形式が一般的であるため（上記 Q2 参照）、leasehold の譲渡に当たっては JTC 等の公的機関から課されている条件を遵守することが求められる。そのため、leasehold の譲渡を受けるに当たっては、このような条件の詳細をデュー・デリジェンス等により正確に把握し、条件に従った対応（公的機関の同意の取得等）を進めることが重要である。

[不動産ファンド]

## Q24 シンガポールにおいて主に利用される不動産ファンドスキーム・REIT 制度の概要を教えて欲しい。

## A　1　私募ファンド

　シンガポールでは、税制を中心とした各種優遇策の整備がなされ、公募・私募ともに不動産ファンド市場が成熟している。私募ファンドを組成するストラクチャーとしては、大別して、①会社スキーム、②信託スキーム、③有限責任組合スキームがある（下記図表 8 − 5 を参照のこと）。

　①の場合、非公開有限責任会社（private limited company）が不動産関連資産（不動産保有会社の株式等）を保有し、その資産の運用を運用会社に委託する。投資家は株主として当該会社に出資し、配当を通じて投資のリターンを得る。

　②の場合、トラスティーが不動産関連資産を保有し、運用会社が資産運用を実施する形で、受益者（unitholder）である投資家のために各自の役割を果たす。トラスティーと運用会社の役割を 1 社が担う（trustee-manager）こともある。

　③の場合、無限責任組合員（GP）と有限責任組合員（LP）との間の組合契約に基づいて有限責任組合（limited partnership）を組成し、不動産関連資産

を組合財産として取得する。GPは資産運用業務を運用会社に委託することも多い。

外資企業（外国法人だけでなく、1人でも外資の株主または外国人の取締役が存在する現地会社を含む）による居住用不動産の取得には制限があるものの、商業用不動産の取得には制約はない。また、不動産取引に係る法律も良く整備されているため、取得ストラクチャーは構築しやすいといえるだろう。

【図表8－5】　私募ファンドストラクチャーの例

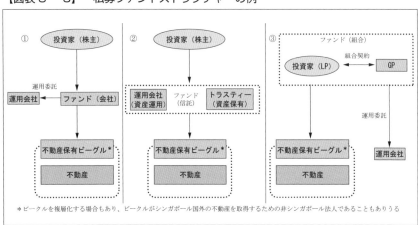

## 2　シンガポールのS-REIT

### (1)　S-REIT市場

シンガポールでは、様々な国のスポンサーによる様々な国の不動産を組み入れたリート市場が形成されており、シンガポールの上場リートはS-REITの名称で呼ばれている。中には、日本の不動産や事業を投資対象に組み込んだS-REITも、シンガポール証券取引所に上場されるに至っている。

また、日系のデベロッパー企業によるアジア各国の不動産開発が加速し、また、日本の投資家や不動産ファンドの運用会社にとってアジア各国の不動産が優良な投資対象として認識されつつある中、これらのプレイヤーにとって、

S-REITはエグジットのツールとして大きな可能性を有するに至っている。

### (2) S-REITの概要

シンガポールにはリート（Real Estate Investment Trust）（以下「REIT」という）に類似する投資商品として、ビジネス・トラスト（Business Trust）（以下「BT」という）もある。REITは不動産または不動産関連資産（以下「不動産等」という）を主要な組入資産とする信託型の投資ビークルである。その形態は、日本における投資信託と同じである。この点、専ら投資法人という法人型のビークルを用いるJ-REITとは異なる。一方、BTは、Business Trusts Actに基づき登録された、事業を行うことを目的とする信託型のビークルである。不動産以外の安定した収益をもたらす資産または事業に関しても、REITのような資金調達を可能とすることを目的に2005年に導入された制度であり、日本には見られない制度である。BTの組入資産に制限はない。したがって、不動産等を組入資産とすれば、そのBTは機能的にはREITと同じになる。REITもBTも公募により一般市場から資金調達を行うことができ、その投資持分であるユニット（unit）（J-REITにおける投資口に相当する）をシンガポール証券取引所に上場させる。上場したREIT/BTのユニットはシンガポール証券取引所で流通取引される。

### (3) REITとBTの共通点と差異

REITとBTは共に日本の金融庁に相当するMonetary Authority of Singaporeの監督に服し、また上場すれば、シンガポール証券取引所の監督にも服する。

REITとBTのストラクチャーを表すとそれぞれ図表8－6のとおりとなる。

**【図表 8 - 6】　REIT と BT のストラクチャーの例**

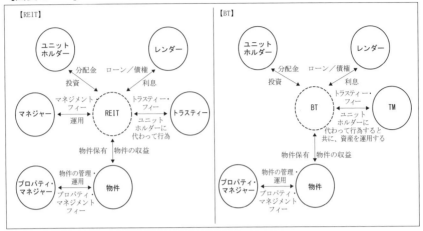

　REIT には、他の（契約型）投資信託（unit trust）に通常見られるのと同様、トラスティー（trustee）（受託者）とマネジャー（manager）（運用会社）という2つの主体が関与する。トラスティーは、ユニットホルダー（J-REIT における投資主に相当する）に代わって資産を保有し、REIT としての行為を行う主体となる。マネジャーは、REIT の資産運用を行う主体であり、トラスティーに対して個々の行為の指示を出す。マネジャーの役割は、J-REIT における資産運用会社のそれに相当する。REIT の資金調達の方法は、エクイティとデットの両方が可能である。エクイティの場合ユニットを発行する。公募により一般市場から調達すること（rights issue と呼ばれる）も、日本の第三者割当増資のように特定の第三者に割り当ててその者から資金を注入することもできる。デットの場合、借入によることも債券を発行することも可能である。なお、REIT は、J-REIT 同様、導管課税の制度がとられている。

　これに対して、BT では、REIT とは異なり、マネジャーとトラスティーの役割を1つの主体が担う。それが、トラスティ・マネジャー（trustee-manager）（以下「TM」という）である。TM は、ユニットホルダーのために BT の資産を保有し、かつ、それらの資産を運用する。この点を除き、基本的に、BT のストラクチャーは REIT のそれと変わらない。BT には REIT のような導管課税の制度はない。BT が事業を行う主体であるという点では会社と

同じであるため、税務上は会社と同様に取り扱われる。そのため、BTには会社と同様に所得税が課される。もっとも、ユニットホルダーに対するBTの分配金については所得税が免除されているため、二重課税は排除されている。

(4) S-REITの活用

日系企業によるS-REITの活用方法として第一に想定されるのは、日本以外の不動産を組み入れる上場不動産ファンドを組成する場合である。日本では上場不動産ファンドのビークルとしては基本的にはJ-REITが想定されるが、ストラクチャー組成上の課題からその実例は少ない。海外不動産の組入がすでに一般的なS-REITでは、その組成が比較的容易である。また、日本の不動産に特化する場合でも、J-REITとは異なる投資家層から資金調達を行えることは意義があるだろう。

また、BTを活用すれば、事業に投資する上場ファンドが組成できる。日本では新たにインフラファンド市場が開設されたが、J-REITで用いられている投資法人形態による場合、税務上の規制から事実上投資対象が再生可能エネルギー発電設備に限定される等課題も多いとされる。そのため、むしろBTを活用したシンガポール証券取引所と東証の重複上場スキーム（外国ファンドの場合現地の証券取引所にも上場していることが必要とされている）の方が、幅広いインフラ資産を投資対象とすることができ、また、税務効率性がよくなる可能性もあり、インフラファンド・ビークルの選択肢の1つとして検討に値する。さらに、BTの場合、インフラ事業以外の事業に投資する上場ファンドを組成でき、日本では前例のない事業の証券化を行う上場ビークルとして活用できる（たとえば、日本のゴルフ場事業を組み入れたBTが2014年に上場している）。

第9章 中 国

# I 不動産法制

[法体系]

**Q1** その国の法体系に応じて不動産法制の内容にも一定の傾向が見られることがあると聞いた。中国の法体系は、日本と同じ大陸法系（シビルロー）か、それとも英米法系（コモンロー）か。

**A** 中国の法体系は、大陸法系（シビルロー）である。そのため、中国の不動産法制も大陸法系を基礎としているが、共産主義の下で中国独自の不動産法制が形成されている。

まず、中国においては土地の所有権は私人に帰属せず、私人は土地使用権を有するのみである（下記Q2参照）。そして、以前は土地使用権を取得しても、それを私人間で譲渡することが基本的に認められていない時期もあった。しかし、1988年における憲法と土地管理法の改正により、土地使用権の譲渡を可能にする制度が創設された。これにより、土地使用権は譲渡、担保設定および賃貸等が可能な財産権として設計され、これを基に、市場経済原理に則った不動産法制の整備が推進された。

現在、民法典（特に物権編）、土地管理法、都市不動産管理法などが中国の不動産法制における主要な法律である。

[土地に関する権利（所有権または類似する権利）]

**Q2** 土地に関する権利としてどのようなものがあるか。日本における土地の所有権に相当する権利があるか。

**A** 中国法上、土地の所有権は、国家または農民集団[1]に帰属し、個人や会社などが土地の所有権を有することはできないが、土地使用権を取得することは可能である。具体的には、中国憲法上、都市の土地は国家が所有し、農村および都市郊外地区の土地は、法律により国の所有に属すると定

められたものを除き、農民集団所有に属すると規定されている。

　個人や会社が国有土地の土地使用権を取得する方法としては、払下方式と割当方式の2つがある。そのうち払下方式が一般的であり、割当方式が採用されることは例外的である（なお、一般的に、企業は農民集団が所有する農用地を直接使用することはできない。企業が農用地を非農用地（たとえば居住用地、商業用地、工業用地等）として使用する場合は、政府による徴収（すなわち、農民集団所有土地から国有土地への変更）が行われた後に、国有土地としての土地使用権を取得する必要がある）。

　まず、土地使用権の払下とは、国が国有土地の土地使用権を一定の期間を定めて土地使用者に払い下げ、土地使用者が国に土地使用権払下金を納付する行為をいう（都市不動産管理法8条）。土地使用権の払下は、競売、入札募集または相対での協議の方式によって行われる。土地の用途が商業、観光、娯楽および高級住宅用地である場合には、基本的には競売または入札募集の方式を採用しなければならないとされている。ただし、商業、観光、娯楽および高級住宅用地以外の用途の土地使用権について、希望する会社が1社のみという場合などにおいては、競売または入札募集の方式を採用することができないため、相対での協議による方式を採用することができるとされている。土地使用権払下の最長期間は、土地の用途により異なり、①居住用地は70年、②商業、観光、娯楽用地は40年、③工業用地、教育、科学技術、文化、衛生、スポーツ用地、総合またはその他の用地は50年とされている（都市部の国有土地使用権の払下および譲渡に関する暫定条例12条）。住宅建設用の土地使用権の期間が満了した場合は、自動的に期間が延長され、延長費用の納付または減免については、法律、行政法規の規定に従い処理するとされている（民法典359条）。しかし、現在延長費用の取扱いについて明確な規定はない。

　次に、土地使用権の割当とは、県級以上の人民政府が法により認可し、土地使用者が補償、再配置等の費用を納付した後、当該土地を土地使用者に引き渡して使用させ、または土地使用権を無償で土地使用者に引き渡して使用させる

---

1）　農民集団とは、土地の集団所有制度に基づく地域経済組織であり、法律に基づき集団の構成員（農民）を代表して土地所有権を保有する組織である。

第9章　中国

行為をいう（都市不動産管理法23条）。割当方式が採用される場合は、①国家機関用地および軍用地、②都市インフラ用地および公益事業用地、③国が重点的に援助するエネルギー、交通、水利等のインフラ用地、ならびに④法律、行政法規に規定するその他の用地に限られる（土地管理法54条）。

[不動産の概念]

**Q3** 現地で建物リース事業を行うため、土地から切り離して建物のみ購入することを検討している。現地法上、日本と同じように、建物が土地と別個の不動産として認識されるのか（別個の取引の対象となるか）。それとも、土地と建物は一体の不動産として認識されるのか。

**A** 中国において建物は土地と別個の不動産として認識される。ただし、土地使用権と建物は、法令上一体として取引されることが要求される場合がある。すなわち、中国法上、建設用地使用権（当該土地を利用して建築物、構築物およびその他の附属施設を建造できる土地の土地使用権）を購入する際、当該土地に定着する建物についても一括で購入しなければならず、また建物を購入する際は、その建物が占用する範囲内の建設用地使用権も一括して購入しなければならない。土地使用権を賃貸する場合において、当該土地上に建物がある場合には、当該建物も同時に賃貸されることになる。

**Q4** 現地でコンドミニアムの開発を検討している。日本の建物区分所有権に相当する権利があるか。ある場合、区分所有法制の概要を教えて欲しい。

**A** 中国においても、日本と類似した建物区分所有権の制度が存在する。アパートメントを例にとると、民法典によれば、区分所有者は、アパートメントの専有部分に対して所有権を有し、専有部分以外の共用部分に対して共有および共同管理の権利を有する（民法典271条）。区分所有者は、アパートメントの専有部分に対して、占有、使用、収益および処分の権利を有

し、かつ区分所有者の名義で登記することができる（民法典272条、不動産登記暫定条例5条）。なお、区分所有者が所有するアパートメントの専有部分を譲渡する場合には、それに対応する共用部分に関する共有および共同管理の権利も一括して譲渡される。

また、区分所有者は、専有部分以外の共用部分（たとえばアパートメントの基礎、耐力壁、柱、梁、外壁、屋上、ロビー、通路、階段、エレベーターなど）に対して権利を有し、これに伴う義務を負担するものとし、権利の放棄を理由に義務の不履行をしてはならない（民法典273条）。

区分所有者は、区分所有者総会を設立し、区分所有者委員会構成員を選出することができる（民法典277条）。区分所有者は、区分所有者総会議事規則・管理規程の制定および修正、区分所有者委員会構成員の選出または更迭、不動産管理サービス企業またはその他管理人の選任および解任、建築物およびその附属施設の維持修繕資金の使用・調達、建物およびその附属施設の改築または建替え、共用部分の用途の変更または共用部分の利用による経営活動への従事、共有および共同管理の権利に関するその他の重要事項等の事項を決定することができる（民法典278条）。区分所有者は、アパートメントおよびその附属施設の維持修繕資金を拠出する必要があり、かかる維持修繕資金は、区分所有者の共有に属し、区分所有者の共同の決定により、エレベーター、屋根、外壁、バリアフリー施設等の共用部分の維持修繕、更新および改修に用いることができる（住宅特定維持修繕資金管理規則6条、民法典281条）。

オフィスのような経営用物件等についても、アパートと同様に、区分所有者は、その専有部分に対して所有権を有し、専有部分以外の共用部分に対して共有および共同管理の権利を有する（民法典271条）。

## ［不動産の取得・利用の主体および外資規制］

**Q5** 現地の民間企業であっても土地を保有することができない国もあると聞いた。現地企業が土地の所有権を取得することができるか。また、現地企業が取引の対象とする主な土地上の権利は何か。

第9章 中 国

**A** 上記Q2のとおり、中国法上、土地所有権は国家または農民集団のみに帰属し、私人（個人および法人を含む）による土地所有は認められていない。そのため、中国において、現地企業が保有することができ、取引の対象とする土地に対する権利は、土地使用権である。

**Q6** 日本企業である当社は、直接、現地の不動産（土地・建物）を取得したいと考えている。外国法人は中国の不動産を直接取得・利用することができるか。それとも、不動産を取得・利用するにあたり現地法人を設立することが必要か。

**A** 外国法人であっても、中国の土地使用権を直接取得することは可能である。しかし、取得した土地使用権に係る土地を開発または利用する際には、現地法人を設立する必要がある（都市部の国有土地使用権の払下および譲渡に関する暫定条例3条、国有建設用地使用権入札募集・競買・公示方式規定11条、都市不動産管理法30条）。

また、外国法人は中国における建物を直接取得することはできず、中国の建物の所有権を取得するためには、現地法人を設立する必要がある（建設部、商務部、国家発展改革委員会等による不動産市場における外資参入・管理の規制に関する意見（建住房［2006］171号）10条）。なお、外国法人が中国において設立した代表機構（外国企業が中国国内において連絡活動等の非営利性活動のために設立する法人格を有しない機構を意味し、典型的には駐在員事務所がある）は、駐在員等に必要な範囲で自社用の住宅を購入することができる（住宅都市建設部などの部門による不動産市場への外資参入・管理に関する政策の調整に関する通達（建房［2015］122号）3条）。

**Q7** 現地法人であっても株主に外国企業が入っている場合にはそもそも不動産（土地・建物）を保有することが認められない国もあると聞いた。外資現地法人が不動産を「取得・利用」するにあたって適用される外資規制について教えて欲しい。

**A** 　中国において、外資現地法人が土地使用権および建物の所有権を取得し、利用することは、可能である。これらの権利の取得に関して外資規制は存在せず、100％外資の外資現地法人であっても取得可能である。

　一方で、中国で設立された、外国企業が株主に含まれる不動産開発企業（外商投資不動産企業）は、外債（中国国外からの借入）を借りることはできないという制限が存在する（商務部への届出が完了した第1次外商投資不動産プロジェクト名簿の配布に関する通知（匯綜発［2007］130号）1条）。そのため、中国国内における借入等の資金調達を効率的に行うという観点から、外国企業は中国現地の不動産開発企業と共同して不動産の開発事業を行う場合が多い。

[不動産登記制度]

**Q8** 　不動産登記制度の概要を教えて欲しい。

**A** 　土地や建物に関する権利は、不動産登記機関の不動産登記簿に登録される。そして、権利者には、当該登記内容が記載された不動産権利証書が発行される。2015年に登記制度が改正される以前は、土地使用権と建物所有権について別々の証書が発行されていたが、2015年3月1日から全ての不動産に関する権利証書が「不動産権利証」に統一され、土地および建物の情報が1つの不動産権利証に記載されるようになった（図表9－1参照）。

第9章 中　国

【図表9－1】　不動産権利証のサンプル

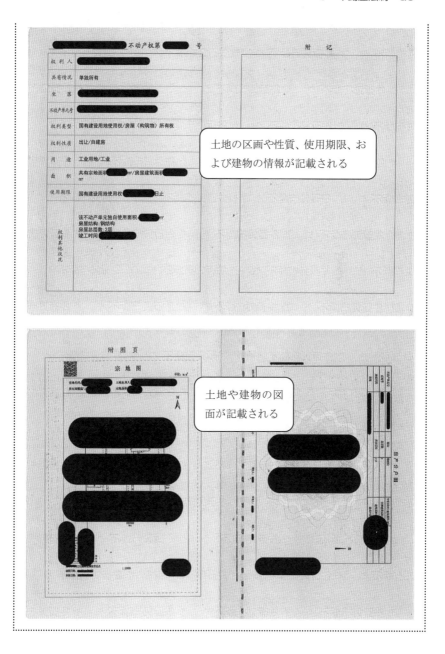

第9章 中国

**Q9** 土地の登記にはどのような効力が認められているか。登記を信頼して取引をした者に対し、登記どおりの権利状態があったのと同様の保護が与えられるか（登記に公信力が認められるか）。

**A** 中国法上、土地使用権の設定および譲渡の効力は不動産登記簿における登記の完了によって発生し、また、建物の所有権の発生および譲渡についても登記の完了によって効力が発生するとされている（民法典209条、214条、349条）。このように、中国においては、日本と異なり、不動産の物権に係る変動は、登記が効力発生要件となり、登記は公信力がある。

**Q10** 取得を検討している土地の権利関係を調査したい。土地の権利者の協力なく役所の登記簿を見ることができるか。

**A** 土地使用権や建物所有権等の情報が記載されている不動産登記簿は一般には公開されておらず、権利保有者および利害関係者のみが登記情報を閲覧し、謄写できるとされている（民法典218条）。もっとも、権利保有者または利害関係者から委任状を取得すれば、当該不動産の所在地の不動産登記機関に対して当該不動産情報の開示を求めることができる（不動産登記資料照会暫定規則4条）。

そして、上記の利害関係者は、不動産の取引、贈与、賃貸借、抵当権設定、不動産に関わる民事紛争等に関する関係者を指し、不動産の情報開示を求める際に、不動産登記機関に対して、締結済みの取引契約や裁判所等による訴状の受理通知書等の利害関係を証明できる書類を提示する必要がある（不動産登記資料照会暫定規則19条、20条）。

これに対し、これから取引や訴訟を行うことを検討する者は、不動産の基本状況（所在地、面積、用途等）、共有関係の存否、抵当権設定等の存否および封印登記[2]等の処分の存否という限定的な範囲で情報を求めることができる（不動産登記資料照会暫定規則21条）。また中国の弁護士に委任することで、上記の限定的な情報の他、提供された照会対象不動産の権利主体の名称と登記簿の記載が一致しているか否かの検証、不動産の共有形式、および封印登記等の処分

を求めた機関の名称といった情報も要求できるとされている（不動産登記資料照会暫定規則22条）。

なお、上記の不動産情報を照会する際に、不動産登記機関に照会結果の証明書類の発行を求めることができ、当該証明書類には、上記の情報が照会結果として記載される。

## Q11 登記手続の概要を教えて欲しい。また、登記の申請から完了までに要する期間の目安を教えて欲しい。

**A** 登記手続は、所定の申請書とともに、土地使用権または建物所有権を取得したことを証明する書面等の必要書類を不動産登記機関に対して提出することによって行う。そして、不動産登記機関が登記事項を不動産登記簿に記載した時点で登記が完了し、登記完了後、権利者に不動産権利証書が発行される（不動産登記暫定条例14条、16条、21条）。

登記完了までに要する期間について、不動産登記機関は申請を受理した日から30営業日以内に登記を完了しなければならないとされているが（不動産登記暫定条例20条）、実務上、書類の不備がなければ、2週間程度で完了する場合が多い。そのため、上記Q9のとおり、不動産の物権に係る変動は、登記が効力発生要件となるため、登記の申請から登記完了までには時間がかかるため、もし物権の変動時期（すなわち登記完了の時点）を取引のクロージング時期と設定すると、クロージング時期が事前に確定できないことに留意する必要がある。

[土地収用]

## Q12 土地に関する権利が政府による収用の対象となるのはどのような場合か。実務上どの程度のリスクがあるか。

---

2) 訴訟等における財産保全措置および強制執行措置として、裁判所（人民法院）があらかじめ債務者の財産の売却等を禁止するよう不動産等の封印を決定し、不動産登記機関にて封印登記を行うことであり、日本の仮差押えと差押えに類似する制度である。

第9章　中 国

A　　中国法上、国は、公共の利益の必要のために、法律に定める権限および手続に従い不動産を収用し、土地使用権の残存期間を繰り上げて回収することができ、この場合には、土地上の建物等の不動産について公平・合理的な補償を行い、土地使用権の払下代金についても相応の部分を土地使用者に返還するとされている（民法典117条、358条、土地管理法2条）。

公共の利益の必要については、①国防および外交の必要、②政府が実施するエネルギー、交通、水利等のインフラ建設の必要、③政府が実施する科学技術、教育、文化、衛生、スポーツ、環境および資源の保護、防災減災、文物保護、総合的な地域サービス、福祉、市政公用等の公共事業の必要、④政府が実施する保障性の中低所得者向け住宅供給プロジェクト建設の必要、⑤政府が都市農村計画法の関連規定に従い実施する、倒壊の危険がある建物の集中、インフラの老朽化等がみられる地区に対する旧市街区再開発の必要、⑥法律、行政法規に定めるその他の公共の利益の必要等が挙げられている（土地管理法45条、国有土地上建物収用補償条例8条）。

収用に関するリスクについては一概には言えないが、環境対策（工場集中の緩和、環境保護地域の指定と工場移転の要求等）や、都市再開発といった公共目的から、特に工場用地について移転を要求される場合がある。ただし、そのような場合においても、移転に要する期間の猶予の付与、移転先の紹介、移転に係る費用の補償等、会社の負担軽減措置が講じられる可能性がある。

## II　不動産関連事業に関する規制

[不動産関連事業に関する外資規制]

Q13　不動産関連事業を行う現地法人を設立したいが、当局の承認やローカル企業の出資が必要になるか知りたい。主な不動産関連「事業」（不動産開発、不動産売買・仲介、不動産賃貸、不動産管理、建設）について、どのような外資規制が適用されるか教えて欲しい。

## Ⅱ 不動産関連事業に関する規制 Q13

**A** 上記Q7のとおり、外国企業が中国において不動産関連事業を行う現地法人を設立することに関して外資規制は存在せず、外資100％の現地法人も設立可能である。

その上で、主な不動産関連事業（不動産開発、不動産売買・仲介、不動産賃貸、不動産管理、建設）を行うにあたり、必要となる手続や許可等は下記**図表９－２**のとおりである。なお、営業許可証自体は、事業の内容に関係なく会社を設立する際に必要となるものであるが、従事する不動産関連事業が営業許可証に記載される経営範囲に含まれる必要があるという点において、下表においても記載している。

**【図表９－２】　中国不動産関連事業の手続・許可等**

| 不動産関連事業 | 必要な手続・許可等 |
|---|---|
| 不動産開発 | ①　営業許可証の取得<br>②　所在地の住宅建設部門に対する届出<br>③　不動産開発企業資質の取得<br>④　（商品住宅の予約販売を行う場合）商品住宅予約販売許可証の取得 |
| 不動産売買・仲介 | ①　営業許可証の取得<br>②　会社所在地の直轄市、市または県の人民政府建設主管部門に対する届出<br>③　一定数の不動産斡旋人員の配置（地方ごとに基準が定められている。たとえば、北京市では、本店について２名以上の不動産斡旋人（中国語は「経紀人」）が必要であり、支店について１名以上の不動産斡旋人または２名以上の不動産斡旋人補（中国語は「経紀人協理」）が必要である。） |
| 不動産賃貸 | 営業許可証の取得 |
| 不動産管理 | 営業許可証の取得 |
| 建　設 | ①　営業許可証の取得<br>②　必要な建築業企業資質（施工元請負資質、専業請負資質、施工労務資質）の取得 |

第9章　中国

[不動産関連事業に関する許認可]

**Q14** 現地で不動産仲介を行うことを検討している。日本における宅建業規制に相当するような規制があるか。

**A**　中国において不動産仲介（中国法上の用語では「不動産斡旋」という）を行う場合、営業許可証の経営範囲に不動産斡旋事業を含める必要がある。そして、当該営業許可証を取得した日から30日以内に、会社所在地の直轄市、市または県の人民政府建設主管部門に届出をする必要がある（不動産斡旋管理規則11条、都市不動産管理法58条）。これらの手続の内容は外国企業が株主に含まれる会社の場合でも同様である。

　ただし、不動産斡旋事業を行うためには、十分な数の不動産斡旋人員を有していなければならないとされている。不動産斡旋人員の数については、地方ごとに基準が定められている。たとえば、北京市では、本店について2名以上の不動産斡旋人（中国語は「経紀人」）が必要であり、かつそのうち少なくとも1名の不動産斡旋人が必要となり、支店について1名以上の不動産斡旋人または2名以上の不動産斡旋人補（中国語は「経紀人協理」）が必要である（北京市不動産斡旋機構、住宅賃貸借企業届出管理暫定規則4条）。なお、以前は、不動産斡旋人員になるためには、原則として毎年1回実施される職業資格試験に合格し、職業資格証書を取得しなければならないとされていたが、2014年から、不動産斡旋人員に関するこの職業資格試験は、不動産斡旋業務に従事するにあたっての取得必須の職業資格試験から職業能力評価のための資格試験に変更され、当該資格証書を取得しなくても不動産斡旋業務に従事できることとされた（国務院の一部の参入類職業資格の取消しに関する後続業務の遂行についての通知1条、2条）。

**Q15** 現地で建設業を行うことを検討している。建設業を行う場合、どのような許認可を取得する必要があるか。

**A**　中国国内で建設業を行うためには、建設業を経営範囲に含む営業許可証の取得に加え、建築業企業資質を取得する必要がある。建築業企

業資質は、施工元請負資質、専業請負資質、施工労務資質の3つの系統に分けられる。そのうち、施工元請負資質と専業請負資質は、工事の性質および技術の特性に従って更にいくつかの資質類別と資質等級に区分される（建築業企業資質管理規定5条）。

会社は、その保有する資産、主要人員、完成した工事の実績および技術設備等の条件に基づき、取得すべき系統に関する建築業企業資質を申請し、審査に合格した後に建築業企業資質証書を取得する。当該資質証書を取得した後に初めて資質許可の範囲内において建築施工活動に従事することができる（建築業企業資質管理規定3条）。

# Ⅲ　不動産取引

[不動産取引（取得・譲渡、賃貸）]

## Q16　取得を検討している土地の権利関係を調査したい。どのような点に留意して調査すべきか。

**A**　取得を検討している土地の権利関係を調査する際には、最も基本的な事項として、当該土地使用権の種類、内容、残存期間や抵当権等の負担の存否等を確認する必要がある。そして、既存の土地使用権および建物所有権を取得する場合、土地の開発や建物の建設について当該土地の用途制限等に合致するかどうか、土地の開発および建物の建築に必要となる許認可（たとえば計画許可証や施工許可証等）は取得されているか等の確認が必要である。さらに、当該土地使用権が払下で取得された場合、払下代金や各種の税金が支払済みであるかどうかも確認する必要がある。もっとも、上記Q10のとおり、取引等の意向のみがある場合には、当局から当該土地および建物に関する限定的な情報しか取得できないため、上記の内容を確認するには現在の土地使用権の保有者の協力が必要である。

また、当該土地および建物に関する既存契約の内容、紛争の有無、当局による是正や立ち退きの指導・指摘の有無、土壌汚染その他の問題がないか等についても確認することが望ましい。

## Q17 不動産の売買・保有に際して生じる課税の概要を教えて欲しい。

**A** 不動産の売買に際しては、不動産を取得する側（譲受人）に、契税（売買価格の3％〜5％）や印紙税（売買価格の0.05％）が課税される。また、譲受人において、取引手数料と不動産登記費の支払いも必要となる（具体的な金額は地域や不動産の種類等により異なる）。また、不動産を売却する側（譲渡人）に対して、増値税（VAT：Value-Added Tax）および付加税、土地増値税、企業所得税または個人所得税、ならびに印紙税（売買価格の0.05％）が課税され（増値税は納税者の性質によって計算方法が異なる）、取引手数料が課される。

不動産の保有に関しては、不動産税や都市土地使用税等が課されるが、具体的な金額は地域や不動産の種類等により異なる。

## Q18 現地でコンドミニアムの開発を検討している。建物が竣工し、ユニットを顧客に販売した後に当該物件に瑕疵が発見された場合、誰がどのような責任を負うか。

**A** 中国法上、住宅の開発業者（デベロッパー）は、住宅の買主に対して住宅品質保証書を発行し、住宅の瑕疵について保証する必要がある（都市不動産開発経営管理条例30条）。保証期間は、住宅の主体構造は設計文書に定めた当該建物の合理的な耐用年数であり、防水工事は5年、給電システムや給水システム、内装工事等は2年保証しなければならないとされている（建物建築工事品質修理保証規則7条）。

また、保証期間内に、建物の建築工事の品質欠陥により使用者等に損害をもたらした場合、開発業者が賠償責任を負った後、責任を負うべき建設会社等に求償する（民法典802条、建物建築工事品質修理保証規則14条）。

## Q19 現地で商業施設の開発を検討している。日本の不動産賃借権に相当する権利があるか。借地借家法のような賃借人保護を目的とす

る特別な法律があるか。

**A** 中国法上、土地や建物を賃借する場合、賃貸借契約の内容については民法典が適用され、日本の借地借家法のような法律に基づく特別な賃借権の保護に関する規定は存在しない。なお、所有者が賃貸している住宅の所有権をほかの者に譲渡した場合において、賃借期間が満了していない場合、当該賃貸借契約は、新所有者に対しても継続して有効であり、賃借人は、賃借期間が満了するまで賃借を継続することができる（民法典725条）。

[不動産担保]

**Q20** 不動産に対して設定される担保の種類としてどのようなものがあるか。

**A** 中国において不動産に対して設定することができる典型担保権としては、抵当権がある。なお、非典型担保権として、不動産譲渡担保などもあるが、実務上は、もっぱら抵当権が利用される。

中国法上、抵当権は、「債務の履行を担保するため、債務者または第三者が財産の占有を移さずに、当該財産に債権者のために設定し、債務者が期限到来債務を履行しないとき、または当事者が約定した抵当権実行の状況が発生したときは、債権者が、当該財産について優先弁済を受けることができる権利」と定義されている（民法典394条）。抵当権を設定できる不動産については、①建築物およびその他の土地定着物、②建造中の建築物、および③建設用地使用権[3]があると明記されている（民法典395条）。もっとも、日本法と異なり、建設用地使用権と当該土地上の建築物の所有権を分離して担保設定することができない点に注意が必要である（民法典397条）。他方、①土地所有権（国家ま

---

3) 国家などから建設用地使用権を取得する方式として払下方式と割当方式という2種類の方式があるが（上記Q2参照）、割当方式により取得した建設用地使用権については、原則として抵当権を設定することはできないとされている。例外として一定の条件を満たす場合（たとえば、土地使用権払下金の追納等）に限り、当局の認可を受けて当該建設用地使用権および地上の建築物、その他の定着物の所有権と一括して抵当権を設定することが認められる。

たは農民集団に帰属する（上記 Q2 参照））、②宅地、自留地[4]、自留山[5]等の集団が所有する土地の使用権（ただし、法律により抵当権を設定することができると定められている場合はこの限りでない）、および③学校、幼稚園、医療機関等の公益目的のために設立された非営利法人の教育施設、医療衛生施設およびその他の公益施設は、抵当権を設定できない不動産として定められている（民法典 399 条）。

さらに、抵当権の目的物が不動産である場合、登記が抵当権の効力発生要件となるため、登記完了時に抵当権が設定されることになる（民法典 402 条）。

**Q21** 現地における不動産担保執行手続の概要を教えて欲しい。通常、担保執行の開始から完了までどの程度の期間を要するか。

中国法上、抵当権の実行手続は、下記のとおり、裁判外の手続と裁判上の手続の2種類に大きく分けられる。

## 1　裁判外の手続（抵当権者と抵当権設定者との合意による実行方法）

債務者が期限到来債務を履行しない場合、または当事者が約定した抵当権実行の状況が発生した場合は、抵当権者は、抵当権設定者との合意により、①抵当財産を値引きしたうえで抵当権者の所有に帰属させること、②当該抵当財産を競売にかけること、または③当該抵当財産を換価して得た代金をもって、優先弁済を受けることができる（民法典 410 条 1 項）。

これらのうち、実務的には、方法①がコストが低く、効率がよい方法とされている。ただし、当該抵当権者および抵当権設定者間の合意による抵当権の実行がその他の債権者の利益を損なわないことを確保する観点から、中国法上、上記の方法①および方法③を用いる場合においても、市場価格を参照しなければならず、他の債権者による裁判所（人民法院）に対する当該合意の取消請求権も付与されている（民法典 410 条 1 項、3 項）。

---

4) 自留地とは、農業集団が農民の長期的使用のために、農民に割り当てた少量の土地をいう。
5) 自留山とは、農民集団が政策および農民の管理能力に応じて、農民に割り当てた荒れ山をいう。

なお、抵当権者が抵当権設定者との間で、債務の履行期限の満了前に、債務者が期限到来債務を履行しないときは抵当財産を債権者の所有に帰属させる旨（いわゆる「流抵当」）を約定した場合であっても、当該約定は無効である。もっとも、債務者が期限到来債務を履行しないときは、当該抵当財産について通常の抵当権を設定した場合と同様、通常の抵当権の実行を行うことは妨げられないとされている（民法典401条）。

## 2 裁判上の手続

抵当権者と抵当権設定者が抵当権の実行方法について合意に達しなかった場合、抵当権者は、抵当財産所在地または抵当物権登記地の人民法院に対して、抵当財産の競売または換価の請求を申し立てることができる（民法典410条2項、民事訴訟法207条）。人民法院は審査を踏まえて、法律の規定に合致する場合には、抵当財産の競売または換価の裁定をする。その場合、抵当権者は当該裁定に基づき人民法院に対して抵当権の実行を申し立てることになる。人民法院が競売等の請求にかかる申立てを却下する裁定をした場合には、抵当権者は更に人民法院に対して訴訟を提起することができる（民事訴訟法208条）。

なお、抵当権の実行手続の具体的な方法にもよるが、一般に、抵当権の実行にかかる裁判上の手続には、数か月程度の期間を要する。

【図表9-3】 抵当財産の実行手続

| 実行手続 | 抵当権者・抵当権設定者間の合意の有無 | 方　法 |
| --- | --- | --- |
| 裁判外の手続 | 有 | ① 抵当財産を値引きした上で抵当権者の所有に帰属させること（「折价」）<br>② 抵当財産を競売して得た代金をもって、優先弁済を受けること（「拍卖」）<br>③ 抵当財産を換価して得た代金をもって、優先弁済を受けること（「変卖」） |

第9章 中国

| 裁判上の手続 | 無 | ① 抵当財産を競売して得た代金をもって、優先弁済を受けること（「拍売」）<br>② 抵当財産を換価して得た代金をもって、優先弁済を受けること（「変売」） |

**Q22** 現地の不動産開発・投資プロジェクトにおける不動産担保ローンの概要を教えて欲しい。通常、どのような担保が設定されるか。ノンリコースローンは実務上一般的に行われているか。また、ローン契約に関し、参照されるひな型などはあるのか。

**A** 中国においては、不動産開発・投資プロジェクトにかかる銀行等の金融機関からのローンとしては、不動産開発のためのローン、商業用建物購入のためのローンや、不動産プロジェクト会社の持分買収のためのローン等の不動産担保ローンが利用される。もっとも、これらのローンには一定の条件がある。たとえば、商業用建物購入のためのローンの場合、融資を利用して購入する商業用建物は竣工検収済の建物でなければならず、頭金比率は60％を下回ってはならず、また融資期間は10年を超えてはならない等の条件がある（商業性不動産信用融資の管理の強化に関する通知）。また、不動産プロジェクト会社の持分買収のためのローンの場合、買収取引代金のうち買収用ローンが占める割合は60％を超えてはならず、融資期間は通常7年を超えてはならない等の条件がある（商業銀行買収貸付リスク管理ガイドライン）。

担保や貸付人の弁済確保の方法については、不動産への抵当権の設定のほか（上記Q20参照）、LTV（Loan to Value）のローン契約上の設定（第三者評価によるLTVが契約上のLTVの数値を超える場合、繰上返済または別途担保の提供を要求される）や、貸付人において不動産の売却・賃貸等により生じたキャッシュフローを受け取る口座を開設し、貸付人から監督管理を受けることなども用いられる。

ノンリコースローンについては、中国においては必ずしも一般的に利用されるものではないものの、発電、道路、鉄道、空港、橋梁等のキャッシュフローが安定している大規模なインフラプロジェクトでは行われることもある。

ローン契約の書式については、統一されたものはなく、基本的には、それぞれの銀行が自らのひな型を用いている。

## Ⅳ　不動産開発・投資スキーム

[不動産開発]

### Q23　中国において一般的な不動産開発のスキームを教えて欲しい。

**A**　中国においては、実務上、デベロッパーが開発プロジェクトを入札等により獲得してから投資者を募り、投資者と共同で当該開発プロジェクトを運営するプロジェクト会社（ジョイント・ベンチャー）を設立することが一般的である。そして、プロジェクトの開発・販売が全て完了した後、当該プロジェクト会社を解散するか、不動産管理会社に変更することが多い。その他、デベロッパー（建設用地使用権の保有者）と投資者が利益の分配およびリスクの共有を約定する不動産共同開発契約に基づいて不動産開発を共同で行うという契約型の開発スキームや、デベロッパー単独で（国有独資企業が多い）不動産開発を行うこともある。

[不動産ファンド]

### Q24　中国において主に利用される不動産ファンドスキーム・REIT制度の概要を教えて欲しい。

**A**　2000年代初期においては、中国国内の不動産ファンド市場は整備されていなかったため、中国企業は、中国大陸内の不動産を組入資産として、中国大陸外（中国香港、シンガポール等）のREIT市場において上場することにより、流通市場から資金調達を行うケースがあった。その後、中国のREIT制度の導入に関する議論が活発になり、2014年に「中信啓航専項資産管理計画」という中国初のREIT商品の私募発行が認められ、2021年6月に中国の上海証券取引所および深圳証券取引所において、「中金普洛斯」等の9

本の公募 REIT 商品が上場した。

## 1　私募 REIT

「中信啓航専項資産管理計画」等の私募 REIT 商品は、中国においては「類 REIT」と呼ばれ、日本における国際投資者の投資基準を満たした REIT と比べて、募集の仕方、流動性、商品範囲、発行主体等について異なる点がある。中国の私募 REIT は、ABS（資産証券化商品）のスキームをベースとして、私募ファンド（SPV1）を通じて不動産保有会社（SPV2）の持分を購入し、不動産から生じるキャッシュフロー等を資金源として、投資者に還元するスキームとなっている（いわゆる「ダブル SPV」スキーム）。当該私募 REIT は、当時中国の公募 REIT に関する制度がまだ導入されていない背景のなかで、現有スキームの下で市場の需要に応じて誕生したものであり、投資者にとっては収益性には限界があるものといえる。

## 2　公募 REIT

2020 年 4 月に中国証券監督管理委員会および中国国家発展改革委員会が「インフラ分野における不動産投資信託基金（REITs）の試験運用の推進に関する通知」を公布し、中国における公募 REIT 制度が正式にスタートした。2021 年 6 月に上場した 9 本の公募 REIT 商品を皮切りに、2024 年の第 1 四半期末までに、35 本の公募 REIT 商品が上場している。もっとも、2025 年 3 月時点の中国における公募 REIT 商品はインフラ分野[6]に限定されており、商品住宅開発プロジェクトへの利用は禁止されている。

中国における公募 REIT のスキームは、「公募ファンド＋資産支持専用計画」というスキームを利用しており、下記図表 9－4 のとおりである。

---

6) 倉庫物流・有料道路等の交通インフラ、水道・電気・ガス・熱供給等の地方公共インフラ、都市部汚水ゴミ処理、固体廃棄物・危険廃棄物処理等の汚染処理プロジェクト、風力発電・太陽光発電・マイクログリッド等のエネルギーインフラ、データセンター・人工知能・5G・IoT 等の新型インフラ、百貨店・ショッピングモール・農作物市場等の都市農村商業プロジェクト、人民基本生活を保障する地域コミュニティ商業プロジェクトは重点分野として優先的に支持される。

Ⅳ 不動産開発・投資スキーム Q24

【図表9-4】 中国における公募REITのスキーム

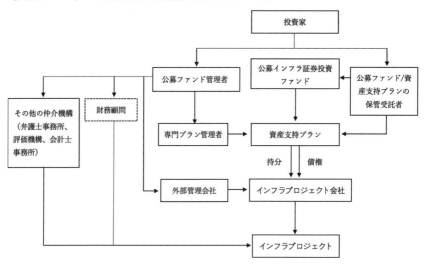

# 第10章

## 台　湾

第10章　台　湾

# I　不動産法制

[法体系]

**Q1** その国の法体系に応じて不動産法制の内容にも一定の傾向が見られることがあると聞いた。台湾の法体系は、日本と同じ大陸法系（シビルロー）か、それとも英米法系（コモンロー）か。

 台湾の法体系は、日本と同様に、基本的に大陸法系（シビルロー）に属する。

台湾の近現代史は、大要、以下のとおりである。

- 台湾は17世紀から19世紀にかけて、中国の統一王朝である清の統治下にあったが、1895年に日清戦争終結のために締結された下関条約により、清から日本に割譲され、以後、1945年まで日本(大日本帝国)によって統治された。この間、明治憲法をはじめとして、日本の民法、商法、刑事法および行政法令は、特段の規定がない限り、直接台湾で施行されていた。

- その間、中国では1911年に辛亥革命が起こり、1912年に中華民国が建国された。

- そして、1945年に、日本は、太平洋戦争終結に際し、無条件降伏を求める連合国のポツダム宣言を受諾し、中華民国政府が日本から台湾を接収し、統治することとなった。

- その後の国共内戦の結果、1949年に中国国民党が中国共産党に敗れ、中国共産党により中華人民共和国が樹立された一方、中華民国政府（国民党政府）は中国大陸から台湾に移転した。

上記のような経緯を経て、台湾では、日本統治時代の法体系から、中華民国の法体系に置き換えられ、中華民国法が施行されることになった。

今日の台湾法の基本的な枠組を形成した中華民国の法制度は、主に1920年代から1930年代にかけて中国大陸で制定・整備された。その後、1945年に国民党政府により台湾に持ち込まれ、以降、時代とともに改廃等されている

が、今日の台湾法の基本的な枠組は、1949年以前の中国大陸で施行されていた中華民国法と比べて、根本的な点で変わっているわけではないともいえる。

台湾法は、ドイツ法や日本法の影響が大きいとされており、日本法と類似しているところも少なくない。

たとえば、台湾における不動産の物権的権利関係は、主に民法物権編と土地法に規定されており、この2つの法律は、ともに1930年代に中国大陸において制定・施行された。

### [土地に関する権利（所有または類似する権利）]

**Q2** 土地に関する権利としてどのようなものがあるか。日本における土地の所有権に相当する権利があるか。

**A** 土地に関する権利として、所有権（民法773条）、地上権（民法832条）、農育権（民法850条の1）[1]、不動産役権（民法851条）、抵当権（民法860条）、典権（民法911条）[2]などがある。以下、不動産・インフラビジネスを進める上で重要な、所有権と実務上よく利用される用益物権である地上権、担保物権である抵当権を説明する。

## 1 土地の所有権

台湾は日本と同じく、土地所有権に相当する権利が規定されている。所有権者は、法令の制限内において、自由に所有物を使用、収益、処分し、他人の干渉を排除することができる（民法765条）。また、土地所有権は、法令による制限がある場合を除き、その行使は、利益を有する範囲内かつ土地の上下に及ぶが、他人の干渉がその所有権の行使を妨げない場合は、排除することができないとされている（民法773条）。

---

[1]「農育権」とは、他人の土地の上に農作、森林、養殖、牧畜、竹木の種植または保育する権利をいう。2010年民法改正の際に、永小作権の削除に伴い、追加された権利類型である。
[2]「典権」とは、典価を支払って他人の不動産を占有し、使用および収益する権利をいう。典権は、中国の伝統的法慣習の1つであって、中華民国が民法典を起草した際に、慣習法から成文化したといわれているが、日本法でいう不動産質に類似する側面がある。

## 2 所有権以外の土地に関する重要な権利

### (1) 地上権

　台湾において、地上権は、一般地上権と区分地上権の2種類に分けられる。一般地上権は、他人の土地の上もしくは下に建築物またはその他の工作物を有することを目的としてその土地を使用する権利を指す（民法832条）。区分地上権は、他人の土地の上もしくは下に一定のスペース・範囲内に設定される地上権を指す（民法841条の1）。同一の土地に区分地上権とその他の用益物権が同時に存在する場合、先に設定された権利が優先する（民法841条の5）。

　地上権に存続期間の約定がある場合、存続期間が満了する前に、土地上の建築物またはその他の工作物が滅失したとしても、その地上権は消滅しない（民法841条、最高裁判所2016年度台上字第163号民事判決）。公共建設を目的として成立した地上権は、存続期間の定めのない場合、建設の使用目的が完了したときに地上権の存続期間満了とみなされる（民法833条の2）。

　台湾では他人の土地を利用して建物を建築する場合、土地の所有者と売買契約または賃貸借契約を締結する方法に加えて、地上権を設定する方法も考えられる。なお、敷地を賃借して家屋の建築をする者は、賃貸借契約成立後、賃貸人に対し地上権の登記を請求することができる（民法422条の1）。

　賃貸借契約と地上権設定契約の相違点は以下のとおりである。

- 地上権の取得・負担の設定・喪失または変更は、登記をしなければその効力を生じない。これに対して、賃貸借契約の場合、登記の制度がない。
- 地上権において、存続期間の定めがある場合は、地上権が存続期間満了により消滅する一方、存続期間の定めがない場合は、その存続が20年を超えたとき、または地上権設定の目的が存在しないときに、裁判所が当事者の請求により、地上権設定の目的、建築物または工作物の種類・性質・利用状況等を考慮して、更に存続期間を定める、またはその地上権を終了させることができる（民法833条の1）。ただし、公共建設を目的とする地上権の場合は、存続期間が定められていないとき、地上権の存続期間は同建設の利用目的が完了したときに満了するとみなされる（民法833条

の 2)。これに対して、賃貸借契約の場合は、更新が可能だが、賃貸借契約の期間は原則として 20 年を超えてはならない（民法 449 条 1 項）。ただし、敷地を借りて家屋を建築することを目的とする賃貸借の場合、この限りではない（民法 449 条 3 項）。

- 契約に別段の定めがあるか、または別の慣習がある場合を除き、地上権を譲渡する、または地上権に抵当権を設定することは可能である（民法 838 条 1 項）。一方、土地の賃貸借の権利は、貸主の同意がない限り、原則として転借することはできない（民法 443 条 1 項）。

### (2) 抵当権

抵当権とは、債務者または第三者が権利者（抵当権者）に対して不動産の占有を移転しないで債務の担保に供した不動産を、債務者の債務不履行時に売却等し、権利者（抵当権者）が、債務者に対する他の債権者に優先して、売却等により得た対価から弁済を受ける権利である（民法 860 条）。詳しくは、Q20 を参照されたい。

### [不動産の概念]

**Q3** 現地で建物リース事業を行うため、土地から切り離して建物のみ購入することを検討している。現地法上、日本と同じように、建物が土地と別個の不動産として認識されるのか（別個の取引の対象となるか）。それとも、土地と建物は一体の不動産として認識されるのか。

**A** 台湾民法上、「不動産」とは、土地とその定著物（土地に継続的に取り付けられ、特定の経済的目的を果たし、簡単には移動できない非土地構成要素と解釈され[3]）、一般的な建物はこれに該当すると考えられる）を指し（民法 66 条 1 項）、土地は土地にある建物と別個独立の不動産であり、建物と土地は別個の主体による所有が可能であるため、建物と土地はそれぞれ別個に売買、

---

[3] 最高裁判所 1974 年第 6 回民事廷会議決議（中国語原文「最高法院 63 年第 6 次民事庭會議決議」）。

賃貸借等の取引の対象となる。区分所有の場合、建物のみを、その敷地に関する権利（所有権または地上権）と分離して譲渡することができない（民法799条5項、マンション・ビル管理条例[4] 4条2項。詳細は **Q4** を参照。）。

## Q4 現地でコンドミニアムの開発を検討している。日本の建物区分所有権に相当する権利があるか。ある場合、区分所有法制の概要を教えて欲しい。

 台湾にも日本の建物区分所有権に相当する権利がある。以下、台湾の区分所有法制の概要を説明する。

### 1 建物の区分所有

民法の規定によれば、「区分所有建物」とは、複数人が一棟の建物を区分し、それぞれその一部を専有し、専有部分につき単独に所有権を有し、かつその建物およびその附属物の共有部分を共有するものである（民法799条1項）。

マンション・ビル管理条例（以下「管理条例」という）は、マンション・ビルの区分所有および共有関係を定めるものであり、民法の特別法として位置づけられており、マンション・ビル等の区分所有関係に適用される。同条例にいう「マンション・ビル」とは、構造上または使用上もしくは建築許可証の設計図上に境界線を表示し、複数部分に区分することができる建物およびその敷地を指す（管理条例3条1号）。住宅のほかに、ビジネス用途の建物（たとえば、オフィスビル）も含む。また、複数がそれぞれ独立して使用される建物、マンション・ビルの共同施設の使用と管理が一体不可分性を有する集合居住地区については、その管理および組織に本条例が準用される（管理条例53条）。同条例の規定によると、「区分所有」の定義は、数人が1つの建物を区分し、それぞれその専有部分を有し、かつその共用部分につきその持分により所有権を有するものとされ、基本的に民法の定義と同様である。区分所有の場合、区分所有権者が専有部分およびその共用部分につき、単独で建物の所有権初回登記を行

---

4) 中国語原文「公寓大廈管理條例」。

うことができ（土地登記規則80条）、専有部分およびその共用部分の権利内容が1つの所有権証明書（詳しくは、Q8を参照）に記載される。

区分所有の場合、建物の所有権とその敷地の利用権が一体性を有する（民法799条5項）。区分所有権者は、法律に別途制限がある場合を除き、その専有部分に対し自由に使用、収益、処分し、他人の干渉を排除することができるが、専有部分をその建物の共用部分の持分およびその敷地の所有権または地上権の持分と分離し、移転または負担設定をすることができない（管理条例4条）。

## 2 区分所有者の権利と義務

専有部分は原則として区分所有権者が使用収益する（管理条例4条1項）。ただし、区分所有権者は専有部分の利用につき、建物の正常な使用を妨害したり、区分所有権者の共同利益に反する行為をしてはならない（管理条例5条）。専有部分の修繕、管理、メンテナンスは、各区分所有権者が行い、かつその費用を負担する（管理条例10条1項）。専有部分の区分所有権者間で共有される戸境壁、およびフロアの床またはその内側の管路施設のメンテナンス費用は、共有される戸境壁の双方またはフロアの床の上側と下側等の区分所有権者が共同で負担する。ただし、修繕費が特定の区分所有権者の責めに帰すべき事由により生じたものであるときはその区分所有権者が負担する（管理条例12条）。

各区分所有権者は、別段の約定がない限り、共有部分の持分の比率（当該区分所有権者が保有する専有部分の面積と専有部分の総面積の比率）に応じて、建築物の共用部分およびその敷地に対し使用収益の権限を有します。（管理条例9条1項）。区分所有建物の共有部の修繕、管理、メンテナンスは、区分所有建物の管理委員会（区分所有権者に選任された者で構成され、区分所有権者総会[5]による決議を執行し、マンション・ビルの管理とメンテナンスをする組織である）[6] または管理責任者（管理委員会が存在しないとき、管理条例に基づき選任され、マンション・ビル事務を管理する者）[7] が行い、その費用は共益費により支払う

---

5) 中国語原文「區分所有權人會議」。
6) 管理条例3条1項9号。

か、または区分所有権者がその共有部分の持分の比率により分担する。ただし、修繕費は区分所有権者または居住者の責めに帰すべき事由により生じたものであるとき、当該区分所有権者または居住者が負担する。その費用について区分所有権者総会の決議または規約に別段の定めがある場合、それに従う（管理条例10条2項）。

## 3 区分所有の意思決定

マンション・ビルの区分所有権者が共同の利益を追求し、良好な生活環境を確保するため、区分所有権者全員によって構成される区分所有権者総会で決議を行うことがある。ここで決議された共同遵守事項を「規約」という（管理条例3条12号）。規約により規定される区分所有権者間の権利義務を、区分所有権の承継者も引継ぐ（管理条例24条1項）。なお、管理条例の規定は不法占有者に対しても拘束力があるとされる（管理条例24条2項）。

### [不動産の取得・利用の主体および外資規制]

**Q5** 現地の民間企業であっても土地を保有することができない国もあると聞いた。現地企業が土地の所有権を取得することができるか。また、現地企業が取引の対象とする主な土地上の権利は何か。

**A** 1 現地企業が土地の所有権を取得することができる

台湾の憲法上、人民は、法律に基づき土地所有権を取得することができ、法律の保障および制限を受けるとされている（中華民国憲法143条1項）。また、台湾内における土地は、法によりその所有権を取得したときは、私有土地となる（土地法10条1項）。権利能力を有する者は私有土地の権利主体となることができる。自然人はもちろん法人でも私有土地の所有権を取得することができる[8]。以上より、原則として現地企業が土地の所有権を取得することができるといえる。

---

7) 管理条例3条1項10号。

## 2　現地企業が取引の対象とする主な土地上の権利は所有権および地上権である

　ただし、外国法人であれ、台湾法人であれ、私法人は原則として居住のニーズがないことに鑑み、私法人による住宅用建物の購入には、事前許可制が設けられている（平均地権条例の2023年2月の改正）。私法人が住宅用建物を購入する場合、一定の場合を除き、原則として事前に利用計画書等を当局に提出し、許可を取得する必要がある。許可の審査基準は、「私法人による住宅の使用に供する家屋の購入に関する許可規則」[9]（以下「許可規則」という）に規定されており、その申請用途は、たとえば、①宿舎（累計戸数が経常的雇用従業員数を超えてはならないほか、原則として既完成物件に限定され、また、金額は、「中央銀行の金融機関による不動産担保ローン業務規則」[10]の高額住宅の金額を超えてはならない）、②居住の用に供する建物の賃貸経営（ただし、私法人の営業項目に不動産賃貸業を含まなくてはならない）、③共同建設、都市再開発の実施または参加、都市の危険および老朽化した建物の再建、④老人福祉施設や心身障害者の福祉施設の場所等のいずれかに限られるとされる（許可規則3条、4条、5条）。

　また、私法人が購入するにあたり、事前に許可を取得することが必要な住宅用建物については、私法人が短期間で価格を吊り上げて売却すること等を防ぐため、原則として不動産登記手続完了後5年の間は、住宅用建物の移転、譲渡または予告登記を行うことができない（平均地権条例79条の1）。

**Q6**　日本企業である当社は、直接、現地の不動産（土地・建物）を取得したいと考えている。外国法人は台湾の不動産を直接取得・利用することができるか。それとも、不動産を取得・利用するにあたり現

---

8) 私有土地ではない土地として、公有土地が存在する。公有土地とは、国有地、直轄市、県（市）または郷（鎮、市）が所有する土地をいう（土地法4条）。実務上、公有土地について、直接、個人に売却するケースは少なく、多くは地上権設定の方法により個人や民間企業に公有土地を使用させるという形がとられている。
9) 中国語原文「私法人買受供住宅使用之房屋許可辦法」。
10) 中国語原文「中央銀行對金融機構辦理不動產抵押貸款業務規定」。

地法人を設立することが必要か。

## A 1 不動産所有権の取得または物権（例：地上権）の設定

外国人（外国の自然人および外国法に基づき設立された外国法人を含む）は、原則として、台湾において不動産の所有権を直接取得、もしくは物権を設定することができる。ただし、以下の条件、例外事由が存在する。

### (1) 平等互恵の原則

外国人が台湾において不動産を取得・利用する権利は、条約またはその本国の法律により台湾籍を有する者がその国において同様の権利を享受できる場合に限定されており（平等互恵の原則。土地法18条）、本稿執筆時点において日本は「完全平等互恵」の関係にあるとされている。

### (2) 不動産の取得・利用における種類規制

以下の類型の土地および当該類型の土地上の建物については、外国人を相手方とする移転、負担の設定をすることができない。①林地、②漁場、③狩猟地、④塩田、⑤鉱山、⑥水源地、⑦要塞軍備区域および領域境界の土地（土地法17条1項）。ここでいう移転には、相続による不動産の取得は含まれないが、相続により上記不動産の移転を受けた外国人は、相続登記の手続が完了した日から3年以内に、これを台湾籍を有する者に売却しなければならず、期限を過ぎても売却しない場合には、直轄市、県（市）の地政機関が国有財産局に移送して公開入札を行うよう要請する（土地法17条2項）。

### (3) 不動産所有権の取得における用途規制

外国人は、個人使用、投資または公益使用の目的に限り、以下の用途の土地を取得することができる。①住宅、②営業所、事務所、商店および工場、③教会、④病院、⑤外国国籍子女のための学校、⑥大使館、領事館および公益団体の事務所、⑦墓地、⑧国内重要建設、経済全体または農業・牧畜業経営に資する投資であって、当局の承認を受けたもの[11]（土地法19条1項柱書前段、同

項1号から8号)。また、その面積および所在地につき、当該直轄市または県(市)政府によって法に基づき定められた規制を受けるべきものとされ(土地法19条1項柱書後段)、さらに、上記目的により当該種類の土地を取得するにあたっては、当該直轄市または県(市)当局に関連書類を添付して許可を取得しなければならない(土地法20条1項)。

### (4) 「中国投資者等」に関する特別規制

中国の個人、法人、団体その他の機構(以下「中国投資者」という)および中国投資者が一定の支配等を行う中国、台湾以外の第三の国・地域にある会社等[12](以下「第三地区投資会社」)[13](以下「中国投資者等」という)は、主管機関の許可を得ていない場合には、台湾で不動産物権の取得、設定または移転をすることができない(台湾地区と大陸地区の人民関係条例(以下「両岸人民関係条例」)[14]

---

11) 「重要建設への投資」(重要建設への投資として当局が法に基づき査定しまたは行政院により査定されたもの)、「経済全体への投資」(①観光旅館、観光娯楽施設、スポーツ施設の開発、②住宅およびビルの開発、③工業プラントの開発、④工業地域、商工業地域、ハイテク団地およびその他の特定専用地域の開発、⑤干拓地の開発、⑥公共インフラの建設、⑦ニュータウン、新コミュニティの開発または都市再開発、⑧当局が公告するその他の投資プロジェクト)、および「農業・牧畜業への投資」(農業部が公告する農業技術集約および資本集約種目および基準に合致する投資)が含まれる(外国人による国内重要建設、経済全体または農業・牧畜業経営への投資に係る土地取得に関する規則2条)。
12) 中国語原文「第三地區投資之公司」。
13) ここでいう「第三地区投資会社」とは、以下の2種類が含まれる(大陸地区人民来台投資許可規則3条2項)。①中国投資者が、直接的または間接的に30%を超える株式を保有する中国、台湾以外の第三の国・地域にある会社。②中国投資者が支配力を有する中国、台湾以外の第三の国・地域にある会社。「支配力を有する」とは、中国の個人、法人、団体その他の機構が第三地区投資会社に対して次の状況のいずれかであることをいうとされる(経済部2020年12月30日経審字第10904606720号命令)。
①その他の投資者との約定において、議決権のある株式の半数を超える支配力(権利)を備えていること。②法令または契約の約定に従い、会社の財務、運営および人事方針をコントロールできること。③董事会または会社の運営方針を決定できるその他の組織の半数を超える主要構成員を任免する権利を有し、かつ会社の支配が当該董事会または会社の運営方針を決定できるその他の組織によってコントロールされていること。④董事会または会社の運営方針を決定できるその他の組織の半数を超える議決権を主導する権利を有し、かつ会社の支配が当該董事会または会社の運営方針を決定できるその他の組織によってコントロールされていること。⑤その他、国際財務報告基準または企業会計準則公報に基づき支配の状況があること。
14) 中国語原文「臺灣地區與大陸地區人民關係條例」。

第10章 台湾

69条1項、大陸地区人民の台湾地区における不動産物権の取得、設定や譲渡に関する許可規則 15)）。

## 2 不動産の賃貸

不動産の賃貸について、外国人（外国の自然人および外国法に基づき設立された外国法人を含む）は、①林地、②漁場、③狩猟地、④塩田、⑤鉱山、⑥水源地、⑦要塞軍備区域および領域境界の土地およびその土地上の建物を除き、台湾の不動産を直接賃貸することは可能である。（土地法17条1項）。

**Q7** 現地法人であっても株主に外国企業が入っている場合にはそもそも不動産（土地・建物）を保有することが認められない国もあると聞いた。外資現地法人が不動産を「取得・利用」するにあたって適用される外資規制について教えて欲しい。

**A** 外国投資者の場合、Q13に述べる外国人投資許可を取得して設立される現地法人（台湾法に基づき設立された法人）であれば、当該現地法人の100％の持分保有者が外国企業、個人であっても、当該現地法人の台湾における不動産を取得・利用する権利は、他の台湾内資法人等と基本的に同じであり、特段の差異はないと考えられる。

[不動産登記制度]

**Q8** 不動産登記制度の概要を教えて欲しい。

**A** 台湾法でいう不動産登記は、土地および建築改良物（土地に付着する建物または工事）の所有権とその他の権利登記（たとえば、地上権、抵当権）で構成される（土地法5条、37条1項、土地登記規則2条）。
不動産登記は、県（市）の地政事務所（土地事務機関）が処理し、特段の規

---

15) 中国語原文「大陸地區人民在臺灣地區取得設定或移轉不動產物權許可辦法」。

定がある場合を除き、原則として権利者および義務者双方により申請する（土地登記規則26条）。

権利者または登記名義人が単独で申請できるものとして、土地総登記、建物所有権初回登記、時効取得土地権利登記、予告登記およびその抹消登記等がある（土地登記規則27条）。同一の土地を対象として、その他の権利の登記を行う場合、権利の順位は原則として登記の先後による（土地登記規則9条）。

所有権登記のない土地については、特段の規定がある場合を除き、原則として他の権利登記をしてはならない（土地登記規則11条）。

不動産が登記されると、所有権者は「所有権証明書」[16]を取得することができる。土地権利（所有権）証明書のサンプルは以下のとおり。

【図表10－1】 土地権利（所有権）証明書サンプル

出典：新北市政府

---

16) 中国語原文「土地所有權狀」。

第 10 章 台 湾

**Q9** 土地の登記にはどのような効力が認められているか。登記を信頼して取引をした者に対し、登記どおりの権利状態があったのと同様の保護が与えられるか（登記に公信力が認められるか）。

**A** 日本法では、不動産登記は対抗要件が原則となっているのに対して、台湾法では、ドイツ法と同様に、不動産物権の取得、設定、喪失または変更について、登記は原則として効力要件となっている（民法758条）。土地法による登記は、公信力を有するとされている（土地法43条）。

　すなわち、台湾法では、善意の第三者を保護するため、不動産の登記事項について公信力が与えられており（土地法43条）、登記を信頼して不動産の権利を取得した第三者に対して、原則的には登記の無効または取り消しうべき原因により当該権利を喪失することを主張することができない。たとえば、AがBに不動産を売却した後、Bが更にその不動産をCに譲渡し、Cが移転登記を行った場合、後日Aは、Bと合意がないといった理由をもって、Bに対して抹消登記を請求することができるが、当該不動産を譲り受け、移転登記を行った善意のCに対して、抹消登記を請求することができない。

**Q10** 取得を検討している土地の権利関係を調査したい。土地の権利者の協力なく役所の登記簿を見ることができるか。

**A** 不動産登記謄本は、直轄市または県（市）当局の地政事務所に実際に赴き申請すれば、土地の権利者の協力なく、現場で閲覧することができる。また、台湾政府が発行する自然人証明カード[17]、法人証明カード[18]または組織・団体カード[19]の保有者は、電磁的方法によって不動産登記謄本を閲覧することが可能である。すなわちこれらのカードの保有者は、業者からアカウントを取得した後に、電磁的方法（オンライン）で「全國地政電子謄本

---

17) 中国語原文「自然人憑證」。
18) 中国語原文「工商憑證」。
19) 中国語原文「組織及團體憑證」。

系統」[20]にて土地および建物の不動産登記謄本を取得することができる（ただし、権利者でなければ取得できない情報がある場合もある）。以下はオンラインで取得する登記情報のサンプルである。

【図表10－2】　不動産（土地）登記謄本

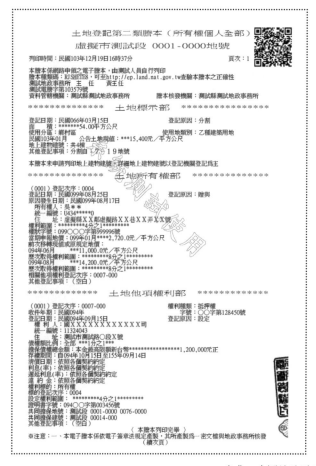

出典：全國地政電子謄本系統

---

20）https://ep.land.nat.gov.tw/EpaperDoc/MainNew

第10章 台湾

**Q11** 登記手続の概要を教えて欲しい。また、登記の申請から完了までに要する期間の目安を教えて欲しい。

**A** 不動産の登記は、不動産所在地の直轄市、県（市）政府にて行われる。不動産登記手続の流れとしては、①登記申請書、必要書類の準備、②登記申請書、必要書類を地方政府に提出、③政府機関による審査、登記簿への記載、という３つの段階に分かれる。必要書類は、いかなる権利を登記するのか等により異なる。たとえば、売買契約により土地・建物の所有権を取得した場合には、以下の書類が必要となる。

・登記申請書
・登記義務者の印鑑証明
・土地・建物の所有権証明書
・売買契約書の原本とその写し（収入印紙を原本に貼付）
・納税証明書
・当事者の本人確認書類

登記の申請から完了までに要する期間については、登記対象の権利、不動産所在地の地方政府により異なる。たとえば、売買契約により所有権を取得し、台湾の直轄市政府に不動産登記を申請した場合には、申請から登記完了まで、特段の問題がない場合で、概ね３日から５日程度要するのが一般的である。

［土地収用］

**Q12** 土地に関する権利が政府による収用の対象となるのはどのような場合か。実務上どの程度のリスクがあるか。

**A** 土地の収用は「一般収用」と「区段収用」に分けられ、それぞれ政府による収用の対象となる場合が異なる。

### 1 一般収用 [21]

一般収用とは、政府が、公権力により、公益事業の立上げまたは国家経済建設の実施のために、法的手続に従い、相当の補償金を払い、強制的に特定の私

有土地を取得する処分行為をいう。国は、公益のために、下記のいずれかの事業を立上げるために、私有土地を収用することができる（収用の範囲は、原則としてその事業に必要な範囲に限定される）。

① 国防事業
② 交通事業
③ 公用事業
④ 水利事業
⑤ 公共衛生および環境保護事業
⑥ 政府機関、地方自治機関その他の公共建築
⑦ 教育、学術および文化事業
⑧ 社会福祉事業
⑨ 国営企業
⑩ 法により土地を収用できるその他の事業（土地収用条例22)3条）

## 2　区段収用[23]

区段収用とは、政府が、新都市の開発建設、旧都市の更新、農村コミュニティの更新その他の開発目的のために、特定の地域内の土地を収用し、かつ再計画整理することである。開発が完了した後、政府が公共施設用地を直接保有し、利用し、建築に供することができ、残りの土地は、一部は地主に戻され、一部は開発目的または土地を必要とする機関に割り当てられ、一部は公開競売、賃貸、または地上権の設定に供され、土地の処分による収入が開発総費用に充てられる。以下のいずれかの場合に、区段収用を行うことができる。

① 新都市地域の全体または一部に対する開発建設の実施
② 公共安全、衛生、交通のニーズ、または土地の合理的な利用のために旧都市地域において実施される更新
③ 都市土地の農業区、保護区が建築用地に変更され、工業区が住宅区、商

---

21) 中国語原文「一般徵收」。
22) 中国語原文「土地徵收條例」。
23) 中国語原文「區段徵收」。

業区に変更される場合
④　非都市の土地に対する開発建設
⑤　公共施設の強化、公共衛生の改善のニーズ、または農業発展計画に合わせるために農村コミュニティにおいて実施される更新
⑥　法により区段収用できるその他の場合（土地収用条例4条1項）

### 3　土地収用の補償

土地収用の補償について、一般収用の場合、地主に対して現金（補償費）が支払われる（土地収用条例19条）。これに対し、区段収用の場合、地主に対し、現金のほか、（建築に供することができる）土地（中国語：抵償地）、一部を現金、一部を土地で支給するといった補償方式を選択することができる（土地収用条例40条）。

土地が収用されるリスクがどの程度かは、土地の所在する場所等にもより、一概に言い切れない。一方で、近年、政府による土地収用が行われるケースは一般論として、以前と比べるとかなり減少している。たとえば、内政部地政司により公表された2020年のプレスリリースによれば、2019年に収用された土地の面積は約10年前（2009年）の2%に留まっている。また、収用の補償金は、地主と価格の交渉を行い、基本的に市場価格に相当する金額が支払われたケースが9割以上である[24]。こうした事情に照らすと、実務において、一般論として、近年は土地収用のリスクは比較的低いように思われる。

## II　不動産関連事業に関する規制

[不動産関連事業に関する外資規制]

**Q13** 不動産関連事業を行う現地法人を設立したいが、当局の承認やローカル企業の出資が必要になるか知りたい。主な不動産関連「事業」（不動産開発、不動産売買・仲介、不動産賃貸、不動産管理、建設）について、どのような外資規制が適用されるか教えて

---

24) https://www.land.moi.gov.tw/chhtml/content/10?mcid=3926

欲しい。

## A　1　外国投資者による台湾への投資に対する規制の概要

台湾では、外資による投資は、基本的に「原則許可、例外的に制限・禁止」という原則が取られている。ただし、投資実行の前に、外国人投資条例に従い、経済部投資審議司（投審司）に申請し、外国人投資許可（Foreign Investment Approval）を取得する必要があるのが通常である。投審司が審査を行う際の主なポイントは、①予定されている投資先の業種（事業）に、台湾への投資が禁止または制限される業種（事業）が含まれていないか、および②中国投資者等が直接または間接に投資していないかの確認である。基本的には、「華僑・外国人投資ネガティブリスト―華僑・外国人の投資禁止および投資制限業種項目」25)(外資ネガティブリスト)に記載されている業種（事業）に当たらなければ、外資による投資は制限・禁止されない。

これに対して、中国投資者等（その判断基準はA6の1(4)を参照）による投資は、同様に投審司から許可を取得することが必要である（両岸人民関係条例73条1項）が、その審査の原則としては、「原則禁止、例外的に許可（または制限）」となる。基本的には「大陸地区人民来台投資許可規則」26)に基づく許可を要し、投資可能な業種は「大陸地区人民来台投資許可業種項目 27)(陸資ポジティブリスト) に属するもののみが許される。

## 2　不動産関連事業に関する外資規制

上記のとおり、外資による投資は、投資先の業種に、「外資ネガティブリスト」に記載の「投資禁止業種」および「投資制限業種」が含まれない場合、原則として許可される。本稿執筆時点では、不動産関連事業（不動産開発、不動産売買・仲介、不動産賃貸、不動産管理、建設）は外資ネガティブリストに該当

---

25) 中国語原文「僑外投資負面表列－禁止及限制僑外人投資業別項目」。
26) 中国語原文「大陸地區人民來臺投資許可辦法」。
27) 中国語原文「大陸地區人民來臺投資業別項目」。

しないため、不動産関連事業についての外資規制は特に見当たらない。

一方、陸資ポジティブリストに記載される中国投資者等による投資可能な業種のみ、中国投資者等による台湾への投資は認められる場合がある。本稿執筆時点では、サービス業（および製造業）に関する陸資ポジティブリストには、不動産関連事業への投資が含まれていない。一方、公共工事に関する陸資ポジティブリストの内容からすると、一定の工事項目および条件に該当する場合、中国投資者等による台湾の特定の公共工事項目への投資が認められる場合がある。

[不動産関連事業に関する許認可]

## Q14 現地で不動産仲介を行うことを検討している。日本における宅建業規制に相当するような規制があるか。

**A** 台湾では、不動産の仲介や販売代理の業務は、「不動産ブローカー業務」として分類され、これらの業務を行うには、不動産ブローカー業管理条例（以下「ブローカー業管理条例」という）[28]の規定により、主管機関（直轄市、県（市））の許可を取得しなければならない（ブローカー業管理条例5条1項）。

### 1　不動産ブローカー業務

不動産の仲介または販売代理の業務を行う会社等は、不動産ブローカー業者という（ブローカー業管理条例4条4号）。不動産ブローカー業務には、不動産の仲介業務（不動産の売買、交換、賃借の媒介または代理）と販売代理業務（建築主または建築業者からの委託を受け、不動産販売の企画、代理を行う業務）が含まれる（不動産ブローカー業管理条例4条5号、6号）。

### 2　許可と管理等

不動産ブローカー業務を行う事業者は、主管機関（直轄市、県（市））による

---

28) 中国語原文「不動産經紀業管理條例」。

許可の取得、会社登記または商業登記の完了、営業保証金の納付[29]、登記所在地の業界団体への加入等をして、はじめて営業することができ、また外国不動産の仲介または販売代理業務を行う者は法により会社登記を経た者に限られる（ブローカー業管理条例5条、7条）。

不動産ブローカー業者は、営業開始日から15日以内に、申請書、会社登記または商業登記の証明書類のコピー、営業保証金納付証明のコピー、業界団体の会員証明書のコピー等を提出して、主管機関（直轄市、県（市））に届け出る必要がある（不動産ブローカー業管理条例施行細則[30]5条）。

## Q15　現地で建設業を行うことを検討している。建設業を行う場合、どのような許認可を取得する必要があるか。

**A**　外国企業が台湾現地で建設業を行う場合、①現地法人を設立登記し建設業の許可を取得する方法と、②支店を設立登記し建設業の許可を取得する（以下「外国建設業」という）方法の2つがある。建設業の許可については、営造業法[31]で規定されている。これは日本の建設業法に相当する法律である。建設業の所管の中央主管機関は「内政部営建署」である。また、建設業を営むには、現地法人または支店の設立登記を行い、建設業の許可を取得してから、建設業の登記証書[32]とプロジェクト請負マニュアル[33]を取得し、業界団体に加入しなければならない（建設業法4条1項、15条1項、69条1項）。なお、上記②でいう外国建設業は、台湾における法律、締結された条約もしくは協約で別途禁止されていない限り、工事契約額10億NTD[34]以上の政府公

---

[29] 不動産ブローカー業者は、法人登記または商業登記完了後、営業保証金を納付しなければならない（不動産ブローカー業管理条例7条3項）。営業保証金は、営業所が5か所以下の事業者は1営業所毎に25万NTD、5か所を超える事業者は1営業所増える毎に10万NTDを納付する必要がある（不動産ブローカー業営業保証金の納付または提供に関する規則（中国語原文「不動產經紀業營業保證金繳存或提供擔保辦法」）3条）。

[30] 中国語原文「不動產經紀業管理條例施行細則」。

[31] 中国語原文「營造業法」。

[32] 中国語原文「營造業登記證書」。

[33] 中国語原文「承攬工程手冊」。

[34] なお、2025年2月末日時点において、1ニュー台湾ドル（NTD）は約4.5円である。

共建設プロジェクトを請け負う場合、台湾内の総合建設業者と共同でプロジェクトを請け負わなければならないとされている（建設業法69条2項）。

建設業は総合建設業、専門建設業および土木請負業に分かれている（建設業法6条）。

総合建設業は、実績と請負工事出来高に応じて、更に甲、乙、丙の3等級に分かれている（建設業法7条）。すなわち、原則として丙種総合建設業の3年の事業実績があり、直近5年の請負工事出来高2億NTD以上、2年の審査評価の上で第1級として認定された者が、乙種総合建設業を（同条5項）、そして乙種総合建設業の3年の事業実績があり、直近5年の請負工事出来高3億NTD以上、3年の審査評価の上で第1級として認定された者が、甲種総合建設業を取得（同条6項）できる。なお、上記②でいう外国建設業が、乙種総合建設業または甲種総合建設業として登録される場合、これらの等級取得（昇級）の制限を受けないが、その事業実績、事業年数および請負工事出来高について、当該外国建設業の本国における実績等のみ算入するとされる（建設業法69条1項後段）。

基本的には、大型公共工事に参加するためには甲種総合建設業のライセンスが必要である。

下【図表10−3】は関連内容をまとめたものである。

【図表10−3】　建設業種類とその設立条件等

| 建設業種類 | 総合建設業 | | | 専門建設業 | 土木請負業 |
| --- | --- | --- | --- | --- | --- |
| 内容 | 甲（営繕工事の施工および管理等の全体的業務の統括。建設業法3条3号） | 乙（営繕工事の施工および管理等の全体的業務の統括。建設業法3条3号） | 丙（営繕工事の施工および管理等の全体的業務の統括。建設業法3条3号） | 専門工事に従事する場合、専門建設業で登記可能な専門工事項目は、次のとおりである。鉄骨工事、土留支保および土方工事、基礎工事、施工足場架設および型枠工事、レディミクストコ | 当地または近隣地区で小規模総合営繕工事を請け負う（建設業法3条5号） |

Ⅱ　不動産関連事業に関する規制　Q15

| | | | | ンクリート工事、建設ボーリング工事、地下配管配線工事、カーテンウォール工事、庭園・景観工事、環境保護工事、防水工事、その他中央主管機関が主管機関と共に追加または変更しかつ公告した項目。(建設業法3条4号、同8条)。 | |
|---|---|---|---|---|---|
| 現地法人設立資本 | 2,250万NTD以上（建設業法施行細則4条） | 1,200万NTD以上（建設業法施行細則4条） | 360万NTD以上（建設業法施行細則4条） | 登記する専門工事項目がそれぞれ200万NTD〜700万NTDであり、2以上の専門工事項目を選択して登記する場合は、その資本額は金額の高い方を基準とする（建設業法9条1項2号、「専門建設業の資本額およびその専任技術士の資格・経歴・人数標準表」35)）。 | 100万NTD以上（建設業法施行細則6条） |
| 支店設立登記条件 | 台湾において支店を設立登記する場合は、その台湾域内の営業資金が2,250万NTD以上に達していなければならない（建設 | 台湾において支店を設立登記する場合は、その台湾域内の営業資金が1,200万NTD以上に達していなければならない（建設 | 台湾において支店を設立登記する場合は、その台湾域内の営業資金が360万NTD以上に達していなければならない（建設 | 台湾において支店を設立登記する場合は、その台湾域内の営業資金が法定の必要な資本額に達していなければならない（「専門建設業の資本額 | 台湾において支店を設立登記する場合は、その台湾域内の営業資金が100万NTD以上に達していなければならない（建設 |

---

35）中国語原文「專業營造業之資本額及其專任工程人員資歷人數標準表」。

| | | | | | |
|---|---|---|---|---|---|
| | 業法施行細則25条1項1号（一））。 | 業法施行細則25条1項2号（一））。 | 業法施行細則25条1項3号（一））。 | およびその専任技術士の資格・経歴・人数標準表」の説明「一」)。 | 業法施行細則25条1項4号（一））。 |
| 営業地域の規制 | 規制なし | | | | 登記地である直轄市、県（市）地区。隣接する直轄市、県（市）に限り、地域を跨いで営業を行うことができる（建設業法11条）。 |
| 請負建設費の限度額および工事規模 | 請負建設費の限度額はその資本額の10倍であり、その工事規模は制限を受けない。（「建設業請負工事建設費限度額・工事規模範囲申告純額および一定期間の請負総額の認定規則」36)4条3項） | 請負建設費の限度額は9,000万NTD、その工事規模範囲は次に掲げる規定に適合しなければならない。一、建築物の高さが36m以下であること 二、建築物の地下の掘削が9m以下であること 三、橋梁・柱の間隔が25m以下であること（「建設業請負工事建設費限度額・工事規模範囲申告純額および一定期間の請負総額の認定規則」4条2項） | 請負建設費の限度額は2,700万NTD、その工事規模範囲は次に掲げる規定に適合しなければならない。一、建物物の高さが21m以下であること 二、建築物の地下の掘削が6m以下であること 三、橋梁・柱の間隔が15m以下であること（「建設業請負工事建設費限度額・工事規模範囲申告純額および一定期間の請負総額の認定規則」4条1項） | 請負建設費の限度額はその資本額の10倍であり、その工事規模範囲は制限を受けない。（「建設業請負工事建設費限度額・工事規模範囲申告純額および一定期間の請負総額の認定規則」5条） | 小規模総合営繕工事請負建設費の限度額は720万NTD、その工事規模範囲は、次に掲げる規定に適合しなければならない。一、橋梁・柱の間隔が5m以下であること 二、略 三、鉄骨工事、土留支保および土方工事、基礎工事、施工足場架設および型枠工事または地下配管配線工事を含む単一工事項目の金額が360万NTD以下であること 四、五、六、 |

36) 中国語原文「營造業承攬工程造價限額工程規模範圍申報淨值及一定期間承攬總額認定辦法」。

| | | | | | | 略<br>(「建設業請負工事建設費限度額・工事規模範囲申告純額および一定期間の請負総額の認定規則」2条、3条) |
|---|---|---|---|---|---|---|
| | | | | | | |

# Ⅲ 不動産取引

[不動産取引（取得・譲渡、賃貸）]

**Q16** 取得を検討している土地の権利関係を調査したい。どのような点に留意して調査すべきか。

**A** 上記のとおり、台湾において、土地を含む不動産物権の取得、設定、喪失または変更について、登記は原則として効力要件となっている（民法758条）。そのため、取得を検討している土地の権利関係の調査に際して、最も基本的な事項として、まず登記に係る土地登記謄本の内容を確認して、取得対象の面積、所有権者、所有権者の所有範囲、土地の種類・利用制限、抵当権（その種類、権利者、順番、範囲、被担保債権価額、登記日、期間等）の有無等について、確認する必要がある。

不動産登記謄本の閲覧方法については、Q10参照。

**Q17** 不動産の売買・保有に際して生じる課税の概要を教えて欲しい。

第10章　台湾

 1　不動産の売買に際して生じる課税

(1) 土地増値税

土地増値税は、土地を購入した際の公告土地現値（実際の取引価格ではなく、各地方政府等の発表する「公告土地現値」に従い申告する。ただし、物価上昇率により調整される。）と売却時の公告土地現値の差額（増値額）に課税され、売買の場合の納税義務者は元の土地所有者（売主）である（土地税法5条1項）。土地増値税は、土地価値上昇の割合に基づく累進税率で課税され、その税率は、土地の増値額が原地価（購入時の公告土地現値）の100％以下の部分については20％、100％から200％の部分については30％、200％以上の部分については税率40％の課税となっているが、売主が、その不動産を20年以上所有している場合、所有期間に応じて、土地増値税の一部が減税される。また、自宅用地を販売する場合、10％の優遇税率が適用される（土地税法33条1項、6項、7項、8項、34条1項）。

(2) 契約税

売買による不動産所有権の取得について、土地増値税の適用外の不動産売買等の際に課税され、買主が契約で記載された金額の6％に相当する金額の契約税を申告し、納付する必要がある（契税条例2条、3条1号、4条）。

(3) 印紙税

不動産所有権の移転登記を行うにあたり、契約の締結者（実務上は買主負担とされることも多い）が、当局に提出する不動産譲渡契約書に記載された金額の0.1％に相当する金額の印紙を貼り付ける必要がある（印紙税法[37]7条4号）。

---

37) 中国語原文「印花税法」。

### (4) 不動産取引税[38]

　個人または営利事業者が家屋、家屋およびその敷地、または法により建築許可が取得できる土地の譲渡所得税に相当するものである。比較的新しい税制で、2016年1月1日よりスタートした。主には、それまでに課税されていた財産取引所得税に替わる税制である。購入・売却はともに2016年1月1日以後である場合、不動産取引税が適用されるのに対して、2016年1月1日以前に購入し、2016年1月1日以後に売却があった場合は、財産取引所得として他の所得と併せて総合所得税として課税がされる。また、不動産取引税が土地・建物の両方に課税されるのに対し、財産取引所得税は建物にしか課税されない。特例を考慮しない場合、不動産取引税が実施された後、課税額は増えるため実質的な増税といわれている。不動産取引税は、実際の取引価格を基に計算する。不動産取引税の計算方法としては、「(売却価格 − 購入価格 − 購入時費用 − 売却時費用 − 土地税法により計算された土地価格上昇総額) × 所定の税率」である。税率については、保有期間により売主に対し10％〜45％の所得税が課される（所得税法4条の4、14条の4、24条の5）。たとえば、保有期間が2年以内に売却する場合の税率は45％である（同法24条の5）。

## 2　不動産の保有に際して生じる課税

### (1) 地価税

　地価税は土地税の一種として毎年徴収され、納税義務者は土地所有権者である。税率は原則として公告土地価格[39]の1％〜5.5％（土地税法16条）であるが、以下のいずれかに該当する場合には、それぞれ以下に記載の別の税率が適用される。

　① 自宅用地の場合　0.2％（同法17条）
　② 工業用地、鉱業用地等の場合　1％（同法18条）
　③ 都市計画公共施設留保地の場合　0.6％（同法19条）

---

[38] 中国語原文「房地合一税」。
[39] 中国語原文「公告地價」。

## (2) 家屋税[40]

各種家屋および家屋の使用価値を増加する建築物を課税対象とする（家屋税条例[41]3条）。毎年徴収され、納税義務者は原則として家屋の所有権者である（同法4条）。課税標準は家屋現値[42]で、税率は下記のとおりである（同法5条）。

① 住宅用（自己居住用）の場合　原則として1.2％
② 営業用の場合　3〜5％
③ 非住宅非営業用の場合　1.5〜2.5％

**Q18** 現地でコンドミニアムの開発を検討している。建物が竣工し、ユニットを顧客に販売した後に当該物件に瑕疵が発見された場合、誰がどのような責任を負うか。

**A** 建物が竣工し、デベロッパーがユニットを顧客に販売した後に当該物件に瑕疵が発見された場合（および瑕疵により、生命、身体、健康、財産に損害が生じた場合）、売主であるデベロッパーは、民法上の瑕疵担保責任（契約解除、代金減額請求（民法359条）、損害賠償請求（民法360条）等）[43]、債務不履行責任（民法227条）、および瑕疵が欠陥[44]に該当する場合、消費者保護法上の製造物責任（同法7条）等に基づき、ユニットを購入した顧客（買主）[45]に対して、責任を負う可能性がある。

一方、建設業者は、ユニットに瑕疵がある場合、建設契約または民法の瑕疵

---

40) 中国語原文「房屋税」。
41) 中国語原文「房屋税條例」。
42) 中国語原文「房屋現値」。
43) 造成工事完了前の住宅および新築住宅にかかる販売の定型約款に記載すべき事項と記載してはならない事項（中国語原文「預售屋買賣定型化契約應記載及不得記載事項」）があり、「記載すべき事項」として記載されている26点の中の1つ（23点）として、瑕疵担保責任が明記されている。
44) 「欠陥」とは、製品を市場に投入するにあたり、その時点の科学技術または当該業界で一般に合理的に期待できる安全性を欠いていること（消費者保護法7条1項）をいう。
45) なお、デベロッパーは、当該建物の居住者等に対しても、建物の瑕疵により、生命、身体、健康、財産に損害が生じた場合、不法行為責任（民法184条）を負う可能性があり、瑕疵が欠陥に該当する場合、消費者保護法上の製造物責任（同法7条）を負う可能性がある（同法7条3項）。

担保責任（民法359条、360条）に基づき、デベロッパーに対して瑕疵担保責任を負うとともに、ユニットの買主や居住者等に対して不法行為責任を負う可能性があり、瑕疵が欠陥に該当する場合、消費者保護法上の製造物責任を負う可能性もある。

なお、消費者保護法上の製造物責任（同法7条）について更に付言すると、ユニットの買主および居住者等は、ユニットに欠陥があり、かつデベロッパーおよび建設業者の故意、重大過失または過失により損害を受けた場合、損害に加えて、故意の場合、損害額の5倍以下、重大過失の場合、3倍以下、過失の場合、1倍以下の懲罰性賠償金を請求することもできる（同法51条）。

建物が竣工し、ユニットを顧客に販売した後に、その建物が、欠陥により地震で倒壊した、という実際の事案では、デベロッパーに対して、債務不履行責任、不法行為責任および消費者保護法上の製造物責任に基づき、建設業者に対して、不法行為および消費者保護法上の製造物責任に基づき、損害賠償請求がなされたところ、デベロッパーと建設業者が、買主および居住者等に対して、倒壊した建物[46]および人身に関する損害について、連帯して損害賠償（消費者保護法7条）と懲罰的賠償金（同法51条）の支払いを命じられている（台湾新北地方裁判所2000年度重訴字第65号判決、台湾台中地方裁判所2000年度訴字第3744号判決）。

## Q19

現地で商業施設の開発を検討している。日本の不動産賃借権に相当する権利があるか。借地借家法のような賃借人保護を目的とする特別な法律があるか。

**A** 民法上、土地または建物の賃貸借に関する権利義務が、規定されている。賃貸借契約の内容については、原則として契約自由の原則が適用される。台湾では日本の借地借家法のような賃借人保護を目的とする特別な

---

[46] 消費者保護法上の製造物責任に基づく損害賠償請求の際、製品自体の損害を請求できるかは、台湾法上、論点となっており、一般的な製品に関しては、製品自体の損害は、賠償範囲内に含まれないという見解が実務上、多数説である。しかし、製品が建物である場合、買主の保護を重視して、製品（建物）自体の損害も賠償範囲内に含める旨の裁判例が少なからずみられる。

法律はみあたらない。

しかし、賃借人の保護を目的とする賃貸借の物権化が民法や土地法で認められている[47]ほか、家屋および敷地の賃貸借につき、土地法および耕地三七五減租条例[48]（耕作地の小作料を収穫の37.5％以下に減額する措置についての特別条例）などの法令では、賃借人の権利がある程度保護されている。

主な保護措置としては、①賃料の制限・減免、②敷金の上限、③賃貸借契約解約の制限、④賃借人への優先買取権の付与などにつき特別の規定を設けており、解釈上これらの規定は強行規定である。ただし、これらの内容は日本の借地借家法に比べると限定的であることに加え、実務上、一部の規定が遵守されていない場合もある。

2017年に制定・公布され、2018年に施行された、賃貸住宅市場の健全化を目的とする「賃貸借住宅市場発展および管理条例」[49]においても、賃貸借住宅の敷金の上限、住宅に関する有期賃貸借契約の賃借人側による途中解約権の制限について一定の規制が設けられている。

---

47) 台湾法では、賃借人の保護の目的で賃貸借の物権化が図られている。以下の2点がその代表例である。
・民法425条には、「売買は賃貸借を破らない」という原則が定められており、賃借権に特殊性を持たせている。賃借権は物権でなく債権ではあるが、賃借物の所有権またはその他物権を取得した者に対する対抗力があるので、賃借人は賃借物の所有権またはその他物権を取得した者に対して、賃借権が引き続き存在していると主張することができる。
・敷地の賃借人を守るため、土地法102条は、「敷地を賃貸して家屋を建てるときは、契約締結後2ヶ月以内に賃貸人と賃借人が地上権の登記を管轄の直轄市または県（市）に申請しなければならない」と規定しており、また民法422条の1にも、「敷地を賃借して家屋を建てるとき、契約成立後に賃借人は地上権を登記するよう賃貸人に請求することができる」と規定している。台湾法では、賃借権は債権、地上権は物権と扱われており、両者の概念は、日本法とほぼ同様である。よって、敷地を賃借して家屋を建てる賃借人が地上権を登記するよう賃貸人に請求できるのは、賃借権を物権化する1つの現れともいえ（直接債権の性質のみを有する賃借権を賃借人の意思によって地上権に転換すること）、物権の性質を持つ地上権の登記により賃借権の保護が図られることになる。
48) 中国語原文「耕地三七五減租條例」。
49) 中国語原文「租賃住宅市場發展及管理條例」。

## [不動産担保]

**Q20** 不動産に対して設定される担保の種類としてどのようなものがあるか。

**A** 民法上、担保物権として、抵当権（民法860条〜883条）、質権（民法884条〜910条）、留置権（928条〜939条）が規定されている。不動産に対して設定される担保物権は、抵当権であることが多い。抵当権は一般抵当権と根抵当権に分けられ、実務上、どちらも不動産担保として利用されている。

### 1 一般抵当権

一般抵当権とは、債務者または第三者が所有する不動産について、その占有を移転せず、債権者の債権の担保に供し、債務が履行されない場合に、債権者（抵当権者）が、その不動産の売却によって得た対価から、優先して弁済を受ける権利である（民法860条）。

### 2 根抵当権

根抵当権とは、債務者または第三者が所有する不動産について、その占有を移転せず、債権者の債権の担保に供し、債務者に対する一定範囲内の債権者の不特定債権を被担保債権として、極度額（上限金額）内において設定される抵当権である（民法881条の1第1項）。

不動産所有者が抵当権の設定を受けた後、その不動産を第三者に譲渡した場合、抵当権は不動産の譲渡によって影響を受けず、抵当権者はその不動産を所有することとなった第三者に対しても抵当権を実行することができる（民法867条）。

不動産所有者が抵当権を設定した後、同一不動産に地上権またはその他使用収益を目的とする物権が設定されたり、または賃貸借関係が成立したりした場合も、抵当権は、これらの権利の設定や賃貸借関係の成立によって影響を受けない（民法866条1項）。そのため、これらの権利の設定や賃貸借関係の成立によって、抵当権者による抵当権の実行に影響を与えた場合には、裁判所は、当該権利を除去し、または当該賃貸借契約を終了させた上で、競売に付すことが

できる（民法866条2項）。

抵当権を有する債権者は、弁済期の到来した債権の弁済を受けなかった場合、裁判手続を経ずに、直ちに、裁判所に、抵当物競売許可決定を申し立てることができる（民法873条）。裁判所の抵当物競売許可決定は、強制執行の債務名義となる（強制執行法4条1項5号）。

**Q21** 現地における不動産担保執行手続の概要を教えて欲しい。通常、担保執行の開始から完了までどの程度の期間を要するか。

**A** 以下、不動産担保として主に利用される抵当権のうち、一般抵当権の担保執行手続について、説明する。

一般抵当権の実行方法として、①民法873条に定めた「抵当物競売許可決定申立て」と②民法873条の1の「流抵当契約」がある。後者の「流抵当契約」とは、担保された債務の不履行がある場合には、抵当不動産の所有権を抵当権者に移転する合意をいい、第三者への対抗要件として登記が必要とされる。従来「流抵当契約」は無効とされていたが、2007年民法物権編の改正により認められるようになった。もっとも、実務において、利用されるケースはかなり限定的と考えられ、以下では、前者の「抵当物競売許可決定申立て」の手続を説明する。

弁済期が到来したにもかかわらず債務者が債務を弁済しないとき、その他の債権より優先的に債権の弁済を受けるため、抵当権者は前述した民法873の規定により、抵当物競売を許可するよう、裁判所に申し立てることができる。抵当権者が抵当物競売許可決定を申し立て、（担保不動産の所在地を管轄する）裁判所（非訟事件法72条）から許可決定を得たとき、これを強制執行の債務名義とすることができる（強制執行法4条1項5号）。

抵当物競売許可決定の申立ては、訴訟ではなく、非訟事件であるため、裁判所は当該申立てに対し、形式審査を行うにとどまり、その抵当権につきすでに法により登記し、かつ登記した被担保債権の弁済期がすでに到来したにもかかわらず弁済を受けていないとき、裁判所は直ちに競売を許可する決定を行う。

なお、根抵当権の登記がなされたときに、その被担保債権の債権額がまだ確

定していない場合には、権利関係者の権利利益の保護に鑑み、裁判所は、根抵当権の抵当競売許可決定を下す前に、根抵当権により担保された債権額につき、債務者に意見陳述の機会を与えるべきことが、規定されている（非訟事件法74条）。

　裁判所への申立てから債務名義とされる競売許可決定の取得まで、特段問題がなければ、通常の場合、およそ1～2週間程度で、競売許可決定を取得することができると考えられる。

　抵当物競売許可の申立手続を通じて債務名義を取得した後、それら債務名義をもって債務者財産の所在地の管轄裁判所に強制執行を申し立てることができる。債務名義取得後の手続としては、抵当物の対象としての不動産に対する差押え、価格鑑定、競売日の指定、競売、落札、落札者による落札金の支払い、配当表の作成、配当の支給という順番になる。不動産に対する担保執行手続として、1回目の競売で落札者が出ないとき、2回目または3回目の減価競売を行い、毎回の競売で提示される金額は原則として前回競売の最低価格の80%を下回ってはならない（強制執行法92条）。原則として、競売は3回行うことができ、最大で、4回目の競売まで行うことも可能である。4回目の競売を行ってもなお落札できない、または債権者も競売物を買い取る意向がないとき、執行裁判所は執行対象物の差押えを取り消さなければならない。ただ、こうした場合でも、後日同一対象物につき再度、裁判所に対する強制執行の申立てを行うことは妨げられない。不動産担保執行の申立開始から手続完了までの期間は、案件（競売の回数等）によりかなり大きく変動するが、通常であれば、数ヶ月から1年程度、案件によってはこれを超えるケースもある。

**Q22** 現地の不動産開発・投資プロジェクトにおける不動産担保ローンの概要を教えて欲しい。通常、どのような担保が設定されるか。ノンリコースローンは実務上一般的に行われているか。また、ローン契約に関し、参照されるひな型などはあるのか。

　通常であれば、開発・投資目的の対象物件自体に対して、抵当権を設定し、開発・投資目的の物件から生じる収益（キャッシュフロー）

に対して、譲渡担保や質権を設定することが考えられる。投資主体としてのSPCの親会社・出資者等に債務の（連帯）保証を求めたり、親会社・出資者等の資産に対して、あらかじめ担保権の設定を求めたりすることもある。

ノンリコースローンは、台湾において、台湾新幹線（高鉄）や一部の洋上風力発電プロジェクト等、特に比較的大規模のプロジェクトファイナンスに利用されているケースがあるが、台湾の通常の融資実務において、一般的とまではいえないと考えられる。

消費者保護の観点から、個人の住宅購入目的のローン契約について、台湾銀行協会によって定型化契約ひな型が公表されている[50]。一方、不動産開発・投資プロジェクトにおけるローン契約に関しては、基本的に参照されるひな型がなく、各金融機関ごとにフォームが作成され、利用されている。

## Ⅳ　不動産開発・投資スキーム

[不動産開発]

**Q23** 台湾において一般的な不動産開発のスキームを教えて欲しい。

**A** 実務上、地権者が土地等の権利を提供し、デベロッパーが資金を提供し、施工者に発注して、またはデベロッパー自身が施工者として建物を建築するという「協議合建」のスキームがよくみられる。「協議合建」のスキームは、概念上組合に近いものと言われている。建物竣工後、その利益配分の方法に応じて、更に「合建分售」（地権者が土地等の権利を提供し、デベロッパーが建設資金を拠出し、建物竣工後、地権者とデベロッパーが共同で、買主と売買契約を締結し、地権者が敷地、デベロッパーが建物を売り出すという形で、事前に協議した比率（合建比率）に応じて、収益を配分すること）、「合建分屋」（デベロッパーと地権者があらかじめ互いに協議した比率（合建比率）に応じて、地権者

---

[50] https://www.ey.gov.tw/Page/AABD2F12D8A6D561/ddb19dd8-7740-4ba7-a5fb-5ab40837bfc2

がその土地の所有権を提供し、代わりに竣工後の建物の一部を受け取る形で配分すること）および「合建分成」（地権者とデベロッパーとが共同で土地と建物を保有し、竣工後、事前に合意した比率（合建比率）に応じて、土地と建物を分配すること）の３種類に分けられている。いずれも、開発範囲の全地権者や建築物所有者全員の同意を得て民法等の法令や契約関係に基づいて開発後の権利価値をあらかじめ決定した上で実施される。

　都市再開発[51]の場合、都市再開発事業体が委託を受けて施工者となるスキームが多く、日本企業を含む外国企業が台湾現地のデベロッパーとジョイント・ベンチャーを組成して、都市再開発事業体になるケースもあれば、台湾現地のデベロッパーが設立したSPC等が単独で前段階の地権者との交渉、合意取得を実施し、都市再開発計画が当局に許可された後に、外国企業がSPC等に出資するケースもある。

　台湾では、農地、漁業用地等の上部に再エネ発電設備等を設置するプロジェクトの開発などの一部例外を除き、不動産開発事業に対する外資の出資比率に対する規制が基本的に存在しないものの、台湾現地の実務、事情に関する知見が必要であり、また地権者等の権利の集約等には、現地企業の協力を得る方がスムーズに進むケースもあるため、外資企業が単独で不動産開発事業を行う事例は多くはなく、外国企業が、現地パートナーとジョイント・ベンチャーを組成して不動産開発事業を手掛けた事例や、台湾現地のデベロッパーがプロジェクトごとに設立したSPCへ出資等する事例がよくみられる。

[不動産ファンド]

## Q24
台湾において主に利用される不動産ファンドスキーム・REIT制度の概要を教えて欲しい。

台湾では、2003年に不動産証券化条例[52]が制定・施行され、不動産証券化の仕組みが制度化された。不動産証券化条例では、基本的に

---
51）中国語原文「都市更新」。特徴としては、全地権者の同意を要しない権利変換を行うことができる点が挙げられる。
52）中国語原文「不動產證券化條例」。

特定目的信託（Special Purpose Trust、SPT）のスキームが採用され、受託機構が、受益者に対し、受益証券を発行し、受益者と不動産投資信託契約を締結することとされた。すなわち、受益証券の発行を受け、または購入する投資者は、受益者であり、かつ不動産投資信託の委託者となる。受託機構は信託業を営む事業者であることが必要とされている。銀行が当局の許可を得た上で信託業務を兼営することができるため、台湾の実務では、多くのケースで、銀行が受託機構となっている。しかし、銀行は、一般的には、不動産管理を専門とはしていないため、不動産管理は、別途不動産管理を専門とする事業者に委任する形となる。以上のとおり、台湾で不動産証券化のスキームは、いわゆる信託型（契約型）のスキームが多くみられる。

　不動産証券化条例によれば、「不動産投資信託」とは、同条例の規定により、不動産投資信託受益証券を投資者（受益者）に発行（不特定の多数者に対する公募または特定者に対する私募）し、集められた資金をプールして、不動産、不動産関連権利（地上権そのほか主管機関の指定した権利）、不動産関連有価証券およびその他主管機関に許可された投資目的に投資することを目的として設立する信託をいう（不動産証券化条例4条1項5号）。

　不動産証券化条例でいう受託機構は、信託財産の処分および管理を受託し、かつ受益証券の公募と私募を行うことができる（不動産証券化条例4条1項8号）。

　また、台湾では「不動産資産信託」という制度もあり、これは、不動産や不動産関連権利を保有する者が委託者となって、受託者と不動産資産信託契約を締結し、当該不動産や不動産関連権利を受託者に移転し、受託者が、当該信託の目的である不動産、不動産関連権利またはそこから生じる利益、利息およびその他の収益の権利を表彰する不動産資産信託受益証券を投資者（受益者）に発行（不特定の多数者に対する公募または特定者に対する私募）することを目的として設立する信託をいう（不動産証券化条例4条1項6号）。

　すなわち、不動産投資信託では、不動産投資信託契約が、投資者と受託者の間で締結されるが、不動産資産信託では、不動産資産信託契約が、不動産等の権利保有者と受託者の間で締結される点に違いがある。

　上記のとおり、台湾では、いわゆる「REIT」は、受益証券が前述の不動産証券化条例でいう「不動産投資信託」の形で上場されており、日本における

REITが会社型を採用しているのと異なり、信託型（契約型）のみが採用されている。2005年に初のREITが上場したが、市場は伸び悩んでいる。台湾におけるREITの市場規模は日本、シンガポール、香港等と比べ本稿執筆時点で小さいと言わざるを得ない。

　直近の動きとして、台湾の行政院会議は、2024年3月14日に「証券投資信託および顧問法」[53]の改正案（同時に、改正案では、法令名は「証券と不動産投資信託および証券投資顧問法」[54]に変更、以下「改正案」という）を決定した。この改正案は、不動産証券化市場の活性化と資産管理サービス市場の多角的な発展を推進するため、日本、シンガポール、香港等の不動産投資信託制度を参考にしたと言われている。

　同改正案が立法院にて審議され、可決されれば、上記不動産証券化条例に基づき、受託機構により発行される信託型（契約型）のREITと並んで、基金型のREITも採用できるようになる。改正案でいう「不動産投資信託」とは、不動産投資信託基金が発行する受益証券の不特定の多数者に対する公募または特定者に対する私募を行い、集められてきた資金をプールして、不動産、不動産関連権利（地上権そのほか主管機関の指定した権利）、不動産関連有価証券およびその他主管機関に許可された投資目的への投資または取引を行う信託をいう（改正案3条の1）。不動産投資信託事業者（会社に限る、投資運用会社に相当）を委託者として、保管機関（信託銀行等の信託業）を受託者として、投資家を受益者とする、不動産投資信託契約を締結することが想定されている（改正案5条2号）。信託型REITは、受益証券の発行主体が信託業者であり、不動産管理については、不動産管理機構に委任するという形がとられているが、基金型REITでは、不動産管理の専門性を有する不動産投資信託事業者により、資産の管理と受益証券の発行が行われ、不動産投資信託の受託者たる保管機関が資産の保管監督を行うことが想定されており、台湾REITの発展に繋がると期待されている。

---

53) 中国語原文「證券投資信託及顧問法」。
54) 中国語原文「證券與不動產投資信託及證券投資顧問法」。

# 資料

## 各国一覧表

資　料　各国一覧表

| | ベトナム | インドネシア | タイ | フィリピン | インド |
|---|---|---|---|---|---|
| Q1 法体系 | 大陸法系（社会主義） | 大陸法系（慣習法の影響） | 大陸法系（一部英国法の影響） | 大陸法系（一部英米法の概念が混在） | コモンロー体系 |
| Q2 土地所有権に相当する権利 | 所有権 | 所有権 | 所有権 | 所有権 | freehold leasehold |
| Q3 建物は土地と一体か別個か | 土地と別個 | 土地と別個 | 土地と一体。ただし、別個の場合もある。 | 土地と別個 | 土地と別個 |
| Q4 建物区分所有権の有無 | あり | あり | あり | あり | あり |
| Q5 現地企業が土地所有権を取得できるか | × | × | ○ | ○ | ○ |
| 現地企業が取引の対象とする主な土地上の権利 | 割当土地使用権、リース土地使用権 | 建設権使用権など | 所有権 | 所有権 | freehold leasehold |
| Q6 土地の取得にあたって現地法人の設立の要否 | 必要 | 必要 | 必要 | 必要 | 非居住者は原則として必要であるが、支店等の場合は一定の条件の下で不要 |

Q1〜Q6

| ミャンマー | マレーシア | シンガポール | 中国 | 台湾 |
|---|---|---|---|---|
| コモンロー体系 | コモンロー体系 | コモンロー体系 | 大陸法系（社会主義） | 大陸法系 |
| freehold<br>lease<br>grant | freehold<br>leasehold | freehold（estate in fee simple および estate in perpetuity）<br>leasehold | 所有権 | 所有権 |
| 土地と一体 | 土地と一体 | 土地と一体 | 土地と別個 | 土地と別個 |
| あり | あり | あり | あり | あり |
| ○ | ○ | ○ | × | ○ |
| lease<br>grant | freehold<br>leasehold | freehold<br>leasehold | 土地使用権 | 所有権 |
| 必要 | 必要 | 不要 | 不要。ただし、取得した土地使用権に係る土地を開発または利用する際には必要。 | 不要 |

資　料　各国一覧表

| | ベトナム | インドネシア | タイ | フィリピン | インド |
|---|---|---|---|---|---|
| Q7 土地の取得・利用に関する外資規制 | 土地使用権が個別のプロジェクトと紐づいている結果、事業の外資規制と連動する。 | なし | 土地の所有に関する外資規制あり（現地法人でも外資による出資割合が49%超であれば該当する） | 土地の所有に関する外資規制あり（外資による出資割合は40％まで） | 外国法人は、不動産事業に該当する現地法人に出資することは不可 |
| Q8 不動産登記制度の概要 | 土地および建物の権利に関する登記制度 | 土地の権利に関する登記制度 | （トレンス・システム） | （トレンス・システム） | 取引文書の登録 |
| Q9 登記の効果 | 民法上、効力要件と規定されているが、不明確 | 権利を証明するための有力な証拠公信力なし | 効力要件権利の概観を信頼した者を保護する制度あり | 効力要件ではない一定の公信力あり | 効力要件公信力なし |
| Q10 登記簿の閲覧に権利者の協力が必要か | 必要 | 必要 | 必要 | 必要 | 不要 |
| Q11 登記に要する期間 | 約1か月程度 | 一般的に2〜3か月程度 | 通常1営業日以内（ただし、外国人土地保有規制を潜脱するものでないかについて調査が必要となることがある） | 申請から10営業日程度（ただし、申請前に納税手続を完了する必要） | 書類や費用支払いに不備がない場合、申請から7〜10営業日（州によって異なる） |

| ミャンマー | マレーシア | シンガポール | 中国 | 台湾 |
|---|---|---|---|---|
| 土地の所有・利用に関する外資規制あり。実務運用上、ミャンマー会社法に定める「外資会社」（外資による出資割合が35％超）に該当しない限り対象外となる。また、MICの手続をとれば1年超の長期リースも可。 | MOEによる事前承認その他の条件、州政府の事前承認 | 一定の居住用不動産等を除いてなし | なし | 当該外国人が属する国と台湾との間に平等互恵の原則があれば（日本は平等互恵の関係にあるとされている）土地の取得ができる。<br>なお、中国投資者等による土地の取得には主管機関の事前許可が必要である。 |
| 取引文書の登録 | トレンス・システム | トレンス・システム | 土地および建物の権利に関する登記制度 | 土地および建物の権利に関する登記制度 |
| 効力要件<br>公信力の有無は不明 | 効力要件<br>確定的効力あり（≒公信力） | 効力要件<br>確定的効力あり（≒公信力） | 効力要件<br>公信力あり | 効力要件<br>確定的効力あり（≒公信力） |
| 必要 | 閲覧に一定の情報を要するため協力が必要となることが多い | 不要 | 必要<br>但し、利害関係者である場合は不要 | 不要 |
| 地域や時期によるが、税金の支払手続と合わせて2～3か月程度 | 地域により、1～2週間で済む場合もあれば数か月を要する場合もある | 通常7営業日。即時登記手続を用いる場合早ければ1日程度 | 法定期間は申請の受理から30営業日以内。一般的には2週間程度。 | 一般的には概ね3日から5日程度 |

資　料　各国一覧表

|  | ベトナム | インドネシア | タイ | フィリピン | インド |
|---|---|---|---|---|---|
| Q12 政府による土地収用 | 以下の場合土地収用が可能：①国防・安全、②経済・社会開発、③法令違反、④使用期間の満了、任意の返還、危険回避、⑤国防・治安維持・戦争、緊急事態、自然災害、⑥プロジェクトの遅延による土地の不使用 | 公共目的があれば土地収用可 | 以下の場合土地収用が可能：公共事業、国防、天然資源の獲得、都市計画、農業開発、工業、土地改革、その他の公共の用に供するために必要な場合 | 以下の要件を満たす場合土地収用が可能：①公共の利益、②公正な価値の補償 | 以下の要件を満たす場合土地収用が可能：①公共の目的を有する場合、かつ②土地の権利者に対する補償がされる場合 |
| Q13 外資規制の対象となっている主な不動産関連事業 | ・譲渡・賃貸目的での (i) 既存建物取得、(ii) インフラの整備された土地使用権譲受・サブリース目的の土地使用権のリース | 一部のホテル業建設業建設コンサルティング業 | 不動産売買業建設業不動産仲介業その他サービス業に該当するもの | 不動産売買・仲介等の不動産サービス業（ただし相互主義）建設業 | 不動産事業。但し、建設開発プロジェクトについては一定の条件の下で自動承認ルートで100％の出資が可能。 |
| Q14 不動産仲介業規制 | あり（所定要件充足が必要だが、外資特有の規制はなし） | あり | なし | あり | あり（主に売買が対象。賃貸の仲介は州ごとに要確認） |
| Q15 建設業に必要な許認可 | ①現地法人を設立しない場合、建築事業許可証、②現地法人を設立する場合、建築物のレベルに応じて、1級から3級まで3段階のライセンス | NIB（事業識別番号）、SBUK（建設事業体証明書）、SKK（建設労働能力証明書） | 建築業務は建築士法に基づくライセンス、エンジニアリング業務はエンジニア法に基づくライセンス | フィリピン建設業免許委員会からの免許（一般建設業免許、特別建設業免許または一般建設業付記免許） | 各地方の開発に関する法令において州によって指名された当局による許可 |

| ミャンマー | マレーシア | シンガポール | 中国 | 台湾 |
|---|---|---|---|---|
| 以下の要件を満たす場合土地収用が可能：①公共の利益、②適正な金額の補償 | 土地収用の目的が以下である場合：①公共の利益、②社会の経済的発展、③鉱業、農業、商業、工業、居住、娯楽 | 土地収用の目的が以下のいずれかである場合：①公共目的、②公共の利益に適うものとして大臣が認める事業目的、③住居、商業または工業目的 | 以下の場合土地収用が可能：①国防・外交、②政府実施のエネルギー、交通、水利等のインフラ建設、③政府が実施する科学技術、教育、文化等の公共事業、④政府が実施する住宅供給プロジェクト建設、⑤政府が実施する旧市街区再開発、⑥その他の公共の利益のために必要な場合 | 以下のいずれかの事業を立上げるために土地の一般収用が可能：国防、交通、公用、水利、公共衛生および環境保護、公共建築、教育、学術および文化、社会福祉等<br>以下のいずれかの場合、土地の区段収用が可能：①新都市地域に対する開発建設の実施、②公共安全、衛生、交通のニーズ、土地の合理的な利用のために旧都市地域において実施される更新、③都市土地の農業区、保護区が建築用地に変更される場合、または工業区が住宅区、商業区に変更される場合等 |
| 居住用アパート・コンドミニアムの開発・販売・賃貸 | 不動産評価・鑑定・管理業（不動産仲介業）（建設業） | 特段なし | なし | 外資による不動産関連事業への投資は、原則許可。 |
| なし（登録制度が導入されたが、2025年1月末現在、運用は開始されていない） | あり | あり | あり | あり |
| なし | 建設業開発庁からの免許 | 工事規模（金額）および種類に応じて、①クラス1一般建築免許、②クラス2一般建築免許、または③専門建築免許 | 住宅都市農村建設主管部門から取得する建築業企業資質（施工元請負資質、専業請負資質、または施工労務資質） | 現地法人または支店の設立登記を行い、建設業許可（事業実績、設立年数、請負工事の出来高などに応じて、総合建設業〈甲、乙、丙〉、専門建設業、土木請負業の各等級）の取得が必要 |

資　料　各国一覧表

|  | ベトナム | インドネシア | タイ | フィリピン | インド |
|---|---|---|---|---|---|
| Q16 土地権利関係の調査 | 一般に、日本における土地DDと同様、土地所有権その他の取引の対象とされる土地の権利が売主に有効に帰属しているか、抵当権や地役権などの第三者の権利が付着していないか、公法上の負担が存在しないか、土地の境界が画定しているか、土壌汚染や建物の遵法性に問題はないか、当局による土地収用の可能性がないか、等の項目を調査する。もっとも、法制度の違いや現地の事情に応じて、実務上の対応が異なる場合がある点には留意が必要である。 | | | | |
| Q17 不動産の売買・保有に関する主な税金 | 個人所得税、土地使用税 | 不動産譲渡税、不動産取得税、土地建物税、贅沢税 | 印紙税、移転登記手数料、特定業務税、土地建物税 | 印紙税、キャピタルゲイン税、付加価値税、土地移転に関する地方税、固定資産税、特別教育基金税 | 印紙税、登録税、固定資産税（州によっては、加えて、州税、譲渡税） |
| Q18 物件の瑕疵担保責任 | デベロッパーは顧客に対し、建築が完了しかつ使用に供するための手続が完了した日から、アパートメントの場合は最低60か月、戸建住宅の場合は最低24か月の住宅法に基づく責任を負う。建築業者は建築法に基づく責任を負う。住宅の設備業者は、提供した設備について製造者が定めた期間の範囲内で責任を負う。 | デベロッパーは顧客に対し、民法および消費者保護法（購入から原則4年）上の責任を負う。建設業者はデベロッパーに対し、重大ではない瑕疵については民法上の責任のみ負い、物件の重大な瑕疵については建設サービス法上、物件の引渡しから10年間責任を負う（物件の耐用年数が10年を超える場合）。 | 民商法上、物の売買の売主には瑕疵発見から1年の瑕疵担保責任あり。コンドミニアムのユニット売買の場合、当局ひな型に従う必要があるところ、当該ひな型に瑕疵担保責任の加重規定あり。 | 顧客に対するデベロッパーの責任は販売契約の表明保証違反に基づく。デベロッパーは、一定の場合、建物の竣工から15年間、下請業者に対する責任追及が可能（エンジニアまたは建築士が下請業者の工事を監督していた場合はこれらの者も連帯責任を負う）。 | 居住用建物の顧客に対するプロモーターの責任は、2016年不動産規制開発法（RERA）に基づく。責任の内容は、欠陥等の修補義務または適正な補償義務である。責任はプロモーターが物件を引き渡してから5年間存続する。 |
| Q19 不動産賃借権の有無 | あり | あり | あり | あり | あり |
| Q20 不動産担保権の種類 | 抵当権（thế chấp tài sản）・質権（cầm cố tài sản） | 抵当権法に基づく抵当権 | 抵当権 事業担保法上の事業担保権 | mortgage antichresis | mortgage charge |

| ミャンマー | マレーシア | シンガポール | 中国 | 台湾 |
|---|---|---|---|---|
| 一般に、日本における土地DDと同様、土地所有権その他の取引の対象とされる土地の権利が売主に有効に帰属しているか、抵当権や地役権などの第三者の権利が付着していないか、公法上の負担が存在しないか、土地の境界が画定しているか、土壌汚染や建物の違法性に問題はないか、当局による土地収用の可能性がないか、等の項目を調査する。もっとも、法制度の違いや現地の事情に応じて、実務上の対応が異なる場合がある点には留意が必要である。 | | | | |
| 印紙税、固定資産税 | 不動産譲渡益税、印紙税 | 各種印紙税、付加譲渡税、物品サービス税、固定資産税 | 契税、印紙税、増値税・付加税、土地増値税、所得税、取引手数料、不動産登記費用 | 不動産の売買に際して生じる課税：土地増値税、契約税、印紙税、房地合一税（不動産取引税）<br>不動産の保有に際して生じる課税：地価税、家屋税 |
| 顧客に対するデベロッパーの責任は、財産移転法に基づく重大な瑕疵の開示義務または販売契約の表明保証違反に基づく。 | 顧客に対するデベロッパーの責任は、販売契約の内容に従う。デベロッパーだけでなく、建築士、エンジニア、および建築請負人も不法行為に基づき責任を負う場合あり。消滅時効の期間は原則6年。 | 顧客に対するデベロッパーの責任は、販売契約およびコモンローに基づく。前者は通常引渡し等から12ヵ月間、後者は原則請求原因が生じた日から6年間請求可能。 | デベロッパーは、顧客に対し、住宅の主体構造については設計文書に定められた合理的な耐用年数、防水工事については5年間、給電システムや給水システム、内装工事等については2年間の保証責任を負う。 | デベロッパーは、顧客に対して、契約解除、代金減額請求ができる。買主は瑕疵発見後直ちに売主に通知する必要があり、通知から6ヵ月以内、かつ引き渡し後5年以内に契約解除、代金減額請求する必要がある。デベロッパーが保証した品質を欠く場合、顧客は損害賠償を請求できる。 |
| あり | あり | あり | あり | あり |
| mortgage<br>charge | charge<br>lien<br>assignment | mortgage<br>charge | 抵当権<br>不動産譲渡担保等の非典型担保権 | 抵当権（一般抵当権、根抵当権） |

資　料　各国一覧表

| | ベトナム | インドネシア | タイ | フィリピン | インド |
|---|---|---|---|---|---|
| Q21 不動産担保執行手続の概要・所要期間 | ・競売、私的売却、所有権取得、その他の方法（合意がない場合は競売のみ）<br>・所要期間はケースバイケースであるが、関係者が協力的であれば、約3〜4か月程度 | 競売と私的売却（裁判所を介さない場合は1か月。裁判所を介した場合は1年） | ・抵当権：競売またはforeclosure（受戻権喪失手続）<br>・裁判手続を経る必要があり、1〜5年程度の期間を要する<br>・なお、抵当権設定者による任意処分・任意売却も可能である | ・mortgage: 裁判外または裁判上の受戻権喪失手続<br>・競売を伴うことが一般的であり、その場合の所要期間は、以下のとおり：<br>①裁判外の手続の場合：2か月から3か月程度<br>②裁判上の手続の場合：6か月から1年程度<br>・なお、競売を伴わない私的売却も法律上可能であるが、実務上一般的ではない | ・mortgage: 受戻権喪失判決・売却判決・裁判所の関与のない目的物の売却・目的物の売却への同意<br>・所要期間はケースバイケースだがおよそ1年は要するのが通常 |
| Q22 ノンリコースローンは実務上一般的か | 本書の対象国においては、シンガポールを除いて、ノンリコースローンは実務上一般的ではない。 | | | | |
| Q23 一般的な不動産開発のスキーム | 外国投資家は、ローカルパートナー等とともに合弁会社を組成した上で、当該合弁会社にて土地の権利を保有し、不動産開発を行うスキームが一般的である国が多い。もっとも、法制度や現地実務に応じ、外国投資家による独資での開発が可能か、土地の権利としてどのような権利が用いられるのが一般的か、また、（土地保有者から合弁会社への土地の移転を伴わない）契約型の不動産開発スキームが用いられることもあるかなど、国によって異なる事項もあるため、詳細については各国のQ23を参照。 | | | | |
| Q24 上場REITの有無、上場銘柄数 | あり<br>1銘柄 | あり<br>3銘柄 | あり<br>32銘柄 | あり<br>8銘柄 | あり<br>6銘柄<br>（SEBI登録済） |

| ミャンマー | マレーシア | シンガポール | 中国 | 台湾 |
|---|---|---|---|---|
| ・私的実行・公的実行<br>・所要期間はケースバイケース | ・charge: 競売・占有取得<br>・競売は通常1年以内 | ・①担保不動産の売却、②財産保全管理人による管理、③担保権者による担保不動産管理および④（mortgageの場合のみ）受戻権喪失手続<br>・所要時間は、裁判手続を伴う場合2〜3か月程度、裁判手続を伴わない場合はより短い期間で済む | ・裁判外の手続（抵当権者と抵当権設定者との合意による実行方法。競売、換価、所有権取得）と裁判上の手続（競売、換価）<br>・裁判上の手続には、数か月程度の期間を要する。 | ・裁判所に抵当物競売許可決定を申し立てて、許可決定を得た後、これを債務名義として、強制執行を申し立てる。<br>・許可決定の申立から、手続完了まで、通常、数カ月から1年程度。 |
| 本書の対象国においては、シンガポールを除いて、ノンリコースローンは実務上一般的ではない。 | | | | |
| 外国投資家は、ローカルパートナー等とともに合弁会社を組成した上で、当該合弁会社にて土地の権利を保有し、不動産開発を行うスキームが一般的である国が多い。もっとも、法制度や現地実務に応じ、外国投資家による独資での開発が可能か、土地の権利としてどのような権利が用いられるのが一般的か、また、（土地保有者から合弁会社への土地の移転を伴わない）契約型の不動産開発スキームが用いられることもあるかなど、国によって異なる事項もあるため、詳細については各国のQ23を参照。 | | | | |
| なし | あり<br>19銘柄 | あり<br>38銘柄 | あり<br>35銘柄<br>（公募REIT商品） | あり<br>7銘柄 |

## 編著者・執筆者略歴

《編著者》

◆川村　隆太郎（かわむら　りゅうたろう）
【序章・インド・マレーシア・シンガポール担当】

| | |
|---|---|
| 2003 年 | 東京大学法学部卒業 |
| 2004 年 | 弁護士登録、第二東京弁護士会所属 |
| 2010 年 | ペンシルバニア大学ロースクール（LL.M.）およびウォートンスクール（Business & Law Certificate）卒業 |
| 2010 年 | 三菱商事株式会社法務部出向（～2012 年） |
| 2012 年 | ニューヨーク州弁護士登録 |
| 2012 年 | 森・濱田松本法律事務所シンガポールオフィスにて執務（～現在） |
| 2016 年 | 国土交通省「建設・不動産企業 海外ビジネスフォーラム」アドバイザー |
| 2018 年 | シンガポール法弁護士（FPC）登録 |

◆塙　晋（はなわ　すすむ）【序章・タイ担当】

| | |
|---|---|
| 2003 年 | 東京大学法学部卒業 |
| 2004 年 | 弁護士登録、第二東京弁護士会所属 |
| 2009 年 | みずほ証券株式会社グローバル投資銀行部門出向（～2010 年） |
| 2012 年 | シンガポール国立大学およびニューヨーク大学ロースクール（Dual Degree Program）卒業 |
| 2012 年 | ベトナム・ホーチミン LCT Lawyers 法律事務所にて執務 |
| 2013 年 | インドネシア・ジャカルタ Soewito Suhardiman Eddymurthy Kardono（SSEK）法律事務所にて執務 |
| 2013 年 | ニューヨーク州弁護士登録 |
| 2015 年 | 森・濱田松本法律事務所 シンガポールオフィスにて執務（～2016 年） |
| 2017 年 | Chandler Mori Hamada Limited（森・濱田松本法律事務所バンコク |

オフィス）に参加

◆加藤　史矩（かとう　ふみのり）【序章・ベトナム・マレーシア担当】
- 2011 年　早稲田大学法学部卒業
- 2013 年　慶應義塾大学法科大学院修了
- 2014 年　弁護士登録、第二東京弁護士会所属
- 2016 年　三菱 UFJ モルガン・スタンレー証券株式会社（不動産投資銀行）出向（〜2017 年）
- 2022 年　コロンビア大学ロースクール（LL.M.）卒業
- 2022 年　DLA Piper 法律事務所（シカゴオフィス）にて執務
- 2023 年　ニューヨーク州弁護士登録
- 2023 年　森・濱田松本法律事務所ホーチミンオフィスにて執務
- 2023 年　森・濱田松本法律事務所シンガポールオフィスにて執務（〜現在）

《執筆者》

◆石本　茂彦（いしもと　しげひこ）【中国・台湾担当】
- 1992 年　東京大学法学部第 1 類卒業
- 1994 年　弁護士登録、第一東京弁護士会 所属
- 1999 年　中国対外経済貿易大学国際経済ビジネス実務課程修了
- 2000 年　ニューヨーク大学ロースクール修了
- 2000 年　Hughes Hubbard & Reed 法律事務所（ニューヨーク市）にて執務
- 2001 年　ニューヨーク州弁護士登録

◆武川　丈士（むかわ　たけし）【ベトナム・ミャンマー担当】
- 1996 年　東京大学農学部卒業
- 1998 年　弁護士登録、東京弁護士会所属
- 2002 年　カリフォルニア大学デービス校ロースクール卒業
- 2002 年　ニューヨーク Morgan, Lewis & Bockius 法律事務所にて執務
- 2003 年　カリフォルニア州司法試験合格
- 2006 年　カリフォルニア州弁護士登録

2012 年　森・濱田松本法律事務所シンガポールオフィス共同代表パートナー就任
2014 年　森・濱田松本法律事務所ヤンゴンオフィス代表パートナー就任
2024 年　森・濱田松本法律事務所ベトナム総代表就任

◆紀　鈞涵（Chi Chunhan）【台湾担当】
2001 年　国立台湾大学法学部卒業
2001 年　台湾弁護士（律師）資格取得
2005 年　国立台湾大学大学院法学研究科修士課程修了
2005 年　台北弁護士会（台北律師公会）所属
2005 年　萬國法律事務所（Formosa Transnational Attorneys at Law）にて執務（〜2016 年）
2015 年　東京大学大学院法学政治学研究科修士課程修了
2024 年　外国法事務弁護士登録、第二東京弁護士会 所属

◆小山　洋平（こやま　ようへい）【インド担当】
2001 年　京都大学法学部卒業
2002 年　弁護士登録、第二東京弁護士会所属
2008 年　コーネル大学ロースクール卒業
2008 年　アトランタ Alston & Bird 法律事務所にて執務（〜2009 年）
2009 年　ニューヨーク州弁護士登録
2011 年　インド・デリーAZB & Partners 法律事務所にて執務（〜同年 8 月）
2011 年　ベトナム・ハノイ VILAF-Hong Duc 法律事務所にて執務（〜同年 12 月）

◆眞鍋　佳奈（まなべ　かな）【ミャンマー担当】
1999 年　京都大学法学部卒業
2001 年　京都大学大学院法学研究科修士課程修了
2002 年　弁護士登録、第二東京弁護士会 所属
2006 年　ミシガン大学ロースクール修了

2006 年　Kirkland & Ellis 法律事務所（ロサンゼルスオフィス）にて執務（〜2007 年）

2007 年　ニューヨーク州弁護士登録

2014 年　ヤンゴンオフィス共同代表パートナー就任

2015 年　シンガポールオフィスパートナー就任

2022 年　ホーチミンオフィス共同代表パートナー就任

◆蘇　春維（Su Chunwei）【台湾担当】

2001 年　国立台北大学法学部卒業

2007 年　台湾弁護士（律師）資格取得

2008 年　明治大学大学院法学研究科交換留学生

2010 年　国立台北大学大学院法学研究科修士課程修了

2010 年　台北弁護士会（台北律師公会）所属

2010 年　萬國法律事務所（Formosa Transnational Attorneys at Law）にて執務（〜2017 年）

2017 年　明治大学大学院法学研究科博士前期修了

◆井上　淳（いのうえ あつし）【フィリピン・ミャンマー担当】

2001 年　東京大学法学部卒業

2001 年　国際協力銀行勤務（〜2004 年）

2007 年　弁護士登録、第二東京弁護士会所属

2010 年　金融庁総務企画局市場課に出向（金融商品取引法等担当）（〜2011 年）

2012 年　インド共和国デリー市 Trilegal 法律事務所で執務（〜2012 年）

2013 年　Northwestern University School of Law 卒業（LL.M.）

2013 年　ブラジル連邦共和国リオデジャネイロ市 Pinheiro Neto Advogados 法律事務所にて執務（〜2014 年）

2014 年　ニューヨーク州弁護士登録

2014 年　森・濱田松本法律事務所シンガポールオフィスにて執務（〜2015 年）

2015 年　森・濱田松本法律事務所ヤンゴンオフィスにて執務（〜現在）

## 編著者・執筆者略歴

◆臼井　慶宜（うすい　よしのり）【インド担当】

| | |
|---|---|
| 2004 年 | 東京大学法学部卒業 |
| 2006 年 | 東京大学法科大学院修了 |
| 2007 年 | 弁護士登録、第二東京弁護士会所属 |
| 2012 年 | ソフトバンクモバイル株式会社・ソフトバンク BB 株式会社・ソフトバンクテレコム株式会社・株式会社ウィルコム各社法務部出向（4 社兼務）（～2013 年） |
| 2014 年 | シカゴ大学ロースクール卒業 |
| 2014 年 | インド・ムンバイ AZB & Partners 法律事務所にて執務（～2015 年） |
| 2015 年 | ベトナム・ホーチミン Frasers Law Company 法律事務所にて執務 |
| 2015 年 | ニューヨーク州弁護士登録 |
| 2015 年 | 森・濱田松本法律事務所大阪オフィスにて執務（～現在）、大阪弁護士会所属 |
| 2020 年 | 神戸大学大学院法学研究科非常勤講師（神戸大学大学院「アジア法務」担当）（～2023 年） |

◆岸　寛樹（きし　ひろき）【ベトナム担当】

| | |
|---|---|
| 2004 年 | 東京大学法学部卒業 |
| 2006 年 | 中央大学法科大学院修了 |
| 2007 年 | 弁護士登録、第二東京弁護士会所属 |
| 2012 年 | みずほ証券株式会社 IB プロダクツグループ出向（～2013 年） |
| 2014 年 | コーネル大学ロースクール卒業（LL.M.） |
| 2014 年 | ブラジル Mattos Filho, Veiga Filho, Marrey Jr e Quiroga Advogados サンパウロ・オフィスにて執務（～2015 年） |
| 2015 年 | ニューヨーク州弁護士登録 |
| 2017 年 | Chandler MHM Limited（森・濱田松本法律事務所バンコクオフィス）にて執務（～2021 年） |
| 2022 年 | 森・濱田松本法律事務所ハノイオフィス共同代表 |

# 編著者・執筆者略歴

◆園田　観希央（そのだ　みきお）【フィリピン担当】

- 2003 年　早稲田大学法学部卒業
- 2006 年　東京大学法科大学院修了
- 2007 年　弁護士登録、第二東京弁護士会所属
- 2010 年　株式会社東京証券取引所（上場部上場会社担当）出向（～2011 年）
- 2014 年　バージニア大学ロースクール卒業
- 2014 年　ニューヨーク州司法試験合格
- 2014 年　トルコ・イスタンブール Herguner Bilgen Ozeke 法律事務所にて執務（～2015 年）
- 2015 年　フィリピン・マニラ SyCip Salazar Hernandez & Gatmaitan 法律事務所にて執務
- 2015 年　森・濱田松本法律事務所名古屋オフィスにて執務、愛知県弁護士会所属
- 2016 年　ニューヨーク州弁護士登録

◆竹内　哲（たけうち　てつ）【インドネシア担当】

- 2005 年　東京大学法学部卒業
- 2007 年　弁護士登録、第二東京弁護士会所属
- 2011 年　三菱 UFJ モルガン・スタンレー証券株式会社（投資銀行本部）出向（～2012 年）
- 2013 年　ペンシルバニア大学ロースクール卒業（LL.M.,Wharton Business and Law Certificate）
- 2013 年　ベトナム・ハノイ VILAF-Hong Duc 法律事務所にて執務
- 2014 年　インドネシア・ジャカルタ Arfidea Kadri Sahetapy-Engel Tisnadisastra（AKSET）法律事務所にて執務（～2017 年）
- 2014 年　ニューヨーク州弁護士登録
- 2016 年　森・濱田松本法律事務所ジャカルタデスク（AKSET 法律事務所内）にてジャカルタデスク代表として執務（～2017 年）
- 2017 年　森・濱田松本法律事務所シンガポールオフィスにて執務
- 2023 年　森・濱田松本法律事務所ジャカルタオフィス開設

編著者・執筆者略歴

◆森　規光（もり　のりみつ）【中国担当】
- 2005 年　慶應義塾大学法学部卒業
- 2007 年　慶應義塾大学法科大学院修了
- 2008 年　弁護士登録、第二東京弁護士会 所属
- 2011 年　経済産業省経済産業政策局産業組織課に出向（課長補佐）（〜2013 年）
- 2015 年　コーネル大学ロースクール修了
- 2015 年　Alston & Bird 法律事務所（アトランタオフィス）にて執務（〜2016 年）
- 2016 年　ニューヨーク州弁護士登録
- 2017 年　中国上海交通大学中国語課程修了
- 2017 年　森・濱田松本法律事務所上海オフィス一般代表就任（〜2019 年）
- 2020 年　森・濱田松本法律事務所北京オフィス首席代表就任

◆鈴木　幹太（すずき　かんた）【台湾担当】
- 2000 年　東京大学教育学部卒業
- 2000 年　三井金属鉱業株式会社勤務（〜2004 年）
- 2007 年　早稲田大学法科大学院修了
- 2008 年　弁護士法人キャストにて執務
- 2008 年　弁護士登録、東京弁護士会 所属
- 2011 年　萬國法律事務所にて執務
- 2016 年　北京オフィスにて一般代表として執務（〜2020 年）

◆吉　佳宜（Ji Jiayi）【中国担当】
- 2009 年　上海財経大学法学部卒業
- 2009 年　中国律師資格取得
- 2013 年　東京大学大学院法学政治学研究科法学修士修了
- 2013 年　森・濱田松本法律事務所東京オフィスにて執務（〜現在）

◆西尾　賢司（にしお　けんじ）【ベトナム担当】
 2007 年　神戸大学法学部法律学科卒業
 2009 年　弁護士登録、第二東京弁護士会 所属
 2015 年　ノースウェスタン大学ロースクール修了（LL.M. with honor）
 2015 年　ノースウェスタン大学ケロッグ・スクール・オブ・マネジメント修了（Certificate in Business Administration）
 2015 年　Allen & Overy Dubai Office にて執務（～2016 年）
 2016 年　ニューヨーク州弁護士登録
 2017 年　三菱 UFJ モルガン・スタンレー証券株式会社 投資銀行本部に出向（～2018 年）
 2018 年　森・濱田松本法律事務所 ホーチミンオフィスにて執務（～現在）

◆胡　勤芳（Hu Qinfang）【中国担当】
 2011 年　大連理工大学日本語学科卒業
 2013 年　中国律師資格取得
 2014 年　華東政法大学大学院法学部修士課程修了

◆戴　楽天（Dai Letian）【中国担当】
 2009 年　中国律師資格取得
 2010 年　上海大学法学部卒業
 2015 年　慶應義塾大学大学院法学研究科修士課程修了

◆山本　健太（やまもと　けんた）【タイ担当】
 2009 年　東京大学法学部卒業
 2012 年　中央大学法科大学院修了
 2014 年　弁護士登録、東京弁護士会所属
 2014 年　神奈川県内法律事務所にて執務（～2014 年）
 2014 年　インフラ精密機器メーカーに出向（～2016 年）
 2017 年　Chandler Mori Hamada Limited（森・濱田松本法律事務所バンコクオフィス）にて執務（～現在）

## 編著者・執筆者略歴

◆内田　義隆（うちだ　よしたか）【フィリピン・シンガポール担当】
- 2009 年　早稲田大学法学部卒業
- 2011 年　慶應義塾大学大学院法務研究科修了
- 2013 年　弁護士登録、第一東京弁護士会所属
- 2019 年　メルボルン大学ロースクール修了
- 2019 年　森・濱田松本法律事務所シンガポールオフィスにて執務（〜現在）

◆鄭　鈺璇（Cheng Yuhsuan）【台湾担当】
- 2012 年　国立台湾大学法学部卒業
- 2013 年　台湾弁護士（律師）資格取得
- 2013 年　台湾大手企業勤務（〜2015 年）
- 2016 年　カリフォルニア大学バークレー校 卒業（LL.M.）
- 2017 年　PwC Legal Taiwan 勤務（〜2018 年）
- 2018 年　Hubert Hsu & Associates 勤務（〜2020 年）
- 2021 年　早稲田大学大学院法学研究科知的財産法修士課程修了
- 2021 年　森・濱田松本法律事務所（〜2024 年）
- 2022 年　カリフォルニア州弁護士登録
- 2024 年　ジェノア法律事務所

◆冨永　勇樹（とみなが　ゆうき）【インド担当】
- 2015 年　東京大学法学部卒業
- 2016 年　東京大学法科大学院中退
- 2017 年　弁護士登録、第二東京弁護士会所属
- 2023 年　シカゴ大学ロースクール卒業
- 2023 年　森・濱田松本法律事務所シンガポールオフィスにて執務（〜2024 年 11 月）
- 2024 年　ニューヨーク州弁護士登録

◆湯浅　哲（ゆあさ　てつ）【ベトナム担当】

2017 年　慶應義塾大学法学部法律学科卒業
2021 年　厚生労働省 労働基準局に任期付公務員（安全衛生訟務官）として赴任（2022 年 10 月より厚生労働省 大臣官房総務課法務室に併任）（〜2023 年）
2023 年　森・濱田松本法律事務所ホーチミンオフィスにて執務（〜2024 年）

◆大林　尚人（おおばやし　なおと）【インドネシア担当】

2016 年　慶應義塾大学法学部法律学科卒業
2018 年　弁護士登録、第二東京弁護士会所属
2020 年　日本産業パートナーズ株式会社出向（〜2021 年）
2022 年　森・濱田松本法律事務所シンガポールオフィスにて執務（〜2024 年）

◆芳川　雄磨（よしかわ　ゆうま）【ベトナム担当】

2015 年　慶應義塾大学法学部法律学科卒業
2017 年　慶應義塾大学大学院法務研究科修了
2018 年　弁護士登録、第二東京弁護士会所属
2020 年　株式会社東京証券取引所上場部出向（〜2021 年）
2024 年　森・濱田松本法律事務所ホーチミンオフィスにて執務（〜現在）

◆呉　思定（Wu Siding）【台湾担当】

2015 年　国立台湾大学法学部および社会学部（ダブルメジャー）卒業
2015 年　台湾弁護士（律師）試験合格
2017 年　国立台湾大学大学院法学研究科商法専攻修士課程修了
2018 年　台湾台北地方裁判所にて執務
2019 年　台湾弁護士（律師）資格取得、台北弁護士会所属
2019 年　有澤法律事務所（Stellex Law Firm）にて執務（〜2020 年）
2022 年　一橋大学大学院法学研究科ビジネスロー専攻修士課程修了
2024 年　Certified Information Privacy Professional/Europe (CIPP/E) 資格取得

## 編著者・執筆者略歴

◆**中ノ瀬　遥**（なかのせ　はるか）【タイ担当】
　　2016 年　九州大学法学部中退
　　2018 年　九州大学法科大学院修了
　　2019 年　弁護士登録、第二東京弁護士会所属
　　2022 年　三井不動産投資顧問株式会社出向（〜2023 年）
　　2024 年　Chandler Mori Hamada Limited（森・濱田松本法律事務所バンコクオフィス）にて執務（〜現在）

◆**前川　涼**（まえかわ　りょう）【インドネシア担当】
　　2019 年　東京大学法学部卒業
　　2021 年　東京大学法科大学院修了
　　2022 年　弁護士登録、第一東京弁護士会所属
　　2023 年　森・濱田松本法律事務所シンガポールオフィスにて執務（〜2024 年）

アジア不動産法制
——不動産・インフラ事業の手引き〔第2版〕

2018年3月5日　初　版第1刷発行
2025年4月18日　第2版第1刷発行

編著者　　川　村　隆太郎
　　　　　塙　　　　　晋

発行者　　石　川　雅　規

発行所　　鰲商　事　法　務
　　　　　〒103-0027 東京都中央区日本橋3-6-2
　　　　　TEL 03-6262-6756・FAX 03-6262-6804〔営業〕
　　　　　TEL 03-6262-6769〔編集〕
　　　　　https://www.shojihomu.co.jp/

落丁・乱丁本はお取り替えいたします。　印刷／そうめいコミュニケーションプリンティング
ⓒ2025 Ryutaro Kawamura, Susumu Hanawa　　Printed in Japan
*Shojihomu Co., Ltd.*
ISBN978-4-7857-3156-4
＊定価はカバーに表示してあります。

|JCOPY| ＜出版者著作権管理機構　委託出版物＞
本書の無断複製は著作権法上での例外を除き禁じられています。
複製される場合は、そのつど事前に、出版者著作権管理機構
(電話03-5244-5088、FAX 03-5244-5089、e-mail: info@jcopy.or.jp)
の許諾を得てください。